NATIONALSOZIALISTISCHE
UNRECHTSMASSNAHMEN AN DER
TECHNISCHEN HOCHSCHULE HANNOVER

NATIONALSOZIALISTISCHE UNRECHTSMASSNAHMEN

AN DER TECHNISCHEN HOCHSCHULE HANNOVER

Beeinträchtigungen und Begünstigungen
von 1933 bis 1945

Herausgegeben vom
Präsidium der Gottfried Wilhelm Leibniz Universität Hannover

MICHAEL IMHOF VERLAG

AUTOREN
Michele Barricelli
Holger Butenschön
Michael Jung
Jörg-Detlef Kühne
Lars Nebelung
Joachim Perels

© 2016
Michael Imhof Verlag GmbH & Co. KG
Stettiner Straße 25 · D-36100 Petersberg
Tel. 0661/29 19 166-0 · Fax 0661/29 19 166-9

Gestaltung und Reproduktion: Patricia Koch, Michael Imhof Verlag
Druck: Druckerei Rindt GmbH & Co. KG, Fulda

Printed in EU

ISBN 978-3-7319-0429-8

INHALT

GELEITWORT
    des Präsidenten der Leibniz Universität Hannover
    Prof. Dr. Volker Epping 7

GELEITWORT
    des Senatssprechers und Vorsitzenden der Arbeitsgruppe des Senates
    der Leibniz Universität Hannover
    Prof. Dr. Holger Butenschön 10

GELEITWORT
    des Vorsitzenden des Hochschulrates der Leibniz Universität Hannover
    Prof. Dr. Dr. h. c. Arnold Picot 12

GELEITWORT
    des Präsidenten a. D. der Leibniz Universität Hannover
    Prof. Dr.-Ing. Erich Barke 14

EINLEITUNG

I.   Zur Bedeutung der Untersuchung für die Erinnerungskultur an der
    Gottfried Wilhelm Leibniz Universität Hannover 17

II.   Zur Besonderheit des Untersuchungsgegenstandes und der
    Untersuchungsmethode 20

III. Literaturlage 22

IV. Deutsche Hochschullandschaft, Struktur und Entwicklung der
    Technischen Hochschule Hannover 1933–1945 24
        A. Hochschullandschaft 24
        B. Struktur und Entwicklung der Technischen Hochschule Hannover 25
        C. Führungsstruktur 27
        D. Studium und Studierende 28

Erster Teil 31

BEEINTRÄCHTIGUNGEN

INHALT 34
BESCHLUSS 37
GRÜNDE 40
I. Verfahrensaspekte 40
A. Senatsbeschluss vom 16. November 2011 40
B. Mitglieder der Arbeitsgruppe 41
C. Umfang und Zweiteilung der Bearbeitung 41
II. Materielle Seite 42
A. Aufgabenbewältigung und historisch-juristische Grundlagen 42
B. Konkrete Beeinträchtigungen und Sachverhaltsschilderungen 50
III. Anhang beispielhafter Norm- und Archivunterlagen 65

Zweiter Teil 81

BEGÜNSTIGUNGEN

INHALT 84
BESCHLUSS 87
GRÜNDE 90
I. Verfahrensaspekte 90
II. Materielle Maßstabsbildung für die Annahme NS-bedingter Begünstigungen 91
A. Zur Aufgabenbewältigung 91
B. Konkrete Begünstigungen und Sachverhaltsschilderungen 98
III. Weitere Problembereiche 142
IV. Schlussbemerkungen 143
V. Anhang beispielhafter Norm- und Archivunterlagen 148

Abkürzungen 202
Quellen und Literatur 204
Personenregister 213
Institutionenregister 217

GELEITWORT

des Präsidenten der Leibniz Universität Hannover

Die Leibniz Universität ist hinsichtlich der Aufarbeitung ihrer NS-Vergangenheit sicherlich keine Vorreiterin, ganz im Gegenteil. Viele Hochschulen haben sich vielmehr bereits früher mit dem dunkelsten Kapitel ihrer Geschichte in vielfältiger Weise auseinandergesetzt. Daher ist dem vorherigen Präsidium zu danken, dass es die Aufarbeitung der Rolle unserer Universität bzw. ihrer Vorgängerinstitution in der Zeit des Nationalsozialismus endlich angegangen ist. Der Dank gilt aber vor allem auch der im Jahr 2011 vom Senat eingesetzten Arbeitsgruppe, namentlich dem Sprecher des Senats, dem Chemiker Prof. Dr. Holger Butenschön, den Historikern Prof. Dr. Michele Barricelli und Dr. Michael Jung, dem Verfassungshistoriker Prof. Dr. Jörg-Detlef Kühne, dem Politologen Prof. Dr. Joachim Perels sowie dem Leiter des Universitätsarchivs, Herrn Archivrat Lars Nebelung. Anfangs gehörte auch der Historiker Christian-Alexander Wäldner, der mit seiner Masterarbeit „Die Technische Hochschule Hannover und der Entzug akademischer Titel in der NS-Zeit" den Initialakt für die Aufarbeitung gesetzt hatte, dieser Arbeitsgruppe an, die in akribischer Weise Literatur und Archive sichtete und mit großer wissenschaftlicher Expertise die nun in dieser Publikation niedergelegten Befunde erhob. Gegenstand der Recherche waren zunächst die Beeinträchtigungen in der Zeit von 1933 bis 1945 an der damaligen Technischen Hochschule Hannover. Die Namen der von Beeinträchtigungen betroffenen Hochschulmitglieder wurden im Rahmen einer bewegenden Gedenkfeier am 20. November 2013 öffentlich verlesen. Mit der am 18. November 2015 eingeweihten Namenswand im Lichthof sind die Opfer der NS-Zeit nun dauerhaft für die Öffentlichkeit und alle Mitglieder und Angehörigen der Universität sichtbar an zentraler Stelle unserer Universität aufgeführt. Die Arbeitsgruppe ist indes nicht bei der Aufarbeitung der NS-bedingten Beeinträchtigungen stehen geblieben, sondern hat auch die entsprechenden Begünstigungen in dieser Zeit an der Technischen Hochschule Hannover untersucht.

Die Leibniz Universität Hannover ist mit den Befunden sehr verantwortungsvoll umgegangen. Der international anerkannte NS-Forscher, der Historiker Prof. Dr. Wolfgang Benz, und der ehemalige Innenminister des Landes Schleswig-Holstein und erste Bundesbeauftragte für den Datenschutz, der Jurist Prof. Dr. Hans Peter Bull, denen das Präsidium der Leibniz Universität Hannover die Befunde der Arbeitsgruppe zur Begutachtung vorgelegt hatte, haben der Arbeit der Kommission nicht nur ihren Respekt gezollt, sondern vor allem die erforderliche wissenschaftliche Dignität bescheinigt. Die Arbeitsgruppe habe es sich nicht leicht gemacht, sie habe in keinem Fall die Position moralisierender Überlegenheit Nachgeborener eingenommen und sie habe sich nicht dazu verleiten lassen, naheliegende Schlüsse aus scheinbar offenkundiger Evidenz eines Falles zu ziehen. Sämtliche Nennungen von Begünstigungen seien durch biographische bzw. Karrieredaten belegt und mit Quellen und Literaturangaben dokumentiert. Der Verzicht auf Emotionalität, auf anklägerisches Pathos und auf moralisierendes Verdikt gegenüber der Lebenswirklichkeit von Wissenschaftlern und im Wissenschaftsbetrieb im Dritten Reich administrativ Tätigen, der Verzicht auf die Kommentierung des Karrierestrebens, der dazu erbrachten Anpassungsleistungen an NS-Ideologie und NS-Herrschaft und des Entgegenkommens der Hochschule an die Erwartungen von Partei und Staat im vorauseilenden Gehorsam, der allen deutschen Universitäten und Hochschulen eigen war, charakterisiere den Bericht der Arbeitsgruppe. Insgesamt sei festzustellen, dass die Arbeitsgruppe ihr selbstgesetztes Ziel erreicht habe, eine differenzierte, individuell gerechte Bewertung der Verhaltensweisen von Hochschulangehörigen und Geehrten während der NS-Herrschaft zu erarbeiten. Zwar würden schwere Vorwürfe gegen die NS-Begünstigten zum Ausdruck gebracht. Der gebotene Respekt vor der Menschenwürde der Betroffenen sei gleichwohl gewahrt. Die Formulierungen seien unter dem Aspekt des postmortalen Persönlichkeitsschutzes nicht zu beanstanden. Auch andere rechtliche Bedenken gegen die Veröffentlichung des Berichts der Arbeitsgruppe bestünden nicht.

Als Anstrengung der Selbstvergewisserung ist die Publikation des Berichts der Arbeitsgruppe zwangsläufig und unumgänglich, soll sie doch – die Arbeitsgruppe zitierend – „bleibende Mahnung wie Warnung vor politischer Verirrung und sach- wie fachfremden Hochschulentscheidungen sein und damit zur Wahrung universitärer Standards wie wissenschaftlicher Bildung im weitesten Sinne beitragen". Nicht nur mit dieser Publikation, sondern mit dem beschriebenen Handeln bekennt sich die Leibniz Universität Hannover in Übereinstimmung mit den moralischen und ethischen Zielsetzungen ihres Leitbildes sowie ihrer Stellung im demokratischen Verfassungs- und Rechtsstaat dazu, das dunkelste Kapitel ihrer Geschichte in den Jahren der nationalsozialistischen Gewaltherrschaft möglichst umfassend aufzuklären – auch in tiefem Bedauern darüber, dass für die unmittelbar Betroffenen inzwischen jede Maßnahme der Rehabilitierung zu spät kommt, aber in der Hoffnung, dass ihrem bleibenden persönlichen Ansehen in den Augen der Hochschulöffentlichkeit wie allgemein der Nachwelt Genugtuung verschafft werden kann.

Mit der vorliegenden Veröffentlichung ist indes das Bekenntnis der Leibniz Universität zur umfassenden Aufarbeitung ihres dunkelsten Kapitels noch keinesfalls erfüllt. Vielmehr ist auch der Zeitraum nach der Beendigung der NS-Gewaltherrschaft zu betrachten, haben doch vormalige Vertreter der NS-Ideologie in der Nachkriegszeit an den Vorläuferinstitutionen der heutigen Leibniz Universität Hannover gewirkt. Das

Augenmerk ist dabei nicht nur auf die Technische Hochschule Hannover zu richten, sondern auch auf die Hochschule für Gartenbau und Landeskultur sowie die Pädagogische Hochschule, die 1952 bzw. 1978 in die Technische Hochschule bzw. Technische Universität Hannover eingegliedert wurden. Beide Hochschulen waren zwar Neugründungen nach dem Krieg, was aber nicht ausschließt, dass dort nicht auch vormalige Vertreter der NS-Ideologie eine Beschäftigung fanden bzw. dort gewirkt haben können. Das Potenzial für weitere Forschung, selbstkritische Betrachtung und Aufarbeitung unserer gesamten Vergangenheit ist gegeben, und der Weg dazu ist nicht zuletzt durch diese wegweisende Publikation geebnet. Die Leibniz Universität wird diesen Weg konsequent weiter beschreiten.

Prof. Dr. Volker Epping
Hannover, im Juli 2016

GELEITWORT

des Senatssprechers und Vorsitzenden der Arbeitsgruppe des Senates der Leibniz Universität Hannover

Die vorliegende Publikation enthält die redaktionell bearbeiteten Berichte, welche die vom Senat der Gottfried Wilhelm Leibniz Universität Hannover eingesetzte Arbeitsgruppe „Verleihung und Entzug von Titeln während der NS-Zeit" seit Ende 2011 in über 40 Sitzungen samt etlicher Archiv- und Literaturrecherchen erarbeitet hat. Kleinere stilistische Inkonsistenzen sind auf unterschiedliche Autoren und den zeitlichen Ablauf zurückzuführen. Die Arbeitsgruppe war darauf bedacht, dass nur durch Quellen belegte Vorgänge berücksichtigt wurden. Besonders zu betonen ist, dass in die Untersuchung sämtliche hochschulischen Statusgruppen, also Professoren, wissenschaftliche Mitarbeiter, technisches und Verwaltungspersonal sowie Studierende, einbezogen wurden.

Der erste Teil behandelt als NS-Unrecht in Verantwortung dieser Hochschule erfolgte Beeinträchtigungen. Dieses Wort klingt in vielen Einzelfällen unangemessen harmlos. Es umfasst jedoch eine sehr weite Bandbreite von Unrechtsmaßnahmen, die von Nichtzulassungen zum Studium über Entlassungen aus dem Dienst, Aberkennungen von Titeln bis zum Tod des Studenten Klaus Fröhlich im Konzentrationslager reichen. Die Ergebnisse des ersten Teils waren Anlass für eine Gedenkfeier der Gottfried Wilhelm Leibniz Universität Hannover am Buß- und Bettag des Jahres 2013. Mittlerweile ist an exponierter Stelle im Lichthof des Hauptgebäudes der Universität ein Ort des Gedenkens geschaffen worden, an dem die Namen der Betroffenen aufgeführt sind. Darüber hinaus wurden, stellvertretend für alle Betroffenen, drei Hörsäle der Universität nach Walter Dux, Klaus Fröhlich und Hugo Kulka benannt.

Der zweite, mit größerem Aufwand recherchierte Teil behandelt Begünstigungen unterschiedlichster Art und hatte weitgehend Neuland zu betreten. Hier geht es um ungerechtfertigte Berufungen, Ernennungen sowie insbesondere NS-privilegierte Ehrungen. Als eine Konsequenz dieses Teils der Aufarbeitung wurde an der Bildergalerie der Rektoren und Präsidenten im Lichthof des Hauptgebäudes dieser Universität ein Hinweisschild angebracht, mit dem sich die Gottfried Wilhelm Leibniz Universität namentlich von denjenigen unter ihnen distanziert, denen NS-Unrecht vorzuwerfen ist.

GELEITWORT

Ich danke allen Mitgliedern der Arbeitsgruppe des Senates für ihre engagierte, konstruktive und ausdauernde Mitarbeit. Ich danke auch Herrn Prof. Dr.-Ing. E. Barke, dem ehemaligen Präsidenten der Gottfried Wilhelm Leibniz Universität Hannover, sowie seinem Nachfolger im Amt, Herrn Prof. Dr. V. Epping, für die jederzeit verlässliche Unterstützung unserer Arbeit.

Prof. Dr. Holger Butenschön
Hannover, im Juli 2016

GELEITWORT

*des Vorsitzenden des Hochschulrates der
Leibniz Universität Hannover*

Der Hochschulrat der Gottfried Wilhelm Leibniz Universität Hannover hat von Anbeginn die Initiative von Präsidium und Senat zur wissenschaftlich fundierten Dokumentation nationalsozialistischer Unrechtsmaßnahmen an der vormaligen Technischen Hochschule Hannover im Zeitraum von 1933 bis 1945 begrüßt und unterstützt. Er hat sich regelmäßig über den Stand der Arbeiten und die aus den gewonnenen Erkenntnissen zu ziehenden Konsequenzen informiert und den Gedankenaustausch mit dem Präsidium und den Sprechern der Arbeitsgruppe gesucht. Es ist wichtig, dass eine Institution, die in diesem Jahr 185 Jahre alt geworden ist, sich und ihrer Umwelt über die ethisch-moralisch kritischste Phase ihrer Geschichte fundiert Rechenschaft ablegt, so weit wie möglich Transparenz herstellt und für ihre Mitglieder, für ihre Umgebung und für kommende Generationen Lehren und Lernen ermöglicht.

Viele deutsche Universitäten, wissenschaftliche Vereinigungen und Forschungseinrichtungen sind mit solchen Bestandsaufnahmen vorausgeeilt, für einige steht die Aufarbeitung auch noch aus. Die Leibniz Universität Hannover hat sich dieser schwierigen Thematik zwar nicht besonders früh angenommen. Der nun vorliegende Ergebnisband ist allerdings umso bemerkenswerter. Das liegt an der hochkompetenten interdisziplinären Zusammensetzung und engagierten Arbeit des Teams ebenso wie an der guten Unterstützung innerhalb und außerhalb der Universität. Besonders hervorzuheben ist, dass neben Beeinträchtigungen und Schädigungen von Hochschulmitgliedern auch die in solchen Vorhaben seltener recherchierten, aber ebenfalls dokumentationsbedürftigen Begünstigungen aufgearbeitet werden.

Die Lektüre des sachlich verfassten Berichts stimmt nachdenklich, ist über weite Strecken erschütternd und aufrüttelnd zugleich. Gleichsam mikroskopisch und exemplarisch entfaltet sich das erschreckende Bild der ideologischen Transformation einer bedeutenden wissenschaftlichen Einrichtung als Pars pro Toto der gesamten Gesellschaft. Forschung und Lehre müssen Stätten der persönlichen und geistigen Freiheit, der Vielfalt und der Toleranz sein. Nur so wird Wahrheitsfindung gefördert, kann Neues entstehen und Nutzen für die Menschheit gestiftet werden. Gleichschaltung, Konformismus, Repression, Verfolgung von Andersdenkenden und von der Norm Abweichenden verletzen und vernichten Menschenwürde, Menschenrechte und Menschenleben; zudem ersticken sie wissenschaftliche Lebendigkeit und Fortschritt.

Zusätzlich zu der wichtigen historischen Aufklärung regt der Band an, aufmerksam zu sein und darüber zu reflektieren, wo und wie heute oder in Zukunft sich in unseren Universitäten und deren Umfeld Einstellungen oder gar Strukturen entwickeln könnten, die falschem Konformismus, Ausgrenzung oder Diskriminierung von abweichenden Personen und Ideen Vorschub leisten und damit Menschenwürde sowie Freiheit, Qualität und Erfolg von Forschung und Lehre beeinträchtigen könnten. Freiheit in der Gesellschaft, besonders auch in Wissenschaft und Forschung, ist ein wertvolles, schutzbedürftiges Gut, dessen Gefährdung möglichst frühzeitig zu erkennen und zu bekämpfen entscheidend für die Zukunftsfähigkeit einer offenen Gesellschaft ist. Wenn dies eine nachhaltige Lehre aus dem vorgelegten Band wäre, dann hat sich diese schwierige Aufarbeitung, für die allen Beteiligten aufrichtig zu danken ist, in mehrfacher Hinsicht gelohnt.

Prof. Dr. Dr. h. c. Arnold Picot
München, im Juli 2016

GELEITWORT

des Präsidenten a. D. der Leibniz Universität Hannover

Das Ende des Zweiten Weltkrieges liegt mehr als 70 Jahre zurück. Vier Generationen sind seitdem geboren worden: Menschen, die keine unmittelbare Erinnerung an die nationalsozialistische Herrschaft besitzen. Gerade deshalb erscheint es mir notwendig, an diejenigen zu erinnern, denen damals von dieser Hochschule Unrecht zugefügt wurde. Das Unrecht ist nicht wiedergutzumachen. Es ist aber wichtig, daran zu erinnern. Es ist wichtig, Unrecht als Unrecht zu benennen.

Hochschulen sind Orte geistiger Freiheit. Die von 1933 bis 1945 an der Technischen Hochschule Hannover vollzogenen Beeinträchtigungen und Begünstigungen bezüglich akademischer Stellungen, Grade und Ehren, die auf ideologisch motivierter Diskriminierung beruhten, waren Unrechtsakte. Sie stehen und standen bereits bei ihrer Entstehung in klarem Widerspruch zu den schon damals bekannten Grundsätzen der Rechtsstaatlichkeit und missachteten hochschulspezifisch insbesondere die Wissenschaftsfreiheit.

Es war zwingend notwendig, dass die Gottfried Wilhelm Leibniz Universität Hannover dieses dunkelste Kapitel ihrer Geschichte möglichst umfassend aufklärt – auch in tiefem Bedauern darüber, dass für die unmittelbar Betroffenen inzwischen jede Maßnahme der Rehabilitierung zu spät kommt. Es sind allerdings viele Jahre vergangen, und es bedurfte des Vorbilds anderer Hochschulen, bis sich die Universität entschlossen hat, das Notwendige zu tun. Die Untersuchungen begannen mit einer Reihe thematisch einschlägiger Forschungsarbeiten. Zu nennen sind hier insbesondere die Dissertation von Anette Schröder „Vom Nationalismus zum Nationalsozialismus. Die Studenten der Technischen Hochschule Hannover von 1925 bis 1938", die 2003 erschien, und die Dissertation von Frauke Steffens „Innerlich gesund an der Schwelle einer neuen Zeit'. Die Technische Hochschule Hannover 1945–1956", erschienen 2011. Vielleicht ist es charakteristisch für die Schwierigkeit der Materie, aber auch für den Umgang mit ihr, dass die Analyse der Zeit dazwischen mit der Dissertation von Michael Jung „,Voll Begeisterung schlagen unsere Herzen zum Führer'. Die Technische Hochschule Hannover und ihre Professoren im Nationalsozialismus" erst 2013 am Historischen Seminar abgeschlossen werden konnte.

GELEITWORT

Endlich wurde 2011 auch das Präsidium aufmerksam, als Christian-Alexander Wäldner seine Masterarbeit zum Thema „Die Technische Hochschule Hannover und der Entzug akademischer Titel in der NS-Zeit" vorlegte. Kurz danach, am 16.11.2011, richtete der Senat eine entsprechende Arbeitsgruppe ein. Ihre Mitglieder haben sich in zahlreichen Sitzungen höchst intensiv mit der Thematik befasst. Als Abschluss ihrer Untersuchungen zu Beeinträchtigungen hat die Universität am 20.11.2013 mit einer sehr bewegenden Gedenkveranstaltung an die Opfer erinnert. Angehörige der Opfer haben teilweise lange Reisen auf sich genommen, um daran teilzunehmen. Dies hat mich sehr beeindruckt, ebenso die Freundlichkeit, mit der sie unsere Einladung angenommen haben. Vor dem Hintergrund der Geschichte war das nicht selbstverständlich.

Am Ende ihrer Tätigkeit legt die Arbeitsgruppe nun ihren Abschlussbericht vor, der sich in einem zweiten durch das Präsidium beauftragten Berichtsteil auch mit der Untersuchung und Bewertung der vielen Fälle ungerechtfertigter Begünstigungen in der nationalsozialistisch geprägten Technischen Hochschule Hannover befasst. Wegen des erheblichen zeitlichen Abstands, aber auch wegen der Schwierigkeit, die teilweise sehr komplexen Fälle sorgfältig zu analysieren, sowie aufgrund der sehr begrenzten Quellensituation war die Aufgabe für beide Berichtsteile außerordentlich schwierig und erforderte einen hohen persönlichen Einsatz. Den Mitgliedern der Arbeitsgruppe gilt deshalb mein ganz persönlicher von Herzen kommender Dank.

Prof. Dr.-Ing. Erich Barke
Hannover, im Juli 2016

EINLEITUNG

I. ZUR BEDEUTUNG DER UNTERSUCHUNG FÜR DIE ERINNERUNGSKULTUR AN DER GOTTFRIED WILHELM LEIBNIZ UNIVERSITÄT HANNOVER

Am Anfang jeder Aufarbeitung von schwieriger oder menschenfeindlicher Vergangenheit steht die Empathie mit den Opfern. Das Leid jener, denen in einer Diktatur oder von einem Terrorregime Diskriminierung und Entrechtung widerfuhr, die verfolgt, sogar vertrieben wurden, deren Hab und Gut man sich widerrechtlich aneignete und die schließlich an Leib und Leben Schaden nahmen oder schlicht ermordet wurden, ist anzuerkennen. Dies geschieht, indem Namen genannt, eine klare Sprache für die Verbrechen gefunden, Zeichen der Erinnerung gesetzt und Geschichten erzählt werden, welche das Gedenken an das erlittene Unrecht wachhalten, auch um dadurch nachfolgende Generationen zu mahnen. So verlief es seit Jahrzehnten in einem Deutschland, das sich seiner nationalsozialistischen Vergangenheit stellt.

Doch bald schon muss die Aufmerksamkeit auch auf diejenigen gerichtet werden, welche verabscheuungswürdige Taten selbst verübten oder die im System Privilegien besaßen oder von den Verhältnissen profitierten, dies auch wussten und sich womöglich gerade deswegen mit den Umständen arrangierten. Eine moderne zivilgesellschaftliche Erinnerungskultur, deren sich Deutschland heute zu Recht rühmt, ist ohne die doppelte Hinsicht auf die Leidenden einerseits und die das Leid Verantwortenden, aktiv Befördernden, trotz Möglichkeiten der Gegenwehr Duldenden andererseits nicht denkbar. Dieses Gebot der zweiseitigen Aufklärung von Vergangenheit hat auch die Leibniz Universität Hannover geleitet; zunächst wurden die damals geschädigten Angehörigen der Technischen Hochschule Hannover ermittelt und mithin gewürdigt, sodann die Begünstigten unter ihren Mitgliedern, die sich in den Dienst des nationalsozialistischen Staates gestellt hatten, benannt und deren Verantwortlichkeit für das damit verbundene Unrecht eingeschätzt.

An einer solchen Untersuchung ist nun selbst im zweiten Jahrzehnt des 21. Jahrhunderts nichts, obschon es anfangs so scheinen mag, selbstverständlich oder Routine. Wir kennen mittlerweile zahlreiche Beispiele, wie Familien und Institutionen, Ministerien und Wirtschaftsbetriebe, Stiftungen und Sportvereine, ja ganze Staaten – sogar scheinbar unbeteiligte wie etwa die Schweiz – Kommissionen einsetzten, um historisch genau und gründlich, mit rechtsgeschichtlichem Sachverstand und überhaupt nach bestem Wissen und Gewissen ihr Verhalten in der NS-Zeit aufarbeiten zu lassen. Aber feste Regeln, Standards dafür, wie individuelles Verhalten in einem menschenverachtenden System jenseits juristisch eindeutiger Fälle (welche nur einen Bruchteil der Materie ausmachen) zu bewerten sei, gab es niemals, oft nicht einmal verbindliche Begriffe oder Prinzipien in den entstehenden Berichten. Jede Studie schuf sich für die Beantwortung der Fragen nach Verantwortung und Schuld ihre Methoden selbst, auch dann, wenn man sich an das bisher Bekannte anlehnte oder, unter der Aufsicht von interessierten Verbänden bzw. der nationalen wie internationalen Öffentlichkeit stehend, penible Begründungen für die gesetzten Maßstäbe fand. So war es auch bei der Leibniz Universität Hannover.

Die vom Senat eingesetzte Arbeitsgruppe – nicht zu groß, aber interdisziplinär zusammengestellt – tagte 42 Mal, sichtete die vorhandene Literatur, recherchierte in Archiven, bildete diskursiv Kategorien der Bewertung, sortierte die Einzelfälle. Aktivisten und Entscheidungsträger der NS-Herrschaft an der Hochschule waren zumindest dem Anspruch nach von passiven Mitläufern und einer scheinbar neutralen Wissenschaft Verpflichteten zu unterscheiden. Die erinnerungskulturelle Herausforderung lag hierbei darin, die wissenschaftliche Methodik – Belegbarkeit der Aussagen, intersubjektive Prüfbarkeit des Arguments etc. – vollständig zu achten und zugleich die normative Triftigkeit des Vorhabens – es ging ja ausdrücklich darum, aus festgestellter Vergangenheit Handlungsoptionen für Gegenwart und Zukunft abzuleiten – im Blick zu behalten. Stets wurde daher, wenn eindeutige Ergebnisse der Untersuchung das nahelegten, die enge Absprache mit den betreffenden Instituten und Fakultäten an der heutigen Leibniz Universität Hannover gesucht, jenen Instanzen also, die mindestens ideell die Nachfolge der damals handelnden Einrichtungen, der Hochschulleitung, Fakultäten, Institute und Labore übernommen haben. Einige Male führte dies zu schmerzlichen Lernprozessen, zu Neubewertungen und der Kappung von Traditionslinien, etwa wenn das ehrende Andenken an akademische Leistungen Einzelner fragwürdig wurde.

Deshalb muss die Frage erlaubt sein: Warum tut man so etwas, über „70 Jahre danach"? Man tut es, weil wir heute wissen und anerkennen, dass Geschichte nicht vergeht, sondern verpflichtet, dass Geschichtsbewusstsein eine lebendige Praxis ist, die der Offenheit und des Drucks bedarf. Was wäre das für eine Wissenschaft, die die lange zurückreichenden Quellen ihres unter sehr speziellen Umständen gewonnenen Wissens ignorierte, was wäre es für eine Hochschule, die nicht sehen wollte, dass sie einmal ihre herausragenden Köpfe unter den fadenscheinigsten Gründen vertrieben, andere dagegen, deren Tun den Ruf der Institution dauerhaft zu schädigen geeignet wäre, mit Ehren überhäuft hat? Wer in unserer global vernetzten Welt würde noch auf eine solche akademische Einrichtung zählen?

Die Leibniz Universität Hannover möchte durch die Aufarbeitung ihrer Geschichte allgemein und speziell durch die Benennung der Verantwortlichen aus ihren Reihen vor allem eines: bestätigen, dass sie in Deutschland und der Welt ein Ort des Vertrauens ist. Sie ist willens zu unterstreichen, dass akademische Forschung, egal ob bezogen auf Geistes-, Natur- oder Ingenieurwissenschaften oder jede andere universitäre Fachrichtung, an Recht und Gesetz gebunden bleibt, besonders auch das universale Menschenrecht, das eine Orientierung an den Werten der freiheitlichen Grundordnung, der Menschenwürde und Unverletzlichkeit des Individuums festschreibt. Sie zeigt, dass Zukunft nur auf einer Kenntnis von und Verantwortung vor der Vergangenheit gebaut sein kann. Dabei reklamiert die Leibniz Universität keine Vorbildfunktion, auch wenn trotz vieler Vorarbeiten bestimmte Merkmale der historischen Auseinandersetzung, wie zu erläutern sein wird, diesmal neu, besonders umfassend oder durchgreifend sind. Der Universität liegt vielmehr auch daran, abseits der Schau auf die eigene Geschichte zur Diskussion einzuladen über generelle Fragen, die trotz aller anerkennenswerten Mühen eigentümlicherweise noch immer nicht gelöst sind: Warum begann die Vergangenheitsbewältigung gerade an den Hochschulen erst spät und musste sich gegen Widerstände durchsetzen? Kann es in einem Unrechtsstaat überhaupt Forschung im Sinne wissenschaftlicher Freiheit geben? In welchem Verhältnis stehen das Totalitäre der Diktatur und das Partikulare der Korporation? Wie ist mit dem Andenken jener Personen heute umzugehen, die seinerzeit mit nachvollziehbaren Begründungen akademische Ehrentitel empfingen, ohne derer als Menschen tatsächlich würdig zu sein? Angesichts derartiger Fragen stellt der vorliegende Bericht der Arbeitsgruppe vor die eigentliche Betrachtung von Einzelpersonen wesentliche Erläuterungen zur Problematik der Sache. Zunächst werden Untersuchungsgegenstand und Untersuchungsmethode definiert und begründet. Das ist keine leichte Aufgabe, zumal wenn man die Historizität von Rechtsnormen und die uns heute so universell scheinende Gültigkeit der Menschenwürde entsprechend bedenkt. Die Senatsarbeitsgruppe entzieht sich, wie zu lesen sein wird, nicht diesen Ungewissheiten der Wertbildung, sondern macht ihr eigenes Ringen um eine angemessene Haltung zwischen der Erwägung von zeitgebundenem Handeln und überzeitlicher Moral gerade deswegen deutlich. Es folgt ein informierender, zum Zwecke einer historischen Kontextualisierung der Untersuchung unabdingbarer Abschnitt zur Hochschullandschaft während der NS-Zeit in Deutschland, der Aspekte von Führungsstruktur, Studienangebot und auch Studierendenschaft einschließt. Der Hauptteil des Berichts ist grundsätzlich biographisch angelegt und hier wieder nach Merkmalsgruppen geordnet. Darin enthalten sind auch längere Einträge, die ausgewählte Lebensläufe in einem exemplarischen Sinn so darstellen, dass an ihnen typische Dispositionen, strukturell vergleichbare Verläufe und individuelle Handlungsspielräume sichtbar werden. Im Rahmen eines Ausblicks wird abschließend in der Folge aller gewonnenen Erkenntnisse nochmals über die Leistungsfähigkeit des Paradigmas der „Aufarbeitung" von NS-Geschichte, die immer bestehen bleibenden blinden Flecken sowie die Möglichkeiten einer differenzierten Weiterarbeit unter allerdings veränderten Vorzeichen reflektiert. Wenn am Ende den Leserinnen und Lesern dieser Seiten der Sinn moderner Erinnerungskultur als hohem zivilgesellschaftlichem Gut und integralem Bestandteil demokratischer Willensbildung in einem freiheitlichen Rechtsstaat deutlich erscheint, hat die Leibniz Universität Hannover ein bescheidenes Ziel erreicht.

EINLEITUNG

2

II. ZUR BESONDERHEIT DES UNTERSUCHUNGSGEGENSTANDES UND DER UNTERSUCHUNGSMETHODE

Der erste Teil der vorliegenden Untersuchung, der sich mit NS-bedingten Beeinträchtigungen durch die Technische Hochschule Hannover befasst, bewegt sich mit der Behandlung von feststellbaren Benachteiligungen kleinerer Art bis hin zu massiven Schädigungen vergleichsweise in eher bekannten Bahnen. Denn insoweit ist es bereits seit Längerem neben einzelnen Gedenkausstellungen zu Aufarbeitungen durch Dissertationen und sonstige Literatur über Hochschulverhalten im NS-Herrschaftsbereich gekommen (siehe Rz 3). Dies war und ist teils hochschuloffiziell, teils hochschuloffiziös initiiert.

Demgegenüber ist zum zweiten Teil der hiermit vorgelegten Untersuchung, nämlich über NS-bedingte Begünstigungen, hervorzuheben, dass er jedenfalls in mehrfacher Hinsicht eine Vorreiterrolle beanspruchen kann. Denn verglichen mit bisherigen Aufarbeitungen der NS-Vergangenheit dieser und anderer Hochschulen ist das Vorhaben nunmehr hochschuloffiziell initiiert und arbeitet nicht nur teilweise darauf hin, sondern zielt vollständig darauf ab, umfassend zu sein, indem sämtliche Hochschulgruppen erfasst werden. Wie soeben begründet, sah sich die Arbeitsgruppe zunächst vor die Aufgabe gestellt, hierfür bislang noch kaum gebildete Prüfungsmaßstäbe zu erarbeiten. Dabei zeigte sich alsbald, dass die Fixierung solcher Maßstäbe zwischen der Scylla anachronistischer Wertebeschwörung[1] einerseits und der Charybdis weitgehender Hinnahme des damaligen Hochschulagierens aufgrund zeitgenössischer Formalrechtlichkeit andererseits zu geschehen hatte.

Bei der näheren Maßstabsbildung war es ein erster Schritt, entsprechend dem verfassungsnormierten Privilegierungsverbot in Artikel 109 Weimarer Reichsverfassung und Artikel 3 Grundgesetz auf bewusste NS-bedingte Bevorzugungen abzustellen. Es stellte sich jedoch bei der konkreten Anwendung heraus, dass ein solcher unstrittig juristischer Maßstab allein nur begrenzte Praktikabilität bot. Denn die Belegbarkeit damaliger Begünstigungsabsichten stieß aufgrund schon unmittelbarer Verhüllung, aber auch absichtlicher oder unabsichtlicher Aktenvernichtung und Ähnlichem auf besondere Schwierigkeiten. Deshalb galt es zusätzlich, Fallkonstellationen einzubeziehen, in denen sich NS-Bezüge objektiv unübersehbar aufdrängten.

Dieser erste positivrechtliche Ansatz entsprechend dem verfassungsnormierten Privilegierungsverbot erwies sich des Weiteren deswegen als problematisch, weil die seinerzeitigen Bevorzugungen weithin durchaus in Einklang mit dem damaligen Status quo der gegebenen Gesetzes-, Verordnungs- und Erlasslage standen. Sie erfolgten dann for-

---

1 Vgl. zur ähnlichen Diskussion in Großbritannien Gina Thomas: Tyrannei des Biedersinns, in: Frankfurter Allgemeine Zeitung vom 16. Januar 2016, S. 11.

mal legal, konnten also aus Sicht von Begünstigern wie Begünstigten rein positivrechtlich völlig korrekt erscheinen, und zwar namentlich unter der Devise: „Was Recht war, kann kein Unrecht sein." Dies führte 1946 unter dem noch sehr frischen Eindruck der Pervertierung des Rechts in der NS-Zeit zu der Radbruchschen Formel, die weiter unten noch näher darzutun ist (siehe Rz 71). Im Ergebnis formuliert sie bei stärkerer Einbeziehung moralisch-ethischer Aspekte auf letztlich naturrechtlicher und menschenrechtlicher Grundlage: „Extremes Unrecht ist kein Recht", was bis heute vor allem auch in der Verfassungsrechtsprechung anerkannt wird.

In zusätzlich verfeinernder Justierung, die ebenfalls noch weiter auszubreiten sein wird (siehe Rz 72 ff.), ist die Arbeitsgruppe schließlich darauf bedacht gewesen, alles zu vermeiden, was an eine anachronistische Wertebildung, das heißt eine ahistorische Rückprojizierung der Werte heutiger Nachgeborener erinnert. Sie hat deshalb sehr bewusst darauf geachtet, ihre Aufarbeitungen nicht besserwisserisch mit zeitabgelösten Maßstäben vorzunehmen. Daher wurden die ab Kriegsende 1945 unmittelbar geschaffenen und praktizierten Regelungen ebenso mitberücksichtigt, wie auf möglichst präzise Sachverhaltsermittlung durch umfassende Akten- und Literaturauswertung Wert gelegt wurde.

An dieser Stelle sind noch einige Problemfälle zu erwähnen, in denen es aufgrund defizitärer Quellen- und Literaturlage zu gewissen Abstrichen an der eindeutigen Feststellbarkeit NS-bedingter Privilegierungen gekommen ist. Deshalb sind unter anderem Gliederungskategorien gebildet worden, die von objektiv bedenklicher bzw. geringer NS-Verstrickung ausgehen und mithin eine solche als höchstwahrscheinlich oder deutlich herabgesetzt annehmen, wie unten noch ausgeführt wird (siehe Rz 167 ff.).

Bleiben noch Begrenzungen der Bearbeitung klarzustellen, und zwar sowohl in zeitlicher wie gegenständlicher Hinsicht. Die vom Senat der Leibniz Universität Hannover gestellte Aufgabe für die Arbeitsgruppe ging dahin, NS-geprägte Beeinträchtigungen und Privilegierungen an der Technischen Hochschule Hannover in der Zeit von 1933 bis 1945 aufzuarbeiten. Spätere (Wieder-)Einstellungen von vormals NS-Privilegierten oder Verweigerungshaltungen gegenüber NS-Beeinträchtigten gingen folglich über die Aufgabenstellung hinaus und mussten weithin unberücksichtigt bleiben. Dasselbe galt in gegenständlicher Hinsicht für hochschulische oder hochschulrelevante Einrichtungen, die in der fraglichen Zeit neben der Technischen Hochschule in Hannover existierten, denn die vorliegende Untersuchung hatte sich auf Letztere zu konzentrieren. Abrundend sei jedoch auf weitere rechtlich eigenständige Einrichtungen aufmerksam gemacht: die Tierärztliche Hochschule,[2] die ab 1934 beste-

---

2 Vgl. dazu Michael Schimanski: Die Tierärztliche Hochschule Hannover im Nationalsozialismus, Hannover 1997.

EINLEITUNG

hende Hochschule für Lehrerinnenbildung, die, 1941 zur Lehrerinnenbildungsanstalt heruntergestuft, bis 1945 existierte, die im vorliegenden Zusammenhang nur kursorisch behandelte (siehe Rz 129 ff.) eigenständige Ausbildungsstätte für das sogenannte Langemarck-Studium ab 1938, das Vorstufe für ein Hochschulstudium von Nichtabiturienten war, das örtliche Studentenwerk und die Hannoversche Hochschulgemeinschaft.

III. LITERATURLAGE

3

Die Zahl der Veröffentlichungen zum Thema Technische Hochschulen in der Zeit des Nationalsozialismus hat in den letzten Jahren spürbar zugenommen.[3] Erste kleinere Arbeiten datieren bereits aus den späten siebziger Jahren des vergangenen Jahrhunderts,[4] blieben aber zunächst relativ vereinzelt. Erst um die Jahrtausendwende wurden zu zahlreichen der während des Nationalsozialismus bestehenden Technischen Hochschulen im Deutschen Reich umfangreichere Werke veröffentlicht. Besonders hervorzuheben sind hier die Überblicksdarstellung zu sämtlichen zeitgenössischen Technischen Hochschulen aus dem Jahr 2010[5] und die monographischen Arbeiten zu den Technischen Hochschulen in Graz,[6] Aachen,[7] Wien,[8] Braunschweig,[9] Berlin[10] und Darmstadt.[11]

---

3   Auf allgemeine Veröffentlichungen zu den deutschen Universitäten im Nationalsozialismus soll hier nicht weiter eingegangen werden. Vgl. dazu die umfangreiche Literaturliste auf der Homepage der Leibniz Universität Hannover: https://www.uni-hannover.de/fileadmin/luh/content/webredaktion/universitaet/geschichte/literaturuebersicht_neu.pdf (abgerufen: 20.7.2016).
4   Vgl. insbesondere mehrere Aufsätze zur Dozentenschaft, Rüstungsforschung und antisemitischen Hochschulpolitik im Nationalsozialismus an der TH Berlin in: Reinhard Rürup (Hg.): Wissenschaft und Gesellschaft. Beiträge zur Geschichte der Technischen Universität Berlin 1879–1979, 2 Bde., Berlin/Heidelberg/New York 1979.
5   Vgl. Noyan Dinckal/Christof Dipper/Detlev Mares (Hg.): Selbstmobilisierung der Wissenschaft. Technische Hochschulen im „Dritten Reich", Darmstadt 2010.
6   Vgl. Hans-Peter Weingand: Die Technische Hochschule Graz im Dritten Reich. Vorgeschichte, Geschichte und Nachgeschichte des Nationalsozialismus an einer Institution, 2. Aufl., Graz 1995.
7   Vgl. Ulrich Kalkmann: Die Technische Hochschule Aachen im Dritten Reich (1933–1945), Aachen 2003.
8   Vgl. Juliane Mikoletzky: „Von jeher ein Hort starker nationaler Gesinnung". Die Technische Hochschule in Wien und der Nationalsozialismus, Wien 2003.
9   Vgl. Michael Wettern/Daniel Weßelhöft: Opfer nationalsozialistischer Verfolgung an der Technischen Hochschule Braunschweig 1930–1945, Hildesheim 2010, sowie Daniel Weßelhöft: Von fleißigen Mitmachern, Aktivisten und Tätern. Die Technische Hochschule Braunschweig im Nationalsozialismus, Hildesheim 2012.
10   Vgl. Carina Baganz: Diskriminierung, Ausgrenzung, Vertreibung. Die Technische Hochschule Berlin während des Nationalsozialismus, Berlin 2013.
11   Vgl. Melanie Hanel: Normalität unter Ausnahmebedingungen. Die TH Darmstadt im Nationalsozialismus, Darmstadt 2014.

IIII. Literaturlage

Zum Hochschulstandort Hannover und zur Technischen Hochschule Hannover zwischen 1933 und 1945 sowie in der unmittelbaren Nachkriegszeit liegen folgende Einzeldarstellungen vor:

Michael Schimanski: Die Tierärztliche Hochschule Hannover im Nationalsozialismus, Hannover 1997

Anette Schröder: Vom Nationalismus zum Nationalsozialismus. Die Studenten der Technischen Hochschule Hannover von 1925 bis 1938, Hannover 2003

Frauke Steffens: „Innerlich gesund an der Schwelle einer neuen Zeit". Die Technische Hochschule Hannover 1945–1956, Stuttgart 2011

Christian-Alexander Wäldner: Die Technische Hochschule Hannover und der Entzug akademischer Titel in der NS-Zeit. Ergebnisse hannöverscher Vorgänge unter der Berücksichtigung des Falles Walter Dux, Berlin 2012

Michael Jung: „Voll Begeisterung schlagen unsere Herzen zum Führer". Die Technische Hochschule Hannover und ihre Professoren im Nationalsozialismus, Norderstedt 2013

Im Jahr 2003 nahm Schröder im Rahmen ihrer Dissertation die Studentenschaft der Technischen Hochschule Hannover in den zwanziger und dreißiger Jahren genauer in den Blick. Der Untersuchungszeitraum 1925 bis 1938 wurde dabei zum einen wegen der ausgeprägt völkischen Ausrichtung eines großen Teils der hannoverschen Studentenschaft bereits seit den zwanziger Jahren, zum anderen aber auch aufgrund der verhältnismäßig guten Quellenlage für diesen Zeitabschnitt gewählt. Die im Jahr 2013 von Jung vorgelegte Studie näherte sich dem Thema hingegen von einer anderen Richtung und beschäftigte sich mit der Personalpolitik, den politischen Einstellungen der Professoren sowie dem Engagement kriegswissenschaftlicher Forschung an der Technischen Hochschule Hannover im Nationalsozialismus. Nicht unerwähnt bleiben darf an dieser Stelle auch die Arbeit von Steffens, die sich mit der Nachkriegszeit und unter anderem mit Aspekten der Aufarbeitung der nationalsozialistischen Periode an der Technischen Hochschule Hannover bis in die fünfziger Jahre beschäftigt hat. Da es am Hochschulstandort Hannover bereits zwischen 1933 und 1945 personelle und weitere Überschneidungen zwischen der Technischen Hochschule und der noch deutlich älteren Tierärztlichen Hochschule Hannover gab, sei hier ergänzend die Studie von Schimanski zur Tierärztlichen Hochschule Hannover im Nationalsozialismus angeführt. Wäldner untersuchte im Jahr 2012 im Rahmen seiner Masterarbeit das Thema der Entziehung von akademischen Titeln und Ehrungen durch die Technische Hochschule Hannover aus politischen Beweggründen.

Die Frage nach nationalsozialistisch bedingten Verfolgungsmaßnahmen im Allgemeinen und der Aberkennung von akademischen Titeln im Besonderen spielt in den genannten Publikationen eine unterschiedlich große Rolle. Zu diesen speziellen Themen

EINLEITUNG

sind seit den 1990er Jahren auch für andere Hochschulen und Universitäten zahlreiche weitere Einzeluntersuchungen erschienen.[12]

Die archivische Quellenlage zum Untersuchungsgegenstand des vorliegenden Berichts kann als durchaus gut bezeichnet werden. Die maßgebliche Aktenüberlieferung aus der Verwaltung der Technischen Hochschule Hannover zwischen 1933 und 1945 liegt im Archiv der TIB/Universitätsarchiv Hannover. Diese umfasst neben zeitgenössischen allgemeinen Verwaltungsakten vor allem umfangreiche, wenn auch offensichtlich nicht ganz vollständige Bestände an Personal- und Studentenakten. Neben diesen Archivalien hat die Arbeitsgruppe vor allem Bestände aus dem Bundesarchiv in Berlin-Lichterfelde und dem Niedersächsischen Landesarchiv, Standort Hannover, ausgewertet. Zu erwähnen sind aus dem Bundesarchiv die Zentrale Mitgliederkartei der NSDAP aus dem ehemaligen Berlin Document Center (BDC) sowie Unterlagen des Reichsministeriums für Wissenschaft, Erziehung und Volksbildung. Im hannoverschen Standort des Niedersächsischen Landesarchivs waren vor allem Archivalien aus den Beständen des Oberpräsidenten der Provinz Hannover, der Studentenschaft und dem Nationalsozialistischen Studentenbund an der Technischen Hochschule Hannover sowie zur Entnazifizierung von Bedeutung.

IV. DEUTSCHE HOCHSCHULLANDSCHAFT, STRUKTUR UND ENTWICKLUNG DER TECHNISCHEN HOCHSCHULE HANNOVER 1933–1945[13]

A. Hochschullandschaft

Im Jahre 1930 bestanden im Deutschen Reich 23 Universitäten, die größte davon in Berlin – die heutige Humboldt-Universität – mit rund 12 000 Studierenden, die

---

12 Vgl. insbesondere Baganz: Diskriminierung; Wettern/Weßelhöft: Opfer; Kai Kranich: Anpassung im Nationalsozialismus. Die Universität Breslau und die Aberkennung von Doktortiteln, Breslau 2012; Bernd Mertens/Margareta Feketitsch-Weber: Die Aberkennung von Doktorgraden an der Juristischen Fakultät der Universität Erlangen im Nationalsozialismus, Erlangen 2010; Renate Wittern/Andreas Frewer: Aberkennung der Doktorwürde im „Dritten Reich". Depromotionen an der Medizinischen Fakultät der Friedrich-Alexander-Universität Erlangen, Erlangen 2008; Kerstin Thieler: „… des Tragens eines deutschen akademischen Grades unwürdig". Die Entziehung von Doktortiteln an der Georg-August-Universität im „Dritten Reich", 2. erweiterte Aufl., Göttingen 2006; Aniko Szabo: Vertreibung, Rückkehr, Wiedergutmachung. In der Zeit des Nationalsozialismus verfolgte Hochschullehrer. Die Universität Göttingen als Fallbeispiel, Göttingen 2000; Friedemann Stengel (Hg.): Ausgeschlossen. Zum Gedenken an die 1933–1945 entlassenen Hochschullehrer der Martin-Luther-Universität Halle-Wittenberg, Halle 2013; Ralph Uhlig: Vertriebene Wissenschaftler der Christian-Albrecht-Universität zu Kiel (CAU) nach 1933. Zur Geschichte der CAU im Nationalsozialismus. Eine Dokumentation, Frankfurt am Main u. a. 1991; Stefanie Harrecker: Degradierte Doktoren. Die Aberkennung der Doktorwürde an der Ludwig-Maximilians-Universität München während der Zeit des Nationalsozialismus, München 2007; Universität Würzburg (Hg.): Die geraubte Würde. Die Aberkennung des Doktorgrads an der Universität Würzburg 1933–1945, Würzburg 2011. Für weitere Aufsätze zum gleichen Thema vgl. die Literaturliste auf der Homepage der Leibniz Universität Hannover: https://www.uni-hannover.de/fileadmin/luh/content/webredaktion/universitaet/geschichte/literaturuebersicht_neu.pdf (abgerufen: 20.7.2016).

kleinsten in Gießen und Rostock mit jeweils knapp 1 700 Studierenden. Daneben gab es elf Technische Hochschulen (Aachen, Berlin-Charlottenburg, Braunschweig, Breslau, Darmstadt, Dresden, Hannover, Karlsruhe, München, Stuttgart sowie das dem Deutschen Reich hochschulisch, finanziell und personell verbundene Danzig), die größte in Berlin-Charlottenburg mit knapp 5 000, die kleinste in Breslau mit gut 600 Studierenden. Außerdem existierten acht Philosophisch-Theologische Hochschulen, fünf Handelshochschulen, vier Landwirtschaftliche Hochschulen, je zwei Bergakademien, Tierärztliche und Forst-Hochschulen, eine Medizinische Akademie sowie die Deutsche Kolonialhochschule Witzenhausen, die Vorgängereinrichtung der landwirtschaftlichen Fachbereiche der heutigen Universität Kassel.[14] 1930 studierten an diesen 59 Hochschulen insgesamt 125 000 Personen, gemessen an der damaligen Bevölkerung im studierfähigen Alter ein im Vergleich zu heute sehr geringer prozentualer Anteil.

Die Universitäten waren den jeweiligen Wissenschafts- oder Bildungsministerien der Länder unterstellt, so in Preußen dem Preußischen Ministerium für Wissenschaft, Kunst und Volksbildung, der Einrichtung, die nach 1933 im Reichsministerium für Wissenschaft, Erziehung und Volksbildung (REM) aufging. Bei den übrigen Hochschulen hatten andere Ressorts Direktionsgewalt, z. B. bei den Bergakademien die Wirtschaftsministerien. Die Technischen Hochschulen in Preußen waren jedoch nicht nur dem eigentlich zuständigen Ministerium unterstellt, sondern bis 1935 zusätzlich dem jeweiligen Oberpräsidenten der entsprechenden Provinz.

1933 gab es zunächst keine Änderungen im Bestand, keine Hochschule wurde geschlossen. Lediglich die Philosophisch-Theologischen Hochschulen vermehrten sich auf 13 Einrichtungen, ein Sachverhalt, der jedoch nichts mit der Machtübernahme durch die Nationalsozialisten zu tun hatte. Nach dem Anschluss Österreichs 1938 gehörten die Technischen Hochschulen in Graz und Wien sowie die anderen dort bestehenden Hochschulen und Universitäten formal zum Deutschen Reich.

B. Struktur und Entwicklung der Technischen Hochschule Hannover

Die Technische Hochschule Hannover zählte zu Beginn des Jahres 1933 41 beamtete Professoren, 63 sonstige Lehrende (Honorarprofessoren, Lehrbeauftragte), 108 Assistenten und Hilfsassistenten, 60 Bedienstete im technischen und Verwaltungsdienst so-

---

13 Der folgende Text ist eine Zusammenfassung aus Michael Jung: „Voll Begeisterung schlagen unsere Herzen zum Führer". Die Technische Hochschule Hannover und ihre Professoren im Nationalsozialismus, Norderstedt 2013, S. 40–54.
14 Vgl. Deutsches Studentenwerk e. V. (Hg.): Der Deutsche Hochschulführer 1930. Lebens- und Studienverhältnisse an den deutschen Hochschulen, Berlin/Leipzig o. J.

wie 1 890 Studierende.[15] Die Zahl der Bediensteten änderte sich im Verlauf der Jahre nur unwesentlich. So waren im Februar 1943 46 beamtete Professoren, 56 sonstige Lehrende, 130 Assistenten und Hilfsassistenten, jedoch 213 sonstige Bedienstete an der Hochschule tätig.[16] Die Zunahme der Zahl der letzteren Gruppe hängt im Wesentlichen mit der kriegsbedingten Produktionstätigkeit einiger Institute, insbesondere des Instituts für Werkzeugmaschinen, zusammen. Die Technische Hochschule Hannover unterschied sich also in Struktur und Studienangebot erheblich von ihrer Nachfolgeeinrichtung, der heutigen Leibniz Universität Hannover.

Die Hochschule gliederte sich in drei Fakultäten:
- Fakultät I für allgemeine Wissenschaften, im August 1940[17] umbenannt in Fakultät für Naturwissenschaften und Ergänzungsfächer. Dieser Fakultät gehörten die an der Hochschule vertretenen Naturwissenschaften (Chemie, Physik) sowie Mathematik an, die vor allem Dienstleistungen für die Ingenieurwissenschaften erbrachten. Daneben gab es auch Fächer, die eher allgemeinbildenden Charakter hatten, z. B. Geschichte, Philosophie und Deutsche Literatur, Pädagogische Psychologie, Musikwissenschaft. Zur ersten Fakultät gehörten auch die durch Professuren vertretenen Fächer Geographie, Mineralogie und Geologie, Betriebswirtschaftslehre und Volkswirtschaftslehre. Neben diesen Disziplinen gab es – bereits vor 1933 – noch einige Spezialfächer wie Kriegsgeschichte und Wehrwesen, Wehrwissenschaft und Wehrkunde.
- Fakultät II für Bauwesen mit den beiden Abteilungen für Architektur und Bauingenieurwesen.
- Fakultät III für Maschinenwesen, ab 1941 untergliedert in die Abteilungen Maschinenbau und Elektrotechnik.

Darüber hinaus verfügte die Hochschule über ein Institut für Leibesübungen sowie ein „Außeninstitut". Ersteres gewann nach 1933 durch die Forderungen nach Wehrsport und körperlicher Ertüchtigung an Bedeutung: „Der Nachweis regelmäßiger und erfolgreicher Teilnahme an der Grundausbildung [in Leibesübungen] ist Voraussetzung für die Zulassung zum weiteren Studium vom vierten [...] Semester ab",[18] wie es das Vorlesungsverzeichnis belegt. Das Außeninstitut war zuständig für

---

15 Vgl. Personal- und Vorlesungsverzeichnis der Technischen Hochschule Hannover für Sommersemester 1933 und Wintersemester 1933/34; Statistisches Jahrbuch für das Deutsche Reich 1933, XVI. Unterrichtswesen, B Hochschulen, Berlin 1934.
16 ATIB/UniA Hannover, Hann. 146 A, Acc. 10/85, Nr. 14/1, Übersicht des Rektors zum Personalbestand der Technischen Hochschule Hannover vom 22. Februar 1943.
17 Runderlass des REM zur Neuordnung der Fakultäten und Abteilungen an Technischen Hochschulen und Bergakademien vom 15. August 1940, in: Deutsche Wissenschaft, Erziehung und Volksbildung. Amtsblatt des Reichsministeriums für Wissenschaft, Erziehung und Volksbildung und der Unterrichtsverwaltungen der Länder 6/1940, Amtlicher Teil, S. 559–562.
18 Personal- und Vorlesungsverzeichnis der Technischen Hochschule Hannover für Sommersemester 1938 und Wintersemester 1938/39, S. 11.

die Planung und Durchführung von für die Öffentlichkeit gedachten Veranstaltungen, von denen „eine Mehrung des Ansehens der Hochschule erhofft"[19] wurde. Weiterhin sollten Gastvorträge für die Studierenden angeboten werden, die deren fachliche oder allgemeine Bildung ergänzen sollten, sowie Sonder- und Ferienkurse.[20]

1942 wurde ein Institut für Kautschukforschung als Vierjahresplaninstitut des Reichsamtes für Wirtschaftsausbau eingerichtet, das jedoch kriegsbedingt nur in Ansätzen in Betrieb ging. Die Vorüberlegungen dazu reichten zurück bis ins Jahr 1938, als zunächst über die Erteilung von Lehraufträgen über Gummichemie nachgedacht wurde.[21] Nach Beginn des Krieges verstärkten sich die Anstrengungen zur Errichtung eines derartigen Instituts und mündeten am 19. Juni 1942 in die Bekanntgabe der Gründung auf einer geheimen Arbeitstagung „Kautschuk".[22] Ebenfalls bereits in das Jahr 1938 zurück reichten die Überlegungen zu einer Neugestaltung des Erdölinstituts.[23] Im Jahre 1942 konkretisierten sich die Planungen, und das Institut wurde als „Reichsinstitut für Erdölforschung" an der Technischen Hochschule Hannover angesiedelt. Noch 1944 gab es Bestrebungen zur Einrichtung eines Theaterwissenschaftlichen Instituts. Die Initiative dazu ging vor allem von der Stadt Hannover aus, die damit die kriegsbedingten kulturellen Verluste ausgleichen wollte. Besonders betont werden sollten dabei die technischen Aspekte des Theaterwesens. Diese Bestrebungen blieben jedoch angesichts der Kriegslage erfolglos. Lediglich ein Lehrauftrag für Theaterbau und Bühnentechnik wurde für das Sommersemester 1944 erteilt.[24]

C. Führungsstruktur

Die Technische Hochschule Hannover gliederte sich in Dozentenschaft und (deutsche) Studentenschaft. Zur Dozentenschaft gehörten alle Lehrenden. Ab 1936 wurde die Dozentenschaft in Personalunion vom Führer des Nationalsozialistischen Deutschen Dozentenbundes (NSDDB) geleitet. Ausländische und „nichtarische" Studierende gehörten nicht zur Studentenschaft. Die Leitung der Studentenschaft erfolgte ebenso in Personalunion durch den Führer des Nationalsozialistischen Deutschen Studentenbundes (NSDStB).

---

19 NLA Hannover, Hann. 320 IV, Nr. 94, Richtlinien für das Außeninstitut der Technischen Hochschule Hannover vom 21. März 1936.
20 Ebd.
21 ATIB/UniA Hannover, Hann. 146 A, Acc. 10/85, Nr. 186, Schreiben Assbroicher/Continental Gummi-Werke AG vom 23. Juni 1938 u. a.
22 Ebd., Einladung des Reichsamtes für Wirtschaftsausbau zur Arbeitstagung Kautschuk vom Mai 1942.
23 ATIB/UniA Hannover, Hann. 146 A, Acc. 10/85, Nr. 181, Aktenvermerk vom 17. Juni 1938.
24 GStA, I. HA., Rep. 76, Nr. 1105, Bl. 3–6, 16–18, 21–22.

Die Technische Hochschule Hannover wurde von einem Rektor geleitet, der 1933 noch vom Senat der Hochschule für zwei Jahre gewählt wurde. Nach Einführung des „Führerprinzips" (Ende 1933/Anfang 1934) in den Hochschulen, das jedoch auch an der TH Hannover zunächst eine Fiktion blieb,[25] wurde der Rektor vom Minister für in der Regel zwei bzw. drei Jahre ernannt und war diesem unmittelbar verantwortlich. Zumindest bis 1935 waren jedoch die vormals stimmberechtigten Mitglieder des Lehrkörpers – im Wesentlichen die Ordinarien – ungeachtet der Einführung des Führerprinzips weiterhin an der Auswahl durch Abstimmungen beteiligt. Auch später scheint es bei der Benennung des Rektors keinen Dissens gegeben zu haben. So wurde z. B. vor der Be- und Ernennung des Rektors im Jahre 1935 ein Votum aller Ordinarien eingeholt, dem sich dann das REM auch anschloss.[26]

Der Senat der Hochschule wurde ab 1934 aufgrund des Runderlasses zur Vereinfachung der Hochschulverwaltung vom Oktober 1933[27] nicht mehr gewählt. Er stand danach dem Rektor nur noch beratend zur Seite. Ab 1935 setzte er sich wie folgt zusammen: Rektor, Prorektor sowie die Dekane der drei Fakultäten. Letztere wurden auf Vorschlag des Rektors vom Minister ernannt. Weiterhin waren Senatsmitglieder: die Leiter von Dozentenschaft und Studentenschaft, die nach Anhörung des Rektors und der Gauführer von Dozenten- und Studentenschaft vom Reichserziehungsminister ernannt wurden, sowie zwei vom Rektor berufene Mitglieder der Dozentenschaft. Der SA-Hochschulführer war bis Ende 1934 kraft Amtes Mitglied des Senats, auch wenn er nicht Dozent war.[28] Als Rektoren amtierten zwischen 1933 und 1945: der Wasserbauer Otto Franzius (1933–1934), der Mathematiker Horst von Sanden (1934–1937), der Bauingenieur Hanns Simons (1937–1939), der Mathematiker Conrad Müller (interimistisch 1939/40), der Maschinenbauer Alexander Matting (1940–1943) und schließlich der Stahlbauer Helmut Pfannmüller (1943–1945).

D. Studium und Studierende

Das Studienangebot umfasste Studiengänge mit dem Abschluss Diplom-Ingenieur in den Fachrichtungen Architektur, Bauingenieurwesen, Vermessungswesen, Maschinenbau, Elektrotechnik, Mathematik, Physik und Chemie (ab 1939 mit dem Abschluss

---

25 Vgl. Hellmut Seier: Der Rektor als Führer. Zur Hochschulpolitik des Reichserziehungsministeriums 1934–1945, in: Vierteljahrshefte für Zeitgeschichte 12/1964, S. 105–146.
26 NLA Hannover, Hann. 122 a, Nr. 5322-23, Bl. 269–123, Schreiben des Rektors der Technischen Hochschule Hannover an den Oberpräsidenten vom 16. Februar 1935.
27 Runderlass vom 28. Oktober 1933: Vorläufige Maßnahmen zur Vereinfachung der Hochschulverwaltung, in: Zentralblatt für die gesamte Unterrichtsverwaltung in Preußen 75/1933, Amtlicher Teil, S. 291f.
28 NLA Hannover, Hann. 320 IV, Nr. 27, Erlass des Ministeriums vom 15. Dezember 1933.

Diplom-Chemiker[29]). Außerdem gab es die Möglichkeit, einige Studiengänge mit dem Abschluss für das höhere Lehramt in den Fächern Mathematik, Physik, Chemie sowie Erdkunde zu studieren. In Wirtschaftswissenschaften konnte das Grundstudium absolviert werden. 1941 kam als neues Angebot – vermutlich im Zusammenhang mit der noch relativ euphorischen Kriegsstimmung – eine sogenannte „Koloniale Zusatzausbildung" hinzu, die 1944 nur noch als „Koloniale Ringvorlesung" firmierte.[30] Außerdem verfügte die Hochschule wie alle Technischen Hochschulen über das Promotions- und Habilitationsrecht.

Noch zum Wintersemester 1932/33 hatte die TH Hannover 1 890 Studierende, davon 111 weibliche. Diese Zahlen reduzierten sich nach 1933 erheblich: Schon zum Wintersemester 1934/35 war die Anzahl der Studierenden auf 1 381 (davon 65 weibliche) gesunken, um dann zum Wintersemester 1937/38 auf einem Tiefpunkt von 969 (53) anzugelangen.[31] Dies war übrigens eine Entwicklung, die sich an allen deutschen Hochschulen, Universitäten wie Technischen Hochschulen gleichermaßen, vollzog und Ausdruck einer zunehmend wissenschaftsfeindlichen Stimmung sowie Auswirkung des Gesetzes gegen die Überfüllung der Hochschulen[32] war. Dass allerdings insbesondere in den technischen Fächern eine Verringerung der Studierendenzahl um 50 % des Niveaus von vor 1933 erwünscht war, ist nicht anzunehmen. Ab spätestens 1937 wurde dieser Negativentwicklung entgegengesteuert, so dass die Studierendenzahlen zum Wintersemester 1938/39 an der Technischen Hochschule Hannover wie tendenziell im gesamten Reichsgebiet wieder auf 1 099 stiegen und auch nach 1939 – mit kurzzeitigen Einbrüchen – auf diesem oder einem etwas höheren Niveau verblieben.

---

29 Runderlass des REM vom 6. April 1939, in: Deutsche Wissenschaft, Erziehung und Volksbildung. Amtsblatt des Reichsministeriums für Wissenschaft, Erziehung und Volksbildung und der Unterrichtsverwaltungen der Länder 5/1939, Amtlicher Teil, S. 249–254.
30 Vgl. Personal- und Vorlesungsverzeichnis der Technischen Hochschule Hannover, Sommersemester 1941 und Wintersemester 1941/42, S. 72.
31 Statistische Angaben nach: ATIB/UniA Hannover, Hann. 146 A, Acc. 62/81, Nr. 20.
32 Gesetz gegen die Überfüllung deutscher Schulen und Hochschulen vom 25. April 1933, in: Reichsgesetzblatt 1933, Teil I, S. 225.

Erster Teil

BEEINTRÄCHTIGUNGEN

Bericht der Arbeitsgruppe des Senates

„Verleihung und Entzug von Titeln während der NS-Zeit"

vom 16. Mai 2012

einschließlich der Nachträge

vom 16. Oktober 2013 und 17. Dezember 2014

8   Die Gottfried Wilhelm Leibniz Universität Hannover stellt in der Nachfolge der Technischen Hochschule Hannover mit Nachdruck fest, dass sie sämtliche an dieser ab 1933 durch Hochschulorgane bewirkten NS-bedingten Beeinträchtigungen verurteilt und als von Anfang an nichtige Unrechtsakte wertet.

INHALT

BESCHLUSS.. 37

GRÜNDE... 40

I. Verfahrensaspekte
   A. Senatsbeschluss vom 16. November 2011.......................... 40
   B. Mitglieder der Arbeitsgruppe.................................. 41
   C. Umfang und Zweiteilung der Bearbeitung........................ 41

II. Materielle Seite
   A. Aufgabenbewältigung und historisch-juristische Grundlagen......... 42
      1. Historischer und erinnerungskultureller Kontext................. 42
         a) Historischer Rahmen................................. 42
         b) Hochschulspezifische Befassung....................... 45
      2. Zu Struktur und Beurteilung des NS-Unrechts................... 47
         a) Pervertierung des Rechts............................. 47
         b) Wiedergutmachungsansätze an der Technischen Hochschule
           Hannover.. 48

   B. Konkrete Beeinträchtigungen und Sachverhaltsschilderungen......... 50
      1. Ordentliche Professoren 50
      2. Nebenamtliche Professoren................................. 50
         a) Außerordentliche Professoren 50
         b) Honorarprofessoren.................................. 50
      3. Sonstige Mitglieder....................................... 51
         a) Privatdozenten, Lehrbeauftragte, Assistenten 51
         b) Studierende (Nichtzulassung, Relegierung, Stigmatisierung,
           Überwachung)....................................... 52
           aa. Zur damaligen Verfahrensgestaltung und ihrer Vorwirkung . 53
           bb. Spezielle Zulassungsmodifikationen..................... 53
           cc. Vorfiltrierende Maßgaben............................ 54
           dd. Zu den aufgeführten Einzelfällen...................... 54
           ee. Rassistisch Diskriminierte............................ 55
           ff. Exemplarisch: stud. rer. nat. Klaus Fröhlich (1918–1945)... 56
           gg. Politisch Diskriminierte.............................. 57

4. Diplomierte und Promovierte 58
5. Ehrentitel 60
    a) Ehrendoktoren.. 60
    b) Ehrenbürger 60
    c) Ehrensenatoren 60
        aa. Entziehungsvorgaben und -vorgehen 60
        bb. Streichungsarten 61
6. Sonstiges: Medaillen, Ehrengeschenke, Preisverleihungen,
   Benennungen 61
7. Ergänzungen durch den Nachtrag vom 16. Oktober 2013 62
    a) Privatdozenten, Lehrbeauftragte, Assistenten 62
    b) Studierende (Nichtzulassung, Relegierung, Stigmatisierung,
       Überwachung) 63

III. Anhang beispielhafter Norm- und Archivunterlagen 65

10 BESCHLUSS

Der Senat, das Präsidium und der Hochschulrat der Gottfried Wilhelm Leibniz Universität Hannover –

entschlossen, in Übereinstimmung mit den moralischen und ethischen Zielsetzungen ihres Leitbildes sowie ihrer Stellung im demokratischen Verfassungs- und Rechtsstaat das dunkelste Kapitel ihrer Geschichte in den Jahren der nationalsozialistischen Gewaltherrschaft möglichst umfassend aufzuklären,

in der historischen Erkenntnis, dass es seit 1945 nur zu sehr unzureichenden Anläufen gekommen ist, um die an der Technischen Hochschule Hannover als ihrer Vorgängereinrichtung ab 1933 aufgrund der NS-Ideologie bewirkten Rechtsbeeinträchtigungen gegenüber Hochschulmitgliedern sowie -angehörigen aufzuarbeiten, und dass statt einer generellen Nichtigkeitsfeststellung solcher Maßnahmen bislang nur auf Antrag gehandelt worden ist,

im daraus folgenden Wissen, dass noch nicht sämtliche Unrechtsakte an der Technischen Hochschule Hannover in zureichender Weise Aufarbeitung und entsprechende Wiedergutmachung erfahren haben,

in dem Bewusstsein, dass sich die heutige Aufarbeitung aus Gründen kriegsbedingter und sonstiger Aktenverluste zum Teil Schwierigkeiten gegenübersieht, die die Gewissheit hinsichtlich abschließender Ermittlung von Betroffenheiten ausschließen, und

in tiefem Bedauern darüber, dass für die unmittelbar Betroffenen inzwischen jede Maßnahme der Rehabilitierung zu spät kommt, aber in der Hoffnung, dass ihrem bleibenden persönlichen Ansehen in den Augen der Hochschulöffentlichkeit wie allgemein der Nachwelt Genugtuung verschafft werden kann –

haben in den Sitzungen vom 13. Juni 2012 sowie 16. Oktober 2013 und 17. Dezember 2014, vom 9. Oktober 2013 sowie 14. Januar 2015 und vom 17. September 2012 sowie 19. Februar 2015 einstimmig den feierlichen Beschluss gefasst, der hiermit bekannt gegeben wird:

BESCHLUSS

11 Die von 1933 bis 1945 an der Technischen Hochschule Hannover vollzogenen, auf der NS-Ideologie politischer, „rassischer" oder sonstiger Diskriminierung beruhenden Beeinträchtigungen akademischer Stellungen, Grade und Ehren stellen dem Recht hohnsprechende Unrechtsakte dar. Sie stehen und standen bereits bei ihrer Entstehung in klarem Widerspruch zu den schon damals bekannten Grundsätzen der Rechtsstaatlichkeit und missachteten insbesondere hochschulspezifisch die Wissenschaftsfreiheit, die diese absichernde Selbstverwaltung sowie die Grundlagen der überkommenen humanistisch-akademischen Universitätstradition.

Die Gottfried Wilhelm Leibniz Universität Hannover stellt deshalb in der Nachfolge der Technischen Hochschule Hannover mit Nachdruck fest, dass sie sämtliche an dieser ab 1933 durch Hochschulorgane bewirkten NS-bedingten Beeinträchtigungen verurteilt und als von Anfang an nichtige Unrechtsakte wertet.

Da sich das damalige Unrecht hinsichtlich der dadurch bewirkten tatsächlichen Beeinträchtigungen indessen nicht nachträglich ungeschehen machen lässt, ist es das nachdrückliche Anliegen der Gottfried Wilhelm Leibniz Universität Hannover, allen an der Technischen Hochschule Hannover Betroffenen dadurch Gerechtigkeit widerfahren zu lassen, dass ihr persönliches und wissenschaftliches Angedenken dauerhaft wachgehalten wird. Daher werden unabhängig davon, ob und inwieweit es in Einzelfällen schon früher zu Rehabilitierungen gekommen sein sollte, die ermittelten Unrechtsbetroffenen nachstehend namentlich aufgeführt. Der Beschluss, der auch für noch nicht bekannt gewordene Fälle gelten will, verpflichtet die Universität dazu, bei künftigem Auffinden weiterer Betroffener deren Namen nachzutragen.

12 Die Gottfried Wilhelm Leibniz Universität Hannover wird die folgenden Namen zusätzlich im Rahmen einer feierlichen öffentlichen Veranstaltung würdigen und strebt an, dies gleichzeitig in würdiger Form dauerhaft sichtbar zu machen.

Biernath, Rudolf (Student)
Birmann, Gert (Student)
Brauns, Wolf (Student)
Carsten, Albert (Dr.-Ing. E. h.)
Dernedde, Wolfgang (Assistent)
Dirscherl, Wilhelm (Privatdozent)
Dorner, Alexander (ao. Professor)
Dux, Walter (Dr.-Ing.)
Eichengrün, Arthur (Dr.-Ing. E. h.)
Flachsbart, Otto (o. Professor)
Fraenkel, Stefan (Student)

Friedburg, Helmut (Student)
Fröhlich, Klaus (Student)
Führer, Otto (Student)
Geissler, Otto (o. Professor)
Ginsberg, Max (Student)
Hoffmann, Friedrich (Student)
Kempf, Johannes (Student)
Kirchhof, Franz (Student)
Klüsener, Otto (ao. Professor)
Krone, Max (Dr.-Ing. E. h., Ehrenbürger)
Kröning, Willy Karl (Student)

Kroupa, Jaroslav (Student)
Krug, Willi (Privatdozent)
Kulka, Hugo (Honorarprofessor)
Lessing, Rudolf (Student)
Lessing, Theodor (ao. Professor)
Levi, Fritz (Student)
Levi, Hans Werner (Student)
Lilienfeld, Erich (Student)
Lilienfeld, Werner (Student)
Lutz, Friedrich (Privatdozent)
Mautner, Kurt (Student)
Mewes, Hermann (Student, Assistent)
Michaelis, Hermann (Student)
Nezval, Ladislav (Student)
Nörrenberg-Sudhaus, Walter (Student)
Noske, Gustav (Ehrenbürger)
Ostermeyer, Günter (Student)
Otto, Kurt (Student)
Passarge, Georg (Student)
Plaut, Helene (Studentin)
Roeder, Wolfgang (Student)
Rohr, Joachim (Student)
Rubo, Ernst (Student)
Samuel, Erich (Student)
Sander, Helmut (Student)
Schäfer, Heinz (Student)
Scharlibbe, Otto (Student)
Schiemann, Günther (Privatdozent)
Schwarzer, Alfred (Student)
Seitz, Urte (Studentin)
Siepmann, Harald (Student)
Slawinski, Friedrich (Student)
Spangenthal, Hans-Friedrich (Student)
Staskiewicz, Alfred (Student)
Teusch, Heinz (Student)
Vierthaler, Ludwig (Honorarprofessor)
Weil, Ulrich (Student)
Weiß, Herbert (Student)
Wichert, Ulrich (Student)
Wohlwill, Andreas (Student)
Woldt, Richard (Lehrbeauftragter)

GRÜNDE

I. VERFAHRENSASPEKTE

13 **A. Senatsbeschluss vom 16. November 2011**

Der Senat der Leibniz Universität Hannover hat in seiner Sitzung am 16. November 2011 den Vortrag von Herrn Christian-Alexander Wäldner über seine Masterarbeit zum Thema „Die Technische Hochschule Hannover und der Entzug akademischer Titel in der NS-Zeit" mit Interesse zur Kenntnis genommen und nach eingehender Diskussion den folgenden Beschluss gefasst (Auszug aus dem Protokoll):

5.1 Verleihung und Entzug von Titeln während der NS-Zeit

Der Senat beschließt einstimmig die Einrichtung einer Arbeitsgruppe, welche die folgenden Aufgaben hat:

- Analyse vorliegender Belege für ungerechtfertigte Entziehungen und Verleihungen von Titeln und Ehrungen während der NS-Zeit
- Identifizierung der Fälle, in denen zur Vermeidung des Fortbestehens ungerechtfertigter Maßnahmen Handlungsbedarf besteht
- Formulierung von Vorschlägen an Senat und Präsidium zur Ausräumung fortbestehenden Unrechts

Folgende Personen sollen der Arbeitsgruppe angehören:
Prof. Dr. Michele Barricelli (Historisches Seminar)
Prof. Dr. Jörg-Detlef Kühne
Prof. Dr. Joachim Perels
Christian-Alexander Wäldner, M. A.
Prof. Dr. Holger Butenschön (Institut für Organische Chemie)

Es besteht Konsens darüber, dass die AG sich zunächst der Thematik „ungerechtfertigte Entziehungen von Titeln und Ehrungen" annimmt. Dazu wird die AG dem Senat zu Beginn des Sommersemesters 2012 berichten.

Neben der Aufarbeitung der Thematik „ungerechtfertigte Verleihungen von Titeln und Ehrungen während der NS-Zeit" wird eine Aufarbeitung des Themenkomplexes „Zwangsarbeit an der TH Hannover" angeregt.

B. Mitglieder der Arbeitsgruppe

Vom Senat der Gottfried Wilhelm Leibniz Universität Hannover berufene Mitglieder:

Prof. Dr. phil. Michele Barricelli
Historisches Seminar

Prof. Dr. rer. nat. Holger Butenschön (Senatsmitglied, Vorsitzender)
Institut für Organische Chemie

Dr. phil. Michael Jung
Institut für Didaktik der Demokratie

Prof. i. R. Dr. iur. Jörg-Detlef Kühne
Öffentliches Recht und Verfassungsgeschichte

Archivrat Lars Nebelung M. A.
Technische Informationsbibliothek (TIB)
Archiv der TIB/Universitätsarchiv Hannover

Prof. i. R. Dr. iur. Joachim Perels
Institut für Politische Wissenschaften

Christian-Alexander Wäldner, M. A. (Mitglied bis Juni 2013)
Philosophische Fakultät

C. Umfang und Zweiteilung der Bearbeitung

Die Arbeitsgruppe hat sich am 7. Dezember 2011 konstituiert und ist unter dem Vorsitz von Herrn Prof. Dr. Holger Butenschön in sechs Sitzungen zusammengetreten.

Hinsichtlich des Umfangs der Beauftragung durch den Senat bestand in der Arbeitsgruppe samt ihren beiden Gästen alsbald Einmütigkeit darüber, dass man sich nicht auf den im Einsatzbeschluss des Senats unter Punkt 1 benannten Bereich ungerechtfertigter Entziehungen von Titeln und Ehrungen der NS-Zeit beschränken könne. Angesichts der Fülle des vorhandenen, bislang unaufgearbeiteten Materials und der sich daraus ergebenden zusätzlichen Beeinträchtigungsfälle ging es vielmehr im Sinne von Punkt 2 des vorgenannten Einsatzbeschlusses auch darum, die Gruppe der Studierenden einzubeziehen.

Die Arbeitsgruppe beschloss weiter in Einklang mit dem Senatsbeschluss vom 16. November 2011 und mit Zustimmung des Präsidenten Prof. Dr.-Ing. Erich Barke die folgende Zweiteilung ihrer Arbeit: Die während der NS-Zeit an der Technischen Hochschule Hannover erfolgten Beeinträchtigungen aus ideologischen Gründen sollen in einem ersten Teil bearbeitet werden, danach sollen in einem zweiten Teil entsprechende Begünstigungen untersucht werden.

Dabei ließ sich die Arbeitsgruppe von dem Gedanken leiten, dass bei den Beeinträchtigungen dringenderer Handlungsbedarf im Sinne einer Rehabilitierung besteht als bei den Begünstigungen. Im Übrigen bestand in der Arbeitsgruppe Einvernehmen darüber, dass in Fällen mangelnder Aufklärbarkeit durch Aktenverluste oder sonstige Ermittlungsschwierigkeiten Anzeichen der Betroffenheit genügen, sie also im Zweifel nicht gegen, sondern für eine Aufnahme in die vorstehende Namensaufführung sprechen sollten.

II. MATERIELLE SEITE

A. Aufgabenbewältigung und historisch-juristische Grundlagen

1. Historischer und erinnerungskultureller Kontext

a) Historischer Rahmen

Das nationalsozialistische Terrorregime der Jahre 1933 bis 1945 hat die Ermordung von zusammen mehr als sechs Millionen Juden, Sinti und Roma, Patienten, Regimegegnern, Homosexuellen und anderen ins Werk gesetzt. Es ist verantwortlich für ca. 50 Millionen Kriegstote (Kombattanten und Zivilisten), für die zerstörten Lebensläufe von weit über 12 Millionen Zwangsarbeiterinnen und Zwangsarbeitern, oft auch deren (kalkulierten) Tod durch Entkräftung. Es hat Millionen Menschen in Europa zum Teil längerfristig die Lebensgrundlage entzogen, materielle Güter geraubt, zu Unrecht umverteilt, vernichtet, immaterielle Güter (wie Bürgerrechte, Ehre, Menschenwürde) missachtet, unkenntlich gemacht, negiert. Trotz der Größe, Beispiellosigkeit und Monstrosität der staatlichen Massengewalt ist allerdings der Prozess der „Bewältigung" dieser verbrecherischen Vergangenheit, der ja immer auch die eine oder andere Form der „Wiedergutmachung" geschehenen Unrechts und zugefügten Leids in Aussicht stellte, sowohl in Deutschland als auch in den kollaborierenden oder besetzten Staaten in quälender Langsamkeit verlaufen.

Dazu gerieten die einzelnen Bereiche von Terror, Verfolgung und Entrechtung sehr unterschiedlich und kaum je kontinuierlich in den Blick. Die Verfahren sowie Instrumente der juristischen, historisch-kritischen, gesellschaftlichen Aufarbeitung und die auferlegten Strafen variierten von Beginn an je nach Opfergruppe, dem Ort der politischen Aufklärung (Besatzungszonen, Bundesrepublik, DDR), ja sogar dem urteilenden Richter erheblich. Auf die frühesten Rufe nach radikaler Offenlegung, Vergeltung und auch Rache folgten sehr bald Bestrebungen nach Vertuschung, Verharmlosung, Vergessenwollen. So kann selbst das 1949 im Grundgesetz verankerte Verbot der Todesstrafe *auch* als ein Schutz der Hauptverantwortlichen vor dem fatalen Urteil gewertet werden. Überhaupt standen den ersten Versuchen, NS-Täter aufgrund der Zurechnung von persönlicher Schuld zur individuellen Verantwortung zu ziehen (und zwar unter erstmaliger Außerkraftsetzung des alten Rechtsgrundsatzes „nulla poena sine lege"), bereits in den 1950er Jahren Tendenzen einer Kollektivschuldthese und eines angeblichen Rückwirkungsverbotes gegenüber. In der um internationale Anerkennung, Westbindung und Wiederbewaffnung bemühten Bundesrepublik verebbte rasch jede Lust an der „Aufarbeitung der Vergangenheit", was wiederum den vielen tausend belasteten Männern (und selten Frauen), die vor 1945 als Eliten oder einfachere Funktionsträger am NS-Unrechtsstaat mitgewirkt hatten, jene heute mit Kopfschütteln zur Kenntnis genommene Fortführung ihrer ungebrochenen Karrieren an den neuen Schaltstellen der bundesdeutschen Gesellschaft ermöglichte. Gleichzeitig wurden in der Bundesrepublik die größten Teile der Widerstandsbewegung, da kommunistisch, ausgeblendet und selbst noch die meisten Vertreter der bürgerlichen oder militärischen Opposition lange Zeit als Vaterlandsverräter diffamiert. Die Zwangsarbeit erlangte – nachdem sich anfänglich einzelne Betroffene finanzielle Wiedergutmachungen in geringer Höhe erstritten hatten, was eine aufgebrachte Öffentlichkeit und Presse mit dem Aufschrei „Reparationen wie damals in Versailles" quittierte – erst nach dem Jahr 2000 wieder gebührende Aufmerksamkeit, als die von Bundesregierung und deutscher Wirtschaft eingerichtete Stiftung „Erinnerung, Verantwortung und Zukunft" begann, auf Antrag Entschädigungen zu zahlen (wobei manche Opfergruppen wie die italienischen Militärinternierten davon ausgeschlossen blieben). Ehrabschneidende Unrechtsparagraphen waren noch Jahrzehnte rechtskräftig: So wurde der (männliche) Homosexualität unter Strafe stellende § 175 vollständig erst 1994 abgeschafft, und die (Todes-)Urteile gegen „Deserteure" wurden erst 2002 als „nationalsozialistische Unrechtsurteile" aufgehoben.

Ein weiteres Kapitel bildet die Frage des „arisierten" oder sonst wie geraubten Besitzes von jüdischen Deutschen. Hier wurde schon sehr früh das Recht auf uneingeschränkte Restitution beschnitten. Auch deshalb dauern die erbitterten Schlachten auf diesem Feld, wo es um bezifferbares Geld und Gut geht, bis heute an: Noch 2012 etwa sprach der Bundesgerichtshof letztinstanzlich einem Nachfahren des jüdischen Kunstmäzens Hans Sachs dessen exzeptionelle Plakatsammlung aus den 1920er und 1930er Jahren – die das Deutsche Historische Museum bis dato unbeirrbar, aber eben gesetzwidrig für sich reklamierte – als rechtmäßiges Eigentum wieder zu. Dieser Ausnahmefall einer späten Rückerstattung war freilich nur unter geschickter Umgehung jener Rechtsnormen möglich, die vorsehen, dass ordnungsgemäße Ansprüche bis 1950 (!) hätten geltend gemacht werden müssen. Das Urteil desavouiert das Deutsche Historische Museum und genauso jene „unabhängige Rechtskommission" unter Vorsitz der ehemaligen Präsidentin des Bundesverfassungsgerichts Jutta Limbach, die zuvor zu anderen juristischen Positionen gelangt war. Die Erforschung des NS-Unrechts, das zumindest zeigen die Beispiele, kennt überraschende Wendungen.

Gewiss gab es seit Beginn der 1960er Jahre immer wieder auf Einzelne zurückgehende Initiativen zunächst der juristischen (z. B. Frankfurter Auschwitz-Prozesse), dann auch einer kulturell-didaktischen Vergangenheitsbewältigung (z. B. die dokumentarische Fernsehserie „Das Dritte Reich" 1960/61, Rolf Hochhuths Drama „Der Stellvertreter" 1962, die US-Serie „Holocaust" 1978/79), welche oft ungeahnte Breitenwirkung entfalteten. Die 1958 eingerichtete Ludwigsburger Zentralstelle zur Aufklärung nationalsozialistischer Verbrechen konnte in mehrfachen Anläufen, die sogar den Deutschen Bundestag befassten, wenigstens 1979 erreichen, dass NS-Unrecht (sowie Völkermord) nicht, wie von den bundesdeutschen Justizbehörden noch lange und auch entgegen einschlägigen UN-Konventionen vorgesehen, verjähren durfte. Aber erst in den 1980er Jahren setzte ein wirkliches gesellschaftliches Umdenken ein. Dieses war zunächst Folge eines Generationenwechsels: Historiker, Politiker, Journalisten, Juristen verstanden sich nunmehr in der Mehrzahl als Nachgeborene der NS-Vergangenheit, die unbefangener, offener, ehrlicher mit ebendieser umgehen konnten. In der Geschichtswissenschaft etablierten sich neue, partizipative Formen der historischen Forschung („Geschichte von unten", Geschichtswerkstätten). Die heute wie selbstverständlich zum Erscheinungsbild der Bundesrepublik gehörenden Gedenkstätten an den historischen Orten der Verfolgung konnten sich langsam ausdifferenzieren und professionalisieren; sie verstanden sich fortan nicht mehr nur als Friedhöfe, Einrichtungen zur Schicksalsklärung oder mahnende Denkmäler, sondern ebenso als Zentren der Verbrechensdokumentation, der zeithistorischen Forschung und schließlich Demokratieerziehung.

Angesichts des anschwellenden Aufklärungswillens erstaunlich sind gleichwohl die bis heute im Kleinen wie im Großen fortbestehenden blinden Flecken der Aufarbeitung: So kämpfen immer noch viele Familien sogenannter Euthanasieopfer um Wiedergutmachung oder doch wenigstens eine Anerkennung von Schuld; eine pauschale Haftbarmachung der Bundesrepublik Deutschland für in Italien nach 1943 durch deutsche Besatzungstruppen verübte Kriegsverbrechen konnte die deutsche Regierung in einem Verfahren vor dem Internationalen Gerichtshof in Den Haag noch im Februar 2012 abwenden; „letzte" NS-Täterprozesse enden (oft schon wegen der Hinfälligkeit der Angeklagten) mit milden Strafen und ernten dementsprechend Unverständnis für ihre lange Verschleppung; die Lebenserinnerungen der in Frankreich, den USA, Israel und auch in Deutschland hochgeehrten „Nazi-Jägerin" Beate Klarsfeld, durch deren beharrlichen Einsatz überhaupt erst manche führende NS-Verbrecher (z. B. Klaus Barbie) ausfindig gemacht und vor ein Gericht gestellt werden konnten, liegen zwar in vielen europäischen Sprachen, bis heute jedoch nicht auf Deutsch vor.

17 *b) Hochschulspezifische Befassung*
In diesem komplexen erinnerungskulturellen Kontext nehmen die Hochschulen noch einmal eine eigene Stellung ein. Die deutschen Professoren gehörten ganz überwiegend zu jenen, die den Nationalsozialismus besonders früh sowie energisch begrüßten und staatlich angeordnete, nichtsdestoweniger unrechtmäßige Maßnahmen ebenso schnell wie geräuschlos umsetzten: Nach dem „Gesetz zur Wiederherstellung des Berufsbeamtentums" vom 7. April 1933[33] wurden 1 200 jüdische Professoren und Dozenten entlassen, ohne dass nur von einer einzigen deutschen Fakultät der zaghafteste Protest überliefert wäre. Dass sich damit ausgerechnet die gelehrte Elite eines bis dahin hochzivilisierten Staates – und zwar gänzlich unabhängig von wissenschaftlicher Disziplin, forschender Institution oder betroffener Region – als besonders willfährig gegenüber einem vom ersten Tage an offenkundig verbrecherischen Regime kompromittierte und somit in ihrer Vorbildfunktion vollständig versagte, wurde nach 1945 aus dem kollektiven Gedächtnis geflissentlich verdrängt. Stattdessen breitete sich bald ein flächendeckender Mantel des Schweigens über Bücherverbrennungen, relegierte Studierende oder verstoßene Lehrende, an Universitäten zahlreich beschäftigte Zwangsarbeiter und eben auch entzogene bzw. aberkannte akademische Titel. Dem gemeinschaftlichen Vergessen dieser – wie die eingesetzte Arbeitsgruppe es höchst unvollkommen, aber eingestandenermaßen hilflos nennt – „Beeinträchtigungen" kam dabei nicht selten eine merkwürdige Konnivenz jener zupass, die zumindest später das begangene Unrecht hätten anprangern und Wiedergutmachung einfordern können: Im Glauben an die so schamlos hintergangene und nur im Ideal unverbrüchliche akademische Korporation waren die Geschädigten, sofern sie nach Kriegsende, in der Regel aus ihrem Exil, an die Wiederaufnahme des Kontaktes zu ihren alten Hochschulen dachten, oft bereit, die NS-Zeit als „Betriebsunfall" anzusehen und zugefügte Herabwürdigungen nicht weiter zu thematisieren. Immerhin konnten immaterielle Güter wie die entzogenen Titel ohne großes Aufheben wieder zuerkannt werden, auch „stillschweigend", so dass

---

33 Reichsgesetzblatt 1933, Teil I, S. 175–177.

förmliche, aufsehenerregende Verfahren gar nicht nötig schienen. Zwar hat es, wie stichprobenhafte Forschungen der Arbeitsgruppe ergeben haben, direkt nach 1945 durchaus ein Unrechtsbewusstsein bei den Verantwortlichen an den Universitäten gegeben, und man versicherte sich auf dem Dienstwege bei der Kultusbürokratie, wie im Hinblick auf eine Rehabilitierung zu verfahren sei. Doch kam es lange, soweit zu sehen ist, fast nirgends zu tatsächlichen Schuldanerkenntnissen oder offiziellen Wiedergutmachungen.

Die (ehemalige) Technische Hochschule Hannover macht von diesen generellen Tendenzen keine Ausnahme, im Gegenteil: Sie liefert, wenn auch in eher kleiner Zahl, anschauliche Beispiele für ideologisch begründete Beeinträchtigungen aller Art (aus „politischen, rassischen, sonstigen Gründen" in der NS-Sprache). Diese im Vergleich mit anderen Technischen Hochschulen kleine Zahl ist weniger der geringen Größe der damaligen Hochschule geschuldet. Die Technische Hochschule Hannover hatte zu Beginn des Jahres 1933 41 beamtete Professoren, 63 sonstige Lehrende (Honorarprofessoren, Lehrbeauftragte), 108 Assistenten/Hilfsassistenten, 60 Bedienstete im technischen und Verwaltungsdienst sowie 1 890 Studierende. Die Zahl der Studierenden nahm bis zum Wintersemester 1937/38 auf 969 ab, während die Anzahl der Bediensteten nahezu konstant blieb. Damit gehörte die Technische Hochschule Hannover zur oberen Hälfte der damals zwölf deutschen Technischen Hochschulen. Die vergleichsweise kleine Zahl der Beeinträchtigten ist vielmehr dem Umstand geschuldet, dass sich die Hochschule schon zur Zeit der Weimarer Republik darum bemüht hatte, sich als „rein deutsche Hochschule zu erhalten", wie es Rektor Otto Franzius 1934 in einer Rede formuliert hatte: Der Lehrkörper war also bereits vor der nationalsozialistischen Machtübernahme nationalkonservativ, antidemokratisch und wohl auch antisemitisch ausgerichtet.

Die Arbeitsgruppe des Senates der Leibniz Universität Hannover zu „Verleihung und Entzug von Titeln während der NS-Zeit" hat sich, gemäß ihrem Auftrag und ihren Kräften, zum Ziel gesetzt, die besonders sprechenden Fälle zu schildern, aber auch die nur noch fragmentarisch zu rekonstruierenden Sachverhalte so gut wie eben möglich zu dokumentieren, um damit ein Zeugnis von Verfolgung, Terror, Widerstand und Erinnerung abzulegen. Die Beteiligten sind sich dabei bewusst: Entgegen allen vor zehn, zwanzig (nach der Wiedervereinigung!), dreißig oder vierzig Jahren geäußerten Annahmen, die Periode der NS-Herrschaft würde in absehbarer Frist ausgeforscht und die Erinnerungsbedürfnisse würden damit erloschen sein, nehmen die Anstrengungen der NS-Aufarbeitung kontinuierlich zu. Das ist abzulesen an der vielfältigen Einzelforschung (inklusive Veröffentlichungen), Aktivitäten bürgerschaftlicher Vereine, vor allem an der auffälligen Zunahme von NS-Gedenkstätten. Diese wie überhaupt alle Stellen der Aufarbeitung sind nunmehr zu professionellen Kompetenzzentren zeithistorischer Forschung und gleichzeitig zu Orten des Vertrauens im lokalen oder globalen menschlichen Miteinander geworden. Die für die Erfüllung eines solchen zivilgesellschaftlichen Auftrags notwendigen neuartigen Standards wissenschaftlicher und ethischer Natur sind der Arbeitsgruppe am Verfolgungsort Hannover ein steter Maßstab gewesen.

2. Zu Struktur und Beurteilung des NS-Unrechts

18 *a) Pervertierung des Rechts*
Die Aberkennung von Doktortiteln durch Hochschulen im NS-Staat folgte den juristischen Prinzipien der Diktatur. Ihre „Verfassungsurkunde"[34] ist die Reichstagsbrandverordnung vom 28. Februar 1933, die die persönlichen, politischen und ökonomischen Freiheitsrechte zur Disposition der Exekutive stellte. Rechtspositionen konnten beliebig außer Kraft gesetzt und durch staatliche Handlungen gegen sogenannte „Feinde" beseitigt werden. Die exekutivische Festlegung von juristischen Regeln, die vor allem den Satz von der Gleichheit vor dem Gesetz (Artikel 109 Weimarer Reichsverfassung) außer Kraft setzen und Sonderregelungen für Juden, für Vertreter der illegalen Arbeiterbewegung, für Repräsentanten der Bekennenden Kirche und für andere enthalten, wurde durch das Ermächtigungsgesetz vom 24. März 1933 institutionell auf Dauer gestellt. Die Normen des NS-Staats sind Exekutiv-Gesetze und Verordnungen, die die politischen Ziele des NS-Regimes zum Ausdruck bringen. Sie sind aber – mit Ausnahme der privatrechtlichen Rechtspositionen für Nicht-Juden, die weiter den Prinzipien der gültigen objektiven Rechtsordnung folgen – durch keinerlei rechtliche Schranken begrenzt. Fraenkel nennt diese Struktur des Hitler-Regimes den Maßnahmenstaat. Er erläutert ihn so:

„Im politischen Sektor des Dritten Reichs gibt es weder ein objektives noch ein subjektives Recht, keine Rechtsgarantien, keine allgemeingültigen Verfahrensvorschriften und Zuständigkeitsbestimmungen – kurzum, kein auch die Betroffenen verpflichtendes und berechtigendes Verwaltungsrecht."[35]

Auf dieser herrschaftstechnischen Basis erfolgte die Einweisung Oppositioneller in Konzentrationslager – auch gegen bestehende Gerichtsurteile; das Gleiche galt für die Verfolgung der Widerstandskämpfer des 20. Juli 1944, die insbesondere auf die Reichstagsbrandverordnung und ihre Beseitigung der Grundrechte gestützt wurde. Die großen Verbrechen des NS-Staats beruhen juristisch auf der Logik des Maßnahmenstaats: Die Vergasung der psychisch Kranken geschieht – ungeachtet der Weitergeltung der

---

34 Vgl. Ernst Fraenkel: Der Doppelstaat, Frankfurt am Main 1974 (erstmals erschienen 1941).
35 Ebd., S. 26.

Sanktion von Tötungshandlungen durch das Strafgesetzbuch –, mit der Ermordung der Juden wird das in der Rechtsordnung verankerte Recht auf Leben umfassend suspendiert, für den Vernichtungskrieg gegen die Sowjetunion wird 1941 der Barbarossa-Gerichtserlass geschaffen, der die Verbrechen der Wehrmacht von der Strafverfolgung ausnimmt.

Die Aberkennung von Doktortiteln, die mit den Gewaltverbrechen des Regimes selbstredend nicht vergleichbar ist, folgte auch den Herrschaftsprinzipien des NS-Staats, die von den entsprechenden Hochschulen exekutiert wurden. Diese Aberkennungen, die unter rechtsstaatlichen Bedingungen unter der Voraussetzung erfolgen können, dass die Doktorarbeit in Teilen oder insgesamt nicht von dem Verfasser stammt, er also eine eigene Leistung vorgespiegelt hat, erfolgte im Nationalsozialismus unabhängig von der wissenschaftlichen Frage der Qualität der Arbeit und ihrer selbständigen Erstellung. Das Kriterium für die Aberkennung ist außerwissenschaftlich: Die „rassische" Herkunft, die mit der wissenschaftlichen Leistung nicht das Geringste zu tun hat, wirkt als Ausschlusskriterium für das Führen des Doktortitels. Sie wird auf der Basis der judenfeindlichen Staatsdoktrin verfügt, die von führenden Juristen wie Carl Schmitt auf einer eigens dafür veranstalteten Tagung im Jahre 1936 für die „wissenschaftliche" Ausgrenzung der Arbeiten von Juden zur Leitlinie erklärt und mit den Worten Hitlers „indem ich mich des Juden erwehre, kämpfe ich für das Werk des Herrn" gerechtfertigt wurde. Auch hier regiert der Maßnahmenstaat, der die Rechtsposition eines durch eine wissenschaftliche Leistung rechtmäßig erworbenen Doktortitels juristisch effektiv, aber rechtsstaatswidrig beseitigt.

Das Problem des Umgangs mit der juristischen Struktur des NS-Staats besteht oftmals darin, dass Einzelregelungen des NS-Staats von der Struktur des Gesamtsystems getrennt werden und unkritisch als auch rechtsstaatlich akzeptables „Recht" angesehen werden. Diese Herangehensweise bedeutet aber, wie auch das Bundesverwaltungsgericht festgestellt hat, dass die repressive Gesamtstruktur des Regimes, die auf der autoritären Normierungsmacht beruht, aus dem Blick gerät.[36]

b) Wiedergutmachungsansätze an der Technischen Hochschule Hannover

Die Wiedergutmachung von NS-bedingten Diskriminierungen an der Technischen Hochschule Hannover lässt sich seit der unmittelbaren Nachkriegszeit im Wesentlichen dadurch kennzeichnen, dass es dazu nur punktuell, das heißt im Einzelfall und dabei de facto nur auf Antrag von Betroffenen, gekommen ist. Eine generelle Rehabilitierung durch Annullierung einschlägiger Beeinträchtigungen ist mit anderen

---

36 Vgl. Joachim Perels: Die Umdeutung des Nazi-Regimes zu Lasten eines Verfolgten. Anmerkungen zum Urteil des Verwaltungsgerichts Potsdam vom 4.Dezember 2008, in: Kritische Justiz 42/2009, S. 417–426.

Worten bislang nicht erfolgt. Ebenso beispielhaft wie grundlegend ist dafür der Ministerialerlass des Niedersächsischen Kultusministers vom 28. April 1947 (siehe Anlage 10).

Ohne die Fälle blockierter und dadurch abgebrochener weiterer wissenschaftlicher Hochschulkarrieren oder bereits von Studiengängen zu behandeln, erklärte er – in diametralem Gegensatz zur hier unterbreiteten Beschlussempfehlung und beschränkt auf akademische Grade – einschlägige Entziehungen für „formal noch in Kraft". Zugleich wurden die Fakultäten der Landeshochschulen ermächtigt, Personen, denen der akademische Grad entzogen worden war, mitzuteilen, dass sie „zum Zwecke der Wiedergutmachung" berechtigt seien, den seinerzeit aberkannten Grad wieder zu führen. Dieser Erlass galt jedoch, wie gesagt, nur für die Aberkennung akademischer Grade und überdies bei genauerem Hinsehen nur für den kleineren Kreis der Aberkennung durch Ausbürgerung. Er war also insoweit primär auslandsorientiert, als er sich erkennbar und unter der damaligen Besatzungsherrschaft verständlich auf emigrierte Betroffene bezog. Dabei war ein weiterer Pferdefuß des Erlasses, dass er weder eine Berichtspflicht an das Ministerium verfügte noch auf die administrativen Schwierigkeiten der Ermittlung von Auslandsanschriften in den Wirren und Nöten der unmittelbaren Nachkriegszeit einging. Deshalb verschob er de facto die Wiedergutmachung auf die Initiative bzw. den Antrag noch lebender Betroffener und konnte mithin keine erschöpfenden Auswirkungen zeitigen.

Nicht zuletzt kommt als grundsätzliches Problem noch hinzu, dass sich der Erlass über die bereits erwähnten unberücksichtigten Betroffenengruppen hinaus auch zu Vorwirkungsfällen ausschwieg. Ging er doch mit keiner Silbe auf die Fälle ein, in denen etwa an sich Studier-, Promotions- oder Habilitationswillige durch NS-bedingte Verbote (siehe Anlage 2) von ihren Wünschen abgebracht worden sind oder sich hinsichtlich ihres schon angefangenen Vorhabens zum Abbruch gezwungen sahen. Mochte die Ermittlung solcher Fälle 1947 jedenfalls zum Teil noch durch Abfragen möglich gewesen sein, sieht sie sich nach den inzwischen abgelaufenen weiteren 65 Jahren vor praktisch unüberbrückbare Schwierigkeiten gestellt. Gerade auch insoweit ist darauf aufmerksam zu machen, dass die vorliegende Aufarbeitung nicht vollständig sein konnte.

B. Konkrete Beeinträchtigungen und Sachverhaltsschilderungen

20 **1. Ordentliche Professoren**[37]
Flachsbart, Otto (R)
Geissler, Otto (S)

21 **Exemplarisch: Otto Flachsbart (1898–1957)**
Otto Flachsbart, seit 1932 Lehrstuhlinhaber für Mechanik an der Technischen Hochschule Hannover, wurde am 29. Juni 1937 in den Ruhestand versetzt. Begründet wurde dies mit Bezugnahme auf § 6 des „Gesetzes zur Wiederherstellung des Berufsbeamtentums". Dabei handelte es sich um eine besonders schwammige Formulierung des Gesetzes, die Handhabe bot, Beamte aus dem Dienst zu entfernen, auch wenn sie nicht unter die jeweiligen Vorschriften des Gesetzes über aus politischen oder rassistischen Gründen zu verfolgende Personen fielen. Tatsächlicher Grund für die Entlassung Flachsbarts war jedoch, dass seine Frau nach nationalsozialistischer Definition als Jüdin galt. Treibende Kräfte für das Vorgehen gegen Flachsbart waren insbesondere der Rektor Hanns Simons und der Dekan der zuständigen Fakultät Ferdinand Schleicher.
Flachsbart kehrte am 1.10.1945 an die Hochschule zurück und amtierte von 1947 bis 1950 als Rektor.

2. Nebenamtliche Professoren[38]

22 *a) Außerordentliche Professoren*
Dorner, Alexander (P/S)
Klüsener, Otto (P)
Lessing, Theodor (R/P)

23 *b) Honorarprofessoren*
Kulka, Hugo (R)
Vierthaler, Ludwig (S)

---

[37] Hierzu sei aus Gründen der Arbeitsökonomie generell auf folgende Grundlagentexte verwiesen: Michael Jung: Als „rein deutsche Hochschule erhalten". „Säuberungen" nach 1933, in: Rita Seidel (Hg.): Universität Hannover 1831–2006. Festschrift zum 175-jährigen Bestehen der Universität Hannover, Bd. 1, Hildesheim/Zürich/New York 2006, S. 210f.; ders.: Voll Begeisterung; Schröder: Vom Nationalismus; Steffens: Innerlich gesund; Wäldner: Die Technische Hochschule.

[38] Vgl. hierzu ebenfalls Jung: Als rein deutsche Hochschule; ders.: Voll Begeisterung; Schröder: Vom Nationalismus; Steffens: Innerlich gesund; Wäldner: Die Technische Hochschule, sowie zusätzlich Rainer Marwedel: Theodor Lessing 1872–1933. Eine Biographie, Darmstadt 1987; Nikolai Stula: Ludwig Vierthaler (1875–1967). Leben und Werk, Diss. Bonn 1998, S. 13 und 17.

24 **Exemplarisch: Hugo Kulka (1883–1933)**
Der seit 1924 an der Technischen Hochschule Hannover als Honorarprofessor lehrende Hugo Kulka legte seinen Lehrauftrag gezwungenermaßen aufgrund der rassistischen Gesetzgebung („Gesetz zur Wiederherstellung des Berufsbeamtentums") im April 1933 nieder. Der anerkannte Experte für Eisenbau (bis Ende 1930 technischer Direktor bei der Firma Louis Eilers in Hannover, maßgeblich beteiligt z. B. am Bau der Norderelbe-Brücke und des Hauptbahnhofs Leipzig) sollte eigentlich auf den Lehrstuhl für Eisenbau und Statik der TH Hannover berufen werden, war jedoch schon 1932 wegen seiner jüdischen Herkunft unter den Lehrenden der Hochschule heftig umstritten. Einer der Wortführer der Gegner Kulkas war der bis Mitte 1933 amtierende Rektor der TH Hannover Ludwig Klein. Auch die (bis Mitte 1933 währende) Freundschaft mit dem designierten Rektor Otto Franzius konnte seine Vertreibung von der Hochschule nicht verhindern. Kulka, 1912 zum christlichen Glauben konvertiert und angesichts seiner nationalkonservativen Haltung kein politischer Fall, floh im Spätsommer 1933 nach Den Haag, wo er im Oktober des Jahres an den Folgen einer durch die Flucht verschleppten Erkrankung starb.

3. Sonstige Mitglieder

25 *a) Privatdozenten, Lehrbeauftragte, Assistenten*[39]
Ass. Dernedde, Wolfgang (P)
PD Krug, Willi (P)
PD Lutz, Friedrich (P)
Ass. Mewes, Hermann (P, zugleich 3 b))
PD Schiemann, Günther (R)
LB Woldt, Richard (P)

26 *Anmerkungen zu 3 a)*
Zu Hermann Mewes, Jahrgang 1908, näher das Rektoratsschreiben vom 3. Mai 1946 (siehe Anlage 9). Mewes, der bereits als Student der Architektur wegen der Ende 1932 erfolgten Gründung einer „Sozialpolitischen Arbeitsgemeinschaft an der TH Hannover" von der NS-Studentenschaft der TH Hannover politisch bekämpft wurde und deshalb im Sommersemester 1933 auf die von der TH Hannover intern geführte Überwachungsliste (siehe Anlage 1) kam, konnte Ende 1933 noch seine Diplomprüfung ablegen. Die politischen Vorwürfe sorgten dann allerdings 1935 dafür, dass die Übernahme auf eine außerplanmäßige Assistentenstelle am Lehrstuhl des kirchennahen

---

39 Vgl. dazu Jung: Als rein deutsche Hochschule; ders.: Voll Begeisterung; Wäldner: Die Technische Hochschule.

GRÜNDE

Prof. Friedrich Wilhelm Fischer vom TH-Rektor vorzeitig beendet wurde (siehe Anlage 9). Mewes, der die Laufbahn des Regierungsassessors einschlug, konnte 1943 promovieren[40] und überlebte den Krieg in Hannover.

27 **Exemplarisch: Günther Schiemann (1899–1967)**
Am 10. Juni 1937 wurde der seit 1925 als Assistent, dann als Oberassistent und schließlich auch als Privatdozent tätige Chemiker Günther Schiemann aus dem Lehrkörper der Technischen Hochschule Hannover mit der Begründung gestrichen, dass er seit drei Semestern „nicht mehr gelesen und auch ein Urlaubsgesuch nicht eingereicht hat" (so der damalige Rektor Simons).[41] Bereits zuvor war Schiemanns Vertrag als Oberassistent nicht über den 30. September 1935 hinaus verlängert worden, so dass er sich eine andere Arbeitsstelle suchen musste. Ursächlich für beide Aktionen war, dass Schiemann nach nationalsozialistischer Definition als „Halbjude" galt. Sein Gesuch um weitere Beurlaubung von Ende Juni 1937 wurde von der Hochschule nicht zur Kenntnis genommen, da – wie der Leiter der Dozentenschaft formulierte – „eine weitere Beurlaubung des Dozenten Dr. Schiemann [...] unerwünscht [...], da er jüdisch versippt"[42] sei.
Nach 1945 konnte Schiemann an die Hochschule zurückkehren.

28 ***b) Studierende (Nichtzulassung, Relegierung, Stigmatisierung, Überwachung)***

Biernath, Rudolf (P)	Levi, Hans Werner (St)
Birmann, Gert (R)	Lilienfeld, Erich (St)
Brauns, Wolf (P)	Lilienfeld, Werner (R)
Fraenkel, Stefan (St)	Mautner, Kurt (St)
Friedburg, Helmut (St)	Michaelis, Hermann (St)
Fröhlich, Klaus (R)	Nezval, Ladislav (R)
Führer, Otto (R)	Nörrenberg-Sudhaus, Walter (S)
Ginsberg, Max (R)	Ostermeyer, Günter (S)
Hoffmann, Friedrich (P)	Otto, Kurt (P)
Kempf, Johannes (P)	Passarge, Georg (P)
Kirchhof, Franz (S)	Plaut, Helene (R)
Kröning, Willy Karl (P)	Roeder, Wolfgang (R)
Kroupa, Jaroslav (P)	Rohr, Joachim (St)
Lessing, Rudolf (R)	Rubo, Ernst (R)
Levi, Fritz (St)	Samuel, Erich (R)

---

40 Vgl. Hermann Mewes: Der lutherische Kirchenbau Niedersachsens unter besonderer Berücksichtigung der Baumeister des Konsistoriums zu Hannover, Diss. TH Hannover 1943, mit Lebenslauf S. 160.
41 NLA Hannover, Nds. 401, Acc. 92/85, Nr. 390, Bl. 22.
42 NLA Hannover, Nds. 401, Acc. 92/85, Nr. 390, Bl. 20 Rückseite.

Sander, Helmut (R)
Scharlibbe, Otto (P)
Schwarzer, Alfred (P)
Seitz, Urte (St)
Siepmann, Harald (R)
Slawinski, Friedrich (P)
Spangenthal, Hans-Friedrich (R)

Staskiewicz, Alfred (P)
Teusch, Heinz (R)
Weil, Ulrich (R)
Weiß, Herbert (St)
Wichert, Ulrich (R)
Wohlwill, Andreas (R)

Anmerkungen zu 3 b)
Nach Auswertung der im Archiv der TIB/Universitätsarchiv Hannover vorhandenen Studentenakten lässt sich Folgendes feststellen

29 *aa. Zur damaligen Verfahrensgestaltung und ihrer Vorwirkung*
Die Anzahl der oben Genannten darf nicht zu der Annahme verleiten, es hätte keine weiteren Diskriminierungen gegeben, denn auffindbar war bisher keine generelle Gesamtübersicht, sondern zwischen Teillisten aus den Jahren 1933 und 1943 (siehe Anlagen 1 und 8) nur Einzelaufführungen. Überdies ist zu berücksichtigen, dass zusätzliche einschlägige Benachteiligungen, wie im Weiteren dargetan sei, überwiegend verdeckt und zwar durch verschiedene der TH-Entscheidung vorausgehende Filtrierungen geschahen. Zum Beispiel wird die Diskriminierung in neuen, staatlicherseits eingeführten Zusatzbedingungen versteckt, über deren Erfüllung außerhochschulische Bescheinigungen ergehen, die mit dem Immatrikulationsgesuch vorzulegen sind. Bei nicht erreichbarer Bescheinigung tritt damit gleich wirksam, aber unauffälliger und die TH entlastend anstelle ihrer Nichtzulassungsentscheidung verfahrensmäßig „nur" die Nichtentgegennahme eines entsprechenden Gesuchs „allein" wegen Unvollständigkeit. Die Nichtaufklärbarkeit dieser Vorwirkung liegt auf der Hand. Genannt seien insoweit unter anderem nachstehende Maßgaben, die sich ab 1933 zunehmend zwischen das Abitur und die Immatrikulation an der TH schieben.

30 *bb. Spezielle Zulassungsmodifikationen*[43]
– ME vom 2. Mai 1933, wonach die Neuaufnahme von Personen „nichtarischer" Abstammung bis nach Erlass künftiger Gesetzgebung herauszuschieben ist.
– ME vom 16. Juni 1933 in Ausführung des Gesetzes gegen die Überfüllung deutscher Schulen und Hochschulen vom 25. April 1933,[44] wonach „nichtarische" Studierende nur vorläufig zu immatrikulieren sind.
– ME vom 2. und 11. September 1933 zum Ausschluss von Studierenden wegen marxistischer oder antinationaler Betätigung.

---

43 ATIB/UniA Hannover, Hann. 146 A, Acc. 64/81, Nr. 1.
44 Reichsgesetzblatt 1933, Teil I, S. 225.

– ME vom 25. September 1933 zu Aufnahmequoten zu Lasten „nichtarischer" Studierender (ausgenommen Ausländer).

31 *cc. Vorfiltrierende Maßgaben*
– ME vom 7. Februar 1934, der über das Abitur hinaus eine besondere staatliche (!) Zulassung zur Hochschulreife einführt, die auf Antrag erteilt werden kann (sogenannter Reifevermerk).
– Erlass des Reichs-SA-Hochschulamtes vom 1. Februar 1934, wonach Immatrikulation nur erfolgt, wenn Arbeitsdienstpflicht genügt und einjähriger Dienst bei SA-Hochschulamt abgeleistet worden ist, was „nichtarischen" und politisch missliebigen Studierenden verwehrt ist.
– ME vom 23. Februar 1934 zur Einführung einer studentischen Arbeitsdienstpflicht, die von „nichtarischen" und politisch missliebigen Studierenden nicht ohne weiteres ableistbar ist.
– Erlass des SA-Hochschulamtes Hannover vom 23. April 1934, wonach Neu- und Weiterimmatrikulation nur bei Nachweis der durch das SA-Hochschulamt vorgeschriebenen sportlichen Betätigung erfolgt.
– ME vom 7. März 1935, der den Reichsarbeitsdienst für reichsdeutsche Abiturienten „arischer" Abstammung verbindlich macht.
– ME vom 26. April 1935, wonach „nichtarische" Abiturienten ohne Arbeitsdienst und zwar nach Maßgabe des oben angeführten (unter bb. genannten) Erlasses vom 16. Juni 1933 zugelassen werden können.
– Gesetz vom 19. März 1937 zum Zulassungsverbot für Juden im Reichsarbeitsdienst.[45]
– ME vom 22. Juni 1942, wonach die Zulassung zum Studium für jüdische Mischlinge 2. Grades auf die Hochschulrektoren übertragen wird.

32 *dd. Zu den aufgeführten Einzelfällen*
Diese Betroffenen sind etwas eingehender zu behandeln, da sie bislang außer Walter Nörrenberg-Sudhaus, der trotz verbüßter Strafe keine Studienzulassung erhält,[46] weitgehend unbeachtet geblieben sind. Dabei sind vorweg die zehn Namen mit dem Klammerzusatz (St) als Stigmatisierungsfälle zu bezeichnen, die durch eine besondere Matrikelnummer als „Nichtarier" gekennzeichnet wurden. – Unterlagen zu damals Studierenden sind als sogenannte Studentenakten im Archiv der TIB/Universitätsarchiv Hannover vorhanden, freilich mit recht unterschiedlicher Überlieferungsdichte. Immerhin aber lassen sich anhand des greifbaren Schriftguts Umfang und Intensität

---

45 Reichsgesetzblatt 1937, Teil I, S. 325.
46 Vgl. Wäldner: Die Technische Hochschule, S. 36.

der NS-Beeinträchtigungen und der sich daraus ergebenden weiteren Folgen einigermaßen zuverlässig erfassen. Danach ist ein Teil der aufgeführten Fälle der internen Liste entnommen, die in zeitlicher Hinsicht bereits aus dem Jahr 1933 stammt (siehe Anlage 1). Später liegen die Fälle von Friedrich Hoffmann (1933–1936),[47] Heinz Teusch (1934–1936),[48] Andreas Wohlwill (1933–1937),[49] Ulrich Wichert (1935),[50] Walter Nörrenberg-Sudhaus (1937–1939),[51] Klaus Fröhlich (1938–1939)[52] und Jaroslav Kroupa (1943)[53] (siehe Anlage 8).

33   *ee. Rassistisch Diskriminierte*
Näherhin liegen mit der Hälfte der Fälle die Beeinträchtigungen aus rassistischen knapp vor denen aus politischen Gründen. Bei ersteren wird auf jüdische Konfession oder (Teil-)Abstammung abgestellt und dies auch alsbald durch den besonderen Anfangsbuchstaben „N" zu Beginn der Matrikelnummer kenntlich gemacht. Diese Diskriminierung wie der Listeneintrag hindern indessen anfangs noch nicht, das Studium mit dem Diplom abzuschließen, so Ende 1933 bei Erich Samuel[54] und 1936 bei Ulrich Weil,[55] oder die Ablegung auf Antrag zu erlauben, wie 1935 bei Max Ginsberg[56]; weiter auch, wenn es sich um Studierende handelt, die im damaligen Jargon „Halbjuden" sind, bei denen also nur ein Elternteil jüdischer Konfession bzw. Abstammung ist, wie bei Heinz Teusch,[57] Ulrich Wichert[58] und Andreas Wohlwill.[59] Aufgrund der spürbaren Diskriminierung kommt es allerdings schon Ende 1933 auch zur Resignation, wie bei der Architekturstudentin Helene Plaut,[60] die ihr Studium abbricht und nach England emigriert.

Zur reichsseitig angeordneten Verschärfung der rassistischen Diskriminierung kommt es ab 1936/37, nach den Olympischen Spielen in Berlin. Zwar ist die TH Hannover

---

47 ATIB/UniA Hannover, Hann. 146 A, Acc. 134/81, Nr. 54/N/8.
48 ATIB/UniA Hannover, Hann. 146 A, Acc. 134/81, Nr. 54/N/4.
49 ATIB/UniA Hannover, Hann. 146 A, Acc. 134/81, Nr. 54/N/7.
50 ATIB/UniA Hannover, Hann. 146 A, Acc. 134/81, Nr. 54/N/5.
51 ATIB/UniA Hannover, Hann. 146 A, Acc. 10/85, Nr. 206. Vgl. Wäldner: Die Technische Hochschule, S. 36.
52 ATIB/UniA Hannover, Hann. 146 A, Acc. 134/81, Nr. 54/N/17. Vgl. Anette Schröder: „Aushändigung des Zeugnisses kommt nicht in Frage", in: AlumniCampus. Ehemaligenmagazin der Leibniz Universität Hannover, Nr. 9, Dezember 2012, S. 46f.
53 ATIB/UniA Hannover, Hann. 146 A, Acc. 134/81, Nr. 54/N/24.
54 ATIB/UniA Hannover, Hann. 146 A, Acc. 134/81, Nr. S108.
55 ATIB/UniA Hannover, Hann. 146 A, Acc. 134/81, Nr. W184 und Nr. 54/N/2.
56 ATIB/UniA Hannover, Hann. 146 A, Acc. 134/81, Nr. G91.
57 ATIB/UniA Hannover, Hann. 146 A, Acc. 134/81, Nr. 54/N/4.
58 ATIB/UniA Hannover, Hann. 146 A, Acc. 134/81, Nr. 54/N/5.
59 ATIB/UniA Hannover, Hann. 146 A, Acc. 134/81, Nr. 54/N/7.
60 ATIB/UniA Hannover, Hann. 146 A, Acc. 134/81, Nr. P116.

noch bereit, dem Architekten Dipl.-Ing. Erich Samuel[61] auf seinen mit Auswanderungsabsicht begründeten Antrag vom 10. Mai 1938 hin, wie von ihm gewünscht, seine Diplomarbeit von Ende 1933 auszuhändigen. Dafür, dass sich ein solches Verhalten an der TH indessen nach dem 9. November 1938, dem auch verharmlosend als „Reichskristallnacht" bezeichneten, amtlich geschürten Judenpogrom nicht wiederholte, gibt der in den Akten belegte Fall des Physikstudenten Klaus Fröhlich ein erschütterndes Beispiel.

ff. Exemplarisch: stud. rer. nat. Klaus Fröhlich (1918–1945) [62]
Nach vergeblichem Versuch, als damals sogenannter „Volljude" seit dem Wintersemester 1936/37 an der TH Berlin zum Studium zugelassen zu werden, gelingt Klaus Fröhlich dies zum Sommersemester 1937 an der TH Hannover. Er hatte bemerkenswerterweise 1936 auch den Arbeitsdienst ableisten können, wobei die rechtsextremistische Haltung seines Vaters, der 1919/20 Mitglied der berüchtigten Brigade Ehrhardt gewesen war und am Kapp-Putsch teilgenommen hatte, geholfen haben dürfte. Fröhlich, der am 5. November 1938 die Vorprüfung im Fach Physik abgelegt hat, wird nun – insbesondere nach dem nur vier Tage späteren Pogrom – von der Hochschule im Unklaren gelassen, indem sie ihn über das Ergebnis seiner Vordiplomarbeit nicht mehr bescheidet. Dabei will er inzwischen sein Studium im Ausland fortsetzen. Sein an seinen betreuenden Professor Georg Prange gerichtetes, am 28. November 1938 eingegangenes Schreiben (siehe Anlage 4), mit dem er diesen um eine schriftliche Empfehlung immerhin für die Harvard-Universität und das Bostoner MIT ersucht, ist ebenso vergeblich. Statt selbständig auf diesen formlosen Antrag zu reagieren, sucht sich sein Betreuer nämlich, wie aus seinem Handvermerk auf dem Gesuch ersichtlich – er hält den Bittsteller danach für wissenschaftlich qualifiziert (!) –, zunächst beim Rektor abzusichern. Dieser verfügt indessen bereits einen Tag später die Ablehnung (siehe Anlage 5).

Damit nicht genug: Da das nunmehr verstärkte Bemühen, beim Dekan seiner Fakultät ein Zeugnis über seine Vordiplomarbeit zu erhalten, ebenfalls nicht fruchtet, wendet sich Klaus Fröhlich per Einschreiben vom 4. Januar 1939 an den Rektor der Hochschule (siehe Anlage 6). Dabei hat er nun noch in Kopie das zwischenzeitliche Schreiben der Harvard-Universität beigefügt, aus dem hervorgeht, dass er dort sein Studium bereits zum Februar 1939 oder auch später fortsetzen könne. Wie dem Antwortvermerk des Rektors vom 9. Januar 1939 (siehe Anlage 7) zu entnehmen ist, hatte der

---

61 ATIB/UniA Hannover, Hann. 146 A, Acc. 134/81, Nr. S108
62 ATIB/UniA Hannover, Hann. 146 A, Acc. 134/81, Nr. 54/N/17. Vgl. Schröder: Aushändigung, S. 46f.
63 ATIB/UniA Hannover, Hann. 146 A, Acc. 134/81, Nr. 54/N/9.

erwähnte Dekan den Fall jedoch schon zuvor an den Reichserziehungsminister weitergegeben, von dem schon unter dem 13. Januar 1939 zurückkommt: „Aushändigung des Zeugnisses über das bestandene [sic!] Diplomvorexamen kommt nicht in Frage."

Es mag für zwischenzeitliches Zögern oder andere Überlegungen sprechen, dass die Technische Hochschule das Zeugnisersuchen von Klaus Fröhlich erst mit Rückschreiben vom 1. Juni 1939 ablehnt. Jedenfalls führt der alsbaldige Kriegsausbruch für den Betroffenen nur noch zu weiterer Verschlimmerung. Klaus Fröhlich, geboren zu Berlin am 26. Januar 1918, wird am 28. Juni 1943 ins KZ Auschwitz deportiert und verliert im KZ Buchenwald am 9. Februar 1945 sein Leben.

35 *gg. Politisch Diskriminierte*
Bei den neun Fällen politischer Diskriminierung steht der Vorwurf seitens der NS-dominierten „Deutschen Studentenschaft" an der Technischen Hochschule Hannover im Vordergrund, an der Ende 1932 gegründeten „Sozialpolitischen Arbeitsgemeinschaft" mitgewirkt zu haben, die entgegen ihren Beteuerungen als marxistisch einzustufen sei. Dies gilt wie im Falle Hermann Mewes (siehe Rz 26) für Rudolf Biernath,[63] Wolf Brauns,[64] Kurt Otto,[65] Georg Passarge,[66] Friedrich Slawinski[67] und Alfred Staskiewicz,[68] während es bei Friedrich Hoffmann,[69] Jaroslav Kroupa[70] und Alfred Schwarzer[71] um anders begründete NS-Gegnerschaften geht. Bei allen ist durchweg von latent bedrohender Überwachung auszugehen, wobei sich dies bereits im Sommersemester 1933 auf den Karteikarten des Immatrikulationsamtes durch die Stempelung „Kein Mitglied der Studentenschaft" niederschlägt und extern durch rot auf den Umschlag des Belegbuches aufgesetzten gleichen Stempel sowie durch andersfarbigen Ausweis kenntlich gemacht wird.

Die Bandbreite der daraus folgenden Nachteile reicht vom Bemühen um – letztlich erfolgreiche – Aufhebung wegen Versehens in den Fällen Biernath und Schwarzer oder Eintritt in die SA von Passarge bis zum Entzug durch Studienortwechsel bei Brauns und Biernath bzw. Exmatrikulation bei Staskiewicz oder, ebenso wie bei Mewes (siehe Rz 26), durch baldigen Diplomabschluss bei Slawinski 1934. Soweit ersichtlich, kam

---

64 ATIB/UniA Hannover, Hann. 146 A, Acc. 134/81, Nr. B333.
65 ATIB/UniA Hannover, Hann. 146 A, Acc. 134/81, Nr. O51.
66 ATIB/UniA Hannover, Hann. 146 A, Acc. 134/81, Nr. 54/1362.
67 ATIB/UniA Hannover, Hann. 146 A, Acc. 134/81, Nr. S144.
68 ATIB/UniA Hannover, Hann. 146 A, Acc. 134/81, Nr. St104.
69 ATIB/UniA Hannover, Hann. 146 A, Acc. 134/81, Nr. 54/N/8.
70 ATIB/UniA Hannover, Hann. 146 A, Acc. 134/81, Nr. 54/N/24.
71 ATIB/UniA Hannover, Hann. 146 A, Acc. 134/81, Nr. Sch259.

es lediglich im Falle Otto zu einem politisch begründeten Disziplinarverfahren, das nach mehreren Vorladungen mit auf Betreiben der Deutschen Studentenschaft immer wieder nachbenannten „Zeugen" letztlich zu seinem deutschlandweiten Ausschluss vom Hochschulstudium führte. Interessant ist dabei, dass der TH-Syndikus am 18. November 1933 auf Grundlage verschiedener vorausgegangener Anhörungen „Einstellung des Verfahrens durch den Senat" empfiehlt, dieser aber drei Tage später „Fortsetzung des Verfahrens" beschließt. Nach drei weiteren Zeugenvorladungen kommt es dann am 5. März 1934 „wegen kommunistischer Betätigung" zum Ausschluss, der nach Verwerfung der Berufung durch den Preußischen Wissenschaftsminister definitiv wird.

Weitere Überwachung gilt im Kriege laut Rektor-Schreiben vom 26. August 1943 – in Beachtung eines (nach dem Heydrich-Attentat ergangenen) ME vom 30. November 1942 – den sieben Studierenden, die „Protektoratsangehörige tschechischen Volkstums" sind (siehe Anlage 8). Grundsätzlich wird man diese Überwachungsmaßnahme noch für allgemein kriegsüblich gegenüber Ausländern halten können, wobei hinzukommt, dass die Betroffenen ganz überwiegend als „leistungsmäßig und haltungsmäßig […] bewährt" bezeichnet werden, also ansonsten unbehelligt blieben. Sie sind deshalb unter Ziff. 3 b) nicht aufgeführt. Lediglich ein Fall, der des Jaroslav Kroupa, ist oben genannt. Bei ihm werden nämlich damals Zweifel geäußert, die zumindest hintergründig auch politischer Natur gewesen sein könnten und jedenfalls zum TH-Antrag auf dessen Versetzung an eine andere Hochschule zwecks Bewährung führen.

4. Diplomierte und Promovierte
Dux, Walter (R)

Anmerkungen zu 4.
Neben der Aberkennung von Promotionen ist auch die Verhinderung durch Promotionsvorhaben im Wege entsprechender Kautelen zu beachten. Sie sind zugleich faktisch dadurch rückwirkend beeinträchtigend, als sie nicht bereits auf die Annahme als Doktorand, sondern auf die Doktorprüfung abstellten, das heißt diese nicht zuließen. Dadurch dürfte es zu etlichen Fällen gekommen sein, in denen ein früher angenommener Doktorand bereits viel Mühe auf sein Promotionsvorhaben verwandt hatte, aber damit noch nicht fertig geworden war und nun nicht mehr abschließen konnte. Darüber hinaus dürften schon ab 1933 bei NS-Parteigängern unter den Professoren einschlägige Verweigerungen der Doktorandenannahme bzw. -betreuung stattgefunden haben. Es liegt auf der Hand, dass es dadurch schon vor der definitiven Verbotsregelung von 1937 zu einem weiteren faktischen Betroffenenkreis gekommen ist, dessen Umfang sich heute praktisch kaum noch individuell klären lässt.
Genauer ist durch den ME vom 15. April 1937 (siehe Anlage 2) für die TH „mit sofortiger Wirkung" angeordnet worden, dass Juden, „welche die deutsche Staatsange-

hörigkeit besitzen, zur Doktorprüfung nicht mehr zuzulassen sind". Übergangsweise war lediglich noch die Aushändigung der Promotionsurkunde gestattet, wenn die vorausgehenden Promotionsbedingungen „restlos erfüllt" waren oder im Falle ausnahmsweise zuvor ministeriell genehmigter Zulassung bei Meldung zur Doktorprüfung binnen Dreimonatsfrist. Für „jüdische Mischlinge" blieb die Promotion aufgrund der Verordnung vom 14. November 1935[72] zulässig, freilich mit der Maßgabe, in Zweifelsfällen ministerielle Entscheidung einzuholen.

38 Exemplarisch: Walter Dux (1889–1987)

Walter Dux wurde 1889 in ein jüdisches Elternhaus geboren. Sein Vater war Mitglied der Synagogengemeinde in Hildesheim. Nach seinem Abitur am Gymnasium Andreanum in Hildesheim studierte er von 1907 bis 1909 an der Technischen Hochschule Darmstadt Chemie und setzte sein Studium dann an der Technischen Hochschule Hannover fort, wo er es 1912 als Diplom-Ingenieur abschloss. Bereits 1913 promovierte er mit einer Dissertation „Zur Photochemischen Kinetik des Chlorknallgases" bei Max Bodenstein (Entwicklung der Kettenreaktion) an der Technischen Hochschule Hannover zum Dr.-Ing. Nachdem Dux in den Jahren 1913–1914 am Physikalisch-technischen Institut der Technischen Hochschule Breslau tätig gewesen war, diente er in den Jahren 1914–1918 als Soldat im Ersten Weltkrieg. Nach seiner Rückkehr nach Hannover heiratete Dux 1921 Marga Sichel, ebenfalls jüdischer Herkunft, und war unter anderem in den Sichel-Werken tätig. In diese Jahre fiel auch seine Freundschaft mit Kurt Schwitters. Von 1933 an sahen Juden sich zunehmend Repressionen ausgesetzt, 1936 siedelte Walter Dux mit den beiden Kindern nach Großbritannien über, Marga Dux folgte 1937. Im November 1939 wurde im Deutschen Reichsanzeiger und Preußischen Staatsanzeiger der Verlust der deutschen Staatsangehörigkeit von Walter Dux und allen Familienmitgliedern bekannt gegeben.[73] Aufgrund des Verlustes der Staatsangehörigkeit erfolgte am 10. Januar 1940 die Aberkennung des 1913 erworbenen Doktortitels der Technischen Hochschule Hannover, weil Walter Dux damit als „unwürdig" zum Führen eines akademischen Titels galt. Mit innerhochschulischem Erlass Nr. 199.40 ist die Entscheidung in der zentralen Promotionsliste ergänzt und der Promotionseintrag, welcher die laufende Nummer 152 trägt, durchgestrichen worden. 1946 wird Dux in der hochschulintern erstellten Liste der Aberkennungen nicht erwähnt. Seit den 1950er Jahren bis in die 1980er Jahre besuchte Dux wiederholt Hannover und auch sein altes Institut. 1963 fand an der Mathematisch-Naturwissenschaftlichen Fakultät eine Jubiläumsfeier aus Anlass der Erneuerung der Promotionsurkunde mit einer Anspra-

---

72 Reichsgesetzblatt 1935, Teil I, S. 1333f.
73 Deutscher Reichsanzeiger und Preußischer Staatsanzeiger vom 28. November 1939 (abends), S. 1.

che von Walter Dux statt. Dies geschah zwar unter dem zum Zeitpunkt dieser „Goldenen Promotion" amtierenden Rektor Matting, der 1940 am Entzug des Titels beteiligt gewesen war, doch gab es bei der Veranstaltung keinen erkennbaren Hinweis auf den Entzug. Dux überreichte der Fakultät eine Kopie der Kette Max Bodensteins in Erinnerung an die erstmalige Beschreibung der Kettenreaktion im Jahr 1913, unter anderem in Dux' Dissertation. Walter Dux verstarb im Jahr 1987.

5. Ehrentitel

39 *a) Ehrendoktoren*
Carsten, Albert (R)
Eichengrün, Arthur (R)

40 *b) Ehrenbürger*
Krone, Max (zugleich a)) (S)
Noske, Gustav (P)

41 *c) Ehrensenatoren (–)*

Anmerkungen zu 5.

42 *aa. Entziehungsvorgaben und -vorgehen*
Hinsichtlich der Aberkennung von Ehrentiteln sind die schon 1933 neu eingeführten generalklauselartigen Unwürdigkeitsregelungen für Promotionen durch ME vom 17. Juli 1934[74] auch für Ehrenpromotionen und die Verleihung der Ehrenbürger- und Ehrensenatorenwürde vorzusehen, was die TH Hannover bereits am 26. Juli 1934 umsetzt.[75]
Bis dahin sind entsprechende Ehrentitel indessen seit 1933 schon „wild", das heißt ohne jede Normgrundlage gestrichen worden. So geschehen im Fall Krone, bei dem die Ehrenpromotion durch Rektor-Verfügung vom 29. Mai 1933 gestrichen wurde, obwohl das Rechtsgutachten des Hochschulsyndikus Freyer vom 20. März 1933 noch zu dem rechtsstaatlich einwandfreien Votum gelangt war: „Rechtlich ist nichts zu machen."[76] Demgegenüber lautete der Tenor der entgegengesetzten Rektor-Entscheidung: „Herr Krone ist aus der Liste der Hochschule zu streichen."[77]

---

74 ATIB/UniA Hannover, Hann. 146 A, Acc. 62/81, Nr. 28.
75 Ebd.
76 ATIB/UniA Hannover, Hann. 146 A, Acc. 64/81, Nr. 53.
77 Ebd.

43 *bb. Streichungsarten*

Aus der Liste der Hochschule gestrichen zu werden, heißt vollumfänglich bzw. in aller Form neben der Löschung in den intern geführten Listen der TH durch – nach wie vor sichtbare – Streichung die Weglassung in den veröffentlichten Vorlesungsverzeichnissen, die durchweg zu Beginn sämtliche lebenden Personen aus der Trias von Ehrensenatoren, Ehrenbürgern und Ehrendoktoren namentlich ausweisen. Zusätzlich geschieht eine ausdrückliche Entziehung in der Form, dass darüber Mitteilung an den Betroffenen erfolgt[78] und ab 1936 auch in dessen Wohnsitz an die Ortspolizeibehörde.[79] Daneben gibt es weiter die sogenannte „stille Streichung". Sie wird etwa im Falle des ehemaligen hannoverschen Oberpräsidenten, des bis auf die politische Haltung als untadelig geschilderten Ehrenbürgers Gustav Noske, empfohlen und als mildere oder vorläufige Maßnahme begriffen. Näheres enthält der Bericht und Vorschlag des Rektors vom 26. August 1938 (siehe Anlage 3). Hingegen wird ebenda im Fall Krone von einer Entziehung „in aller Form" gesprochen.

Weiter wurden berücksichtigt:

44 ## 6. Sonstiges: Medaillen, Ehrengeschenke, Preisverleihungen, Benennungen

Hierzu ist im Hinblick auf einschlägige Beeinträchtigungen Fehlanzeige zu erstatten, wobei indessen klarstellend wie folgt zu differenzieren ist:

45 – An <u>Medaillen</u> kannte die TH neben dem mit der Ehrenbürgerwürde verbundenen Abzeichen zugleich noch ein „besonderes Ehrenzeichen".[80] Die Vergabe wie Rückforderung beider Zeichen richtete sich als Annex zur Verleihung der Ehrenbürgerwürde nach deren Bestand, so dass insoweit auf Rz 39 ff. zu verweisen ist. Im Übrigen zogen sich die Beratungen zum besonderen Ehrenzeichen aus künstlerischen wie finanziellen Gründen ergebnislos hin, um 1935 aus Gründen der Materialknappheit (im Zuge der Aufrüstung) eingestellt zu werden.[81]

46 Dasselbe gilt für eine erfolglos geplante Leibniz-Medaille, die seit 1938/39 als Ehrenabzeichen für Ehrensenatoren debattiert wird, um Ende 1942 faktisch aufgegeben zu werden.[82]

---

78 Z.B. ATIB/UniA Hannover, Hann. 146 A, Acc. 10/85, Nr. 53/1, ME vom 2. Juli 1938.
79 ATIB/UniA Hannover, Hann. 146 A, Acc. 63/85, Nr. 16.
80 ATIB/UniA Hannover, Hann. 146 A, Acc. 62/81, Nr. 28, Satzung von 1926/1934, § 4.
81 ATIB/UniA Hannover, Hann. 146 A, Acc. 62/81, Nr. 24 und 28.
82 ATIB/UniA Hannover, Hann. 146 A, Acc. 10/85, Nr. 53 und 53/1.

GRÜNDE

47   Nicht hochschuleigen, aber personell eng verknüpft stehen daneben die Karmarsch-Denkmünze (Medaille), die von der Hannoverschen Hochschulgemeinschaft – der heutigen Leibniz Universitätsgesellschaft Hannover e. V. – verliehen, indessen in der fraglichen Zeit nicht entzogen worden ist. Hinsichtlich einer Vorwirkung aus hier relevanten Gründen, wonach – noch intern gebliebene – Verleihungsvorschläge nicht zum Zuge gekommen sein könnten, ist nichts bekannt.[83]

48   Um möglichen Irritationen zu begegnen, sei vorsorglich noch die (inzwischen aufgegebene) Franzius-Medaille erwähnt.[84] Sie ging nicht etwa vom hiesigen Franzius-Institut aus, will vielmehr laut Satzung die Erinnerung an den Bremer Wasserbauer Ludwig Franzius wahren und wurde seit 1928 von der Siemens-Ring-Stiftung „für hervorragende Leistungen auf dem Gebiete des Wasserbaus" an Studierende aller deutschen Hochschulen vergeben, worauf nicht näher einzugehen ist.

49   – Hochschuleigene Ehrengeschenke und Preisverleihungen sind in der fraglichen Zeit nicht ersichtlich, so dass sich die Frage nach Beeinträchtigungen nicht stellt.

50   – Auch sind Benennungen mit Beeinträchtigungscharakter nicht feststellbar. Eine solche Namensentscheidung erfolgte, nicht grundsätzlich anders als heute, seitens des Staats im Einvernehmen oder Benehmen mit der TH. So kam es zur Benennung des Franzius-Instituts 1936 auf Anordnung des Reichserziehungsministers durch den Rektor unmittelbar nach Ableben des Geehrten.[85]

51   **7. Ergänzungen durch den Nachtrag vom 16. Oktober 2013**

Die im Zuge weiterer Untersuchungen ermittelten Namen sind in der Liste unter Rz 12 dieses Berichtes enthalten. Folgende inhaltliche Ergänzungen sind hinzugekommen:

Zu 3.:

52   *a) Privatdozenten, Lehrbeauftragte, Assistenten*[86]
PD Krug, Willi (P)
PD Lutz, Friedrich (P)

---

83 Vgl. insgesamt Rainer Ertel: Die Träger der Karmarsch-Denkmünze 1925 bis 2011. Ein Streifzug durch die deutsche Wissenschafts- und Wirtschaftsgeschichte, Hannover 2011.
84 Vgl. Zentralblatt der Bauverwaltung 48/1928, S. 11; ATIB/UniA Hannover, Hann. 146 A, Acc. 10/85, Nr. 234.
85 Vgl. N. N.: Trauerfeier für Otto Franzius, in: Hannoverscher Kurier vom 2. April 1936.
86 Ein weiterer Beeinträchtigungsfall durch NS-bedingte Streichung im Berufungsverfahren zur Nachfolge Carl Dolezalek Mitte 1935 ohne bislang aufklärbare Namensnennung bei Jung: Voll Begeisterung, S. 139 mit Fußnote 284.

53 Hinsichtlich der unter Rz 26 gebrachten Anmerkungen zu 3 a) ist der letztgenannte Fall insoweit exemplarisch zu nennen, als er auch für die TH Hannover die bekannte Tatsache belegt, dass es an den deutschen Universitäten ab 1933 zur Selbstenthauptung gekommen ist. Denn obgleich vielversprechender Wirtschaftswissenschaftler kam Friedrich Lutz (1901–1975), der als Eucken-Schüler der ordoliberalen Schule zuzurechnen ist und sich 1932 habilitierte, an der TH Hannover im Herbst 1937 nicht auf die Berufungsliste für die Besetzung des Lehrstuhls für Volkswirtschaftslehre. Die vom damaligen Rektor bemerkenswerterweise noch vor einer Fachbegutachtung „zunächst mündlich eingeholten Gutachten hinsichtlich der politischen Beurteilung" waren laut seinem Schreiben an das Ministerium nämlich derart, dass man vom weiteren Gutachtenverfahren absah.[87] Lutz, der noch 1937 Rockefeller-Stipendiat wird, emigriert nunmehr in die Vereinigten Staaten. Bis 1952 Professor an der Princeton-Universität, ab 1953 an der Universität Zürich, wird er zu einem der führenden Zins- und Geldtheoretiker sowie Währungsspezialisten mit international wie national vielfachen Beratungsaktivitäten.[88]

54 *b) Studierende (Nichtzulassung, Relegierung, Stigmatisierung, Überwachung)*
Führer, Otto (R)
Kempf, Johannes (P)
Kirchhof, Franz (S)
Kröning, Willy Karl (P)
Lilienfeld, Werner (R)
Nezval, Ladislav (R)
Ostermeyer, Günter (S)
Roeder, Wolfgang (R)
Rubo, Ernst (R)
Sander, Helmut (R)
Scharlibbe, Otto (P)
Siepmann, Harald (R)
Spangenthal, Hans-Friedrich (R)

55 Hinsichtlich der im Bericht unter Rz 29 ff. gebrachten Anmerkungen zu 3 b) ist anzufügen, dass in mehreren Fällen nach nicht unerheblichem Rechercheaufwand eine Aufnahme in die Reihe der Vorgenannten auszuscheiden hatte, weil trotz gewissen ersten Anscheins eine NS-bedingte Beeinträchtigung seitens der TH Hannover letztlich auszuschließen war.

---

87 Vgl. Jung: Voll Begeisterung, S. 133.
88 Vgl. Verena Veit-Bachmann: Lutz, Friedrich August, in: Neue Deutsche Biographie, Bd. 15: Locherer–Maltza(h)n, Berlin 1987, S. 565–567.

GRÜNDE

Exemplarisch hervorzuheben sind dabei zwei nicht aufgenommene Fälle:

56 Einmal der Fall des geborenen Stuttgarters Bruno Weinschel (1919–2003). Für ihn war aufgrund einer Immatrikulationsanfrage in Hannover ausweislich eines im Niedersächsischen Landesarchiv überlieferten Schriftwechsels zwischen dem Rektor und dem Studentenführer der TH Hannover aus dem Jahr 1937[89] eine Zulassung zum Studium an der TH im Rahmen der damaligen Quote für „Nichtarier" und somit eine „N"-Matrikelnummervergabe vorgesehen. Diese kam jedoch offensichtlich und zwar aus unbekannten Gründen nicht zustande, da zu Weinschel kein Eintrag in den zeitgenössischen Matrikelbüchern nachgewiesen werden konnte. Deshalb war davon auszugehen, dass Weinschel niemals Student der TH Hannover war. Er ging vielmehr zum Studium der Elektrotechnik an die TH München und emigrierte von dort um 1940, ohne seine Ausbildung abgeschlossen zu haben, in die Vereinigten Staaten, wo er ein Elektrounternehmen aufbaute. 1965/66 wurde er zum Ehrendoktor der TU München ernannt.[90]

57 Des Weiteren gilt dies für den Fall Paul Thiele (1914–1967), der seit dem Sommersemester 1933 Elektrotechnik an der TH Hannover studierte. Nachdem er von der I. Großen Strafkammer des Landgerichts Kiel durch Urteil vom 2. Februar 1937 „wegen versuchten Verbrechens nach § 175a StGB" zu einem Jahr Gefängnis verurteilt worden war,[91] wurde er disziplinarrechtlich vom sogenannten Dreierausschuss nach mündlicher Verhandlung laut Rektormitteilung vom 10. Juni 1937 „mit dauerndem Ausschlusse vom Studium an allen deutschen Hochschulen bestraft".
Hinsichtlich dieses Falles kam die Arbeitsgruppe bei Abwesenheit eines Mitglieds nicht zu einem einhelligen Ergebnis. Dabei bestand bei allen Beteiligten noch darüber Einmütigkeit, dass das vorerwähnte Urteil weder auf NS-bedingtem Rückwirkungsverstoß beruht noch bei einem damaligen Strafrahmen bis zu zehn Jahren Zuchthaus ein exorbitantes Strafmaß aufweist. Darüber hinaus kam es zur Divergenz.
Zwei ihrer Mitglieder befürworten die Feststellung einer NS-bedingten Beeinträchtigung, da die zur Bestrafung von Thiele führenden Vorschriften des Strafgesetzbuchs unter der NS-Herrschaft verschärft worden sind, so dass erst dadurch die Voraussetzung seiner Exmatrikulation geschaffen wurde, welche somit in maßgeblichem NS-Zusammenhang stand. Demgegenüber vertreten die zwei anderen Mitglieder die Auffassung, dass es sich bei der Einführung von § 175a Strafgesetzbuch – vorliegend in der Variante Nr. 3: Missbrauch von Jugendlichen unter 16 Jahren – übrigens auch rechtsvergleichend nicht um spezifisches NS-Unrecht handele. Dies belege namentlich die bislang gerichtlich unbeanstandete Weitergeltung dieser Bestimmung bis heute – inzwischen als § 182 Abs. 2 Nr. 1 Strafgesetzbuch („Sexueller Missbrauch von Jugend-

---

89 NLA Hannover, Hann. 320 IV, Nr. 94.
90 Auskunft des Historischen Archivs der TU München vom 3. und 21. Dezember 2012.

lichen"). Thiele sei damit auch nach der NS-Zeit wegen der begangenen Taten strafbar gewesen samt Exmatrikulationsfolge. Diese ergibt sich heute aus § 19 Abs. 6 Satz 1 in Verbindung mit Abs. 5 Nr. 3 Niedersächsisches Hochschulgesetz. Danach darf („kann") die Exmatrikulation erfolgen. Dieses sogenannte Entscheidungsermessen ist in der heutigen Praxis der niedersächsischen Immatrikulationsämter bei einem analogen Fall nicht etwa mit dezidiertem Nichteinschreiten verbunden. Vielmehr ergab die Abfrage zur einschlägigen Praxis des Ermessensgebrauchs bei den Immatrikulationsämtern in Niedersachsen insoweit Beachtlichkeit im Sinne eines Einschreitens.[92]

Da die Befürwortung einer Aufnahme Thieles in die Liste der Beeinträchtigungsbetroffenen in förmlicher Abstimmung mit zwei gegen zwei Stimmen keine Mehrheit erlangte, war der Antrag abgelehnt, wobei sich die beratenden Gäste der Senats-AG ebenfalls gegen den Antrag aussprachen.

III. ANHANG BEISPIELHAFTER NORM- UND ARCHIVUNTERLAGEN

Anlage 1: Interne Liste der „nichtarischen" Studenten Sommersemester 1933 (mit handschriftlichen Nachträgen zum Wintersemester 1933/34)
(ATIB/UniA Hannover, Hann. 146 A, Acc. 64/81, Nr. 1)

Anlage 2: ME vom 15. April 1937 betr. Erwerb der Doktorwürde durch Juden deutscher Staatsangehörigkeit
(Deutsche Wissenschaft, Erziehung und Volksbildung. Amtsblatt des Reichsministeriums für Wissenschaft, Erziehung und Volksbildung und der Unterrichtsverwaltungen der Länder 3/1937, Amtlicher Teil, S. 224f.)

Anlage 3: Bericht und Vorschlag des Rektors vom 26. August 1938 betr. die Ehrenbürger Gustav Noske und Max Krone
(ATIB/UniA Hannover, Hann. 146 A, Acc. 10/85, Nr. 53/1)

Anlage 4: Ersuchen des stud. rer. nat. Klaus Fröhlich vom 25. November 1938 um Empfehlungsschreiben für die Harvard-Universität und das Massachusetts Institute of Technology zwecks dortiger Fortsetzung seines Studiums
(ATIB/UniA Hannover, Hann. 146 A, Acc. 134/81, Nr. 54/N/17)

---

91 Urteilsabschrift in ATIB/UniA Hannover, Hann. 146 A, Acc. 134/81, Nr. 54/512.
92 Auskunft des Immatrikulationsamts der Leibniz Universität Hannover nach elektronischer Rundfrage auch bei den Immatrikulationsämtern der anderen niedersächsischen Hochschulen vom 25. Februar 2013.

GRÜNDE

Anlage 5:   Interne Negativverfügung des Rektors vom 29. November 1938 in derselben Angelegenheit
(ATIB/UniA Hannover, Hann. 146 A, Acc. 134/81, Nr. 54/N/17)

Anlage 6:   Schreiben des stud. rer. nat. Klaus Fröhlich vom 4. Januar 1939 mit der Bitte, ihm zwecks Vorlage bei der Harvard-Universität die Bewertung seiner Diplomvorarbeit mitzuteilen
(ATIB/UniA Hannover, Hann. 146 A, Acc. 134/81, Nr. 54/N/17)

Anlage 7:   Zwischenbescheid des Rektors vom 9. Januar 1939 in derselben Angelegenheit
(ATIB/UniA Hannover, Hann. 146 A, Acc. 134/81, Nr. 54/N/17)

Anlage 8:   Schreiben des Rektors vom 26. August 1943 betr. Bewährung von Protektoratsangehörigen tschechischen Volkstums
(ATIB/UniA Hannover, Hann. 146 A, Acc. 10/85, Nr. 192)

Anlage 9:   Schreiben des Rektors vom 3. Mai 1946 betr. Politische Bescheinigung für Herrn Dr.-Ing. Hermann Mewes
(ATIB/UniA Hannover, Hann. 146 A, Acc. 134/81, Nr. S144)

Anlage 10: ME des Niedersächsischen Kultusministeriums vom 28. April 1947 betr. Entziehung akademischer Grade von Ausgebürgerten
(ATIB/UniA Hannover, Nds. 423, Acc. 11/85, Nr. 149)

Liste der marxistischen Studenten
S.S. 1933

Nr.	Name		Kategorie	
340	Biernath, Rudolf ✓		Marxist	
394	Birmann, Gert	ab W.S. 33/34 nicht belegt	Halbjude ×	I. M.f.K.
333	Brauns, Wolf	nifp 33/34	Marxist	
91	Ginsberg, Max ✓		Jude ×	II E ×
145	Lessing, Rudolf ✓		Jude ×	II B ×
246	Mewes, Hermann	Urlaub 33/34	Marxist	
57	Otto, Kurt ✓		"	
91	Passarge, Georg ✓		"	
116	Pleut, Helene	nifp 33/34	Jüdin ×	II A ×
108	Samuel, Erich	W.f. 33/34	Jude ×	II A ×
259	Schwarzer, Alfred ✓		Marxist	
44	Slawinski, Friedr. ✓		"	
104	Staskiewicz, Alfred	nifp 33/34	Halbpole ×	I A W × ×)
205	Wohlwill, Andreas	nifp 33/34	" ×	III A × ×)
208	Weil, Ulrich ✓		Jude ×	II A ×

×) zweifelhaft ob Polen
 Nichtarier sind.

Anlage 1

b) Für Preußen

228. Kürzung von Nebenvergütungen.

Der Runderlaß des Herrn Preußischen Finanzministers vom 14. März 1931 (PrBesBl. S. 114) ist durch die Preußischen Durchführungsbestimmungen zur Dritten Gehaltskürzungsverordnung vom 16. Dezember 1931 (PrBesBl. S. 350) Nr. 3 Abs. 4 aufgehoben worden. Auch mein Runderlaß vom 27. April 1933 (PrBesBl. S. 85) über die Kürzung und Ablieferung von Nebenvergütungen ist durch die Neuregelung des Nebenvergütungsrechts im Reichsgesetz vom 30. Juni 1933 (RGBl. I S. 433) als überholt zu betrachten.

Alle preußischen Kürzungsbestimmungen einschließlich der preußischen Durchführungsvorschriften zu den Gehaltskürzungsverordnungen, die von dem Reichsbesoldungsrecht abweichen, sind mit der Übernahme des Reichsbesoldungsrechts außer Kraft getreten. Nach den Durchführungsbestimmungen des Reichs kommt es für die Kürzung von Nebenvergütungen nur noch darauf an, ob die Nebentätigkeit dem Beamten im Hinblick auf sein Hauptamt übertragen worden ist (vgl. Durchführungsbestimmungen vom 19. Dezember 1930 [RBesBl. S. 135] Nr. 9 Abs. 1, vom 11. Juni 1931 [RBesBl. S. 67] Nr. 12 Abs. 3 und vom 17. Dezember 1931 [RBesBl. S. 162] Nr. 9).

Berlin, den 7. April 1937.

Der Reichs- und Preußische Minister
für Wissenschaft, Erziehung und Volksbildung.
Im Auftrage: Kunisch.

An die Herren Vorsteher der nachgeordneten preußischen Dienststellen. — Z II a 1077.

(RMinAmtsblDtschWiss. 1937 S. 224.)

Wissenschaft

a) Für das Reich

229. Erwerb der Doktorwürde durch Juden deutscher Staatsangehörigkeit.

Im Einvernehmen mit dem Stellvertreter des Führers, dem Herrn Reichs- und Preußischen Minister des Innern und dem Auswärtigen Amt ordne ich mit sofortiger Wirkung an, daß Juden (§ 5 der Ersten Verordnung zum Reichsbürgergesetz vom 14. November 1935, RGBl. I S. 1333), welche die deutsche Staatsangehörigkeit besitzen, zur Doktorprüfung nicht mehr zuzulassen sind; auch hat die Erneuerung von Doktordiplomen bei ihnen zu unterbleiben.

Zulässig bleibt die Promotion von jüdischen Mischlingen (§ 2 Abs. 2 der Ersten Verordnung zum Reichsbürgergesetz vom 14. November 1935). In Zweifelsfällen ist meine Entscheidung einzuholen.

Deutsche Staatsangehörige haben dem Gesuch um Zulassung zur Doktorprüfung einen ausgefüllten Fragebogen nach anliegendem Muster, dazu die Geburtsurkunde des Kandidaten, die Geburts- und Heiratsurkunden der Eltern und der beiderseitigen Großeltern oder an Stelle der Urkunden den Ahnenpaß beizufügen. Gegen die Rückgabe der Urkunden oder des Ahnenpasses nach Prüfung bestehen keine Bedenken. Für diesen Fall ist ein entsprechender Vermerk zu den Promotionsakten zu nehmen (siehe Erlaß des Reichsministers der Finanzen vom 11. Januar 1937 — A 4400/3. I B —, RBesBl. S. 2).

Entgegenstehende Bestimmungen werden aufgehoben, insbesondere wird der Runderlaß vom 15. Dezember 1933 — U I 2913. 1. — hierdurch geändert.

Gegen die Aushändigung des Doktordiploms an diejenigen Juden, welche die Promotionsbedingungen bei Eingang dieses Erlasses bereits restlos erfüllt, d. h. auch die vorgeschriebenen Pflichtexemplare der Dissertation an die Fakultät abgeliefert haben, bestehen keine Bedenken. Das gleiche gilt für diejenigen Fälle, in denen ich die Zulassung bereits vor diesem Erlaß ausnahmsweise genehmigt habe, falls die Meldung zur Prüfung spätestens innerhalb von drei Monaten seit Eingang dieses Erlasses erfolgt. Die in Betracht kommenden Kandidaten sind ausdrücklich auf diesen Endtermin hinzuweisen. Dabei sind hinsichtlich der Aushändigung des Doktordiploms an staatsangehörige Studierende der Medizin und der Zahnheilkunde jüdischen Blutes die nachfolgenden Bestimmungen zu beachten.

Da bei staatsangehörigen Studierenden der Medizin und der Zahnheilkunde eine Promotion erst nach erfolgter Bestallung als Arzt oder Zahnarzt erfolgen kann, will ich denjenigen staatsangehörigen Studierenden der Medizin und der Zahnheilkunde, die jüdische Mischlinge (§ 2 Abs. 2 der Ersten Verordnung zum Reichsbürgergesetz vom 14. November 1935) sind und als solche auf eine Bestallung als Arzt oder Zahnarzt nicht rechnen können, Gelegenheit geben, den Doktorgrad zu erwerben, soweit sie nach Ablegung des Staatsexamens das Deutsche Reich verlassen und im Auslande eine feste Stellung angenommen haben. Diese Studierenden haben, wenn sie auf die Aushändigung des Doktordiploms Wert legen, der zuständigen Fakultät einen entsprechenden Antrag einzureichen. Dem Antrage sind ausreichende glaubhafte Unterlagen beizufügen, aus denen sich ergibt, daß der Betreffende eine feste Anstellung oder die Aussicht auf eine solche im Auslande erlangt hat. Dem Gesuch ist ferner eine besondere Erklärung anzuschließen, mit der bedingungslos auf die Bestallung als Arzt oder Zahnarzt im Deutschen Reich verzichtet wird. Das Gesuch nebst Unterlagen (einschließlich der Verzichtserklärung) ist mit einer Stellungnahme der Fakultät über die Persönlichkeit des Doktoranden, insbesondere über seine etwaige politische Betätigung, auf dem vorgeschriebenen Dienstwege (außerhalb Preußens durch die Hochschulverwaltung des betreffenden Landes) vorzulegen. Ich behalte mir die Genehmigung in jedem Falle vor. Von der Genehmigung, die im Einvernehmen mit dem Herrn Reichs- und Preußischen Minister des Innern ergeht, werde ich die zuständige oberste Landesbehörde (Ministerium des Innern) unter Übersendung der Verzichtserklärung benachrichtigen. Ein Anspruch auf Aushändigung des Diploms besteht nicht. Zur

Vermeidung von Zweifeln bemerke ich, daß sich die Bestimmung in § 8 Abs. 1 der Reichsärzteordnung nur auf den Verzicht auf die bereits erteilte Bestallung als Arzt bezieht. Ein Verzicht auf eine noch nicht erteilte Bestallung wird durch § 8 Abs. 1 der Reichsärzteordnung nicht berührt. Die Zustimmung der Reichsärztekammer ist daher in diesem Falle auch nicht erforderlich.

Staatenlose jüdische Mischlinge (§ 21 Abs. 2 der Ersten Verordnung zum Reichsbürgergesetz vom 14. November 1935) sind Ausländern gleichzuachten. Diesen kann das medizinische und zahnmedizinische Doktordiplom also ohne weiteres ausgehändigt werden, es sei denn, daß die Staatenlosigkeit darauf beruht, daß der jüdische Mischling gemäß § 2 des Reichsgesetzes über den Widerruf von Einbürgerungen und die Aberkennung der deutschen Staatsangehörigkeit vom 14. Juli 1933 (RGBl. I S. 480) der deutschen Staatsangehörigkeit für verlustig erklärt worden ist, da in einem solchen Falle gemäß dem Runderlaß vom 17. Juli 1934 — U I 1576 — der Doktorgrad sofort wieder entzogen werden müßte.

Diese Vorschriften gelten entsprechend für die Erwerbung des Dr. habil. Von den Bewerbern um die Habilitation, die vor Erscheinen dieses Erlasses promoviert haben, ist die Ergänzung des in § 4 Ziff. 2 RHabilO. vorgesehenen Fragebogen entsprechend dem beiliegenden Muster hinsichtlich der Staatsangehörigkeit sowie die Vorlage der vorstehend genannten Urkunden zu fordern, es sei denn, daß der Ahnenpaß vorgelegt wird.

Für Ausländer bleiben die bisherigen Bestimmungen in Kraft.

Ich ersuche, die Fakultäten entsprechend zu unterrichten.

Berlin, den 15. April 1937.

Der Reichs- und Preußische Minister
für Wissenschaft, Erziehung und Volksbildung.

In Vertretung: Zschintzsch.

An die nachgeordneten Dienststellen der Preußischen Hochschulverwaltung (ausschließlich Hochschulen für Lehrer- und Lehrerinnenbildung) und die Hochschulverwaltungen der Länder. — W A 590 W U, Z II a, M (b).

(RMinAmtsblDtschWiss. 1937 S. 224.)

230. Kalender der reichsdeutschen Universitäten und Hochschulen.

Im Verlag Johann Ambrosius Barth in Leipzig ist die 117. Ausgabe des Kalenders der reichsdeutschen Universitäten und Hochschulen erschienen. Der Kalender enthält die Namen der an den deutschen Universitäten und ihnen gleichgestellten Hochschulen (Akademien) tätigen Lehrpersonen, die von den Hochschullehrern vertretenen Lehrgebiete, ferner die Namen der Institute, Sammlungen und Seminare mit ihren Vorständen sowie weitere wichtige Angaben über die Bibliotheken, Gesellschaften, Besuchsziffern und schließlich eine Liste über alle in Deutschland vorhandenen Hochschulen. Der Kalender wird als Nachschlagewerk allen Behörden und Dienststellen, die sich mit Hochschulangelegenheiten zu

befassen haben, wertvolle Dienste leisten. Seine Anschaffung wird deshalb besonders empfohlen.

Dieser Erlaß wird nur im RMinAmtsbl. DtschWiss. veröffentlicht.

Berlin, den 21. April 1937.

Der Reichs- und Preußische Minister
für Wissenschaft, Erziehung und Volksbildung.

Im Auftrage: Wacker.

Bekanntmachung. — W A 700/37.

(RMinAmtsblDtschWiss. 1937 S. 225.)

b) Für Preußen
—

Erziehung

a) Für das Reich

231. Sammelbestellungen für das Buch „Hitler in seinen Bergen" von Heinrich Hoffmann.

Im Nachgang zu meinem Erlaß vom 11. Juni 1936 — E III a 957 E II a, M — (RMinAmtsbl. DtschWiss. S. 278).

Durch Erlaß vom 9. Januar 1937 — E III a 60/37 — (RMinAmtsblDtschWiss. S. 33) habe ich das Buch „Hitler in seinen Bergen", herausgegeben von Heinrich Hoffmann, dem Bildberichterstatter der NSDAP, in das Verzeichnis der zur Beschaffung für Schulbüchereien (Lehrer- und Schülerbüchereien) geeigneten Bücher und Schriften aufgenommen.

Ich weise die Schulen auf das Buch hin, weil es besonders geeignet ist, der deutschen Jugend die Persönlichkeit des Führers noch näher zu bringen.

Um eine wesentlich verbilligte Anschaffung zu ermöglichen, hat der Verlag eine besondere ungekürzte Ausgabe herstellen lassen, die in Leinen gebunden 3 RM kostet.

Ich ersuche sämtliche Schulen, die das Buch anschaffen wollen, auf dem Dienstweg ihren Schulaufsichtsbehörden die Anzahl der bestellten Bücher binnen einem Monat anzuzeigen. Diese Bestellungen sind zu sammeln und dem Reichsbildberichterstatter der NSDAP., Heinrich Hoffmann, Berlin SW 68, Kochstraße 10, unmittelbar zu übersenden. Die Lieferung der Bücher an die Schulen erfolgt durch die Obleute des ortsansässigen Buchhandels, von denen auch die Rechnungen ausgestellt werden.

Besondere Mittel können für die Anschaffung des Buches nicht zur Verfügung gestellt werden.

Berlin, den 17. April 1937.

Der Reichs- und Preußische Minister
für Wissenschaft, Erziehung und Volksbildung.

In Vertretung: Zschintzsch.

An die Herren Oberpräsidenten (Abteilung für höheres Schulwesen), die Herren Regierungspräsidenten (Abteilung für Kirchen und Schulen), die Unterrichtsverwaltungen der Länder, den Herrn Stadtpräsidenten der Reichshauptstadt

Der Rektor
der Technischen Hochschule
Hannover

Nr. 3118

Entwurf.

Abgesandt am 27.8.38. Sch

Hannover 1 W, den 26. August 1938.
Am Welfengarten 1
Fernruf: 25345

Die Liste der Ehrensenatoren, Ehrenbürger und Ehrendoktoren der Technischen Hochschule Hannover ist erneut daraufhin geprüft worden, ob politische Größen der Systemzeit, die eine solche Auszeichnung von hier erhalten haben, auszumerzen seien.

Ich habe dem Herrn Minister bereits am 11. Jan. ds. Js. mitgeteilt, daß nur der frühere Oberpräsident Noske aus diesem Personenkreise geehrt worden ist.

Der Genannte ist zwar im Jahre 1933 von der Liste der Ehrenbürger gestrichen worden. Nach dem maßgeblichen Urteil der jetzt noch im Amt befindlichen Kollegen, die sich über den früheren Oberpräsidenten Noske und seine hiesige Tätigkeit ein Urteil bilden können, lagen seinen Verdiensten um die Technische Hochschule Hannover, die in erster Linie seine Bemühungen um das Zustandekommen des Erweiterungsbaues am Schneiderberg betreffen, durchaus nicht selbstsüchtige Erwägungen zu Grunde, vielmehr müssen seine Bemühungen als streng sachlich bezeichnet werden, so daß ich es als eine unbillige Härte ansehen müßte, wenn dem früheren Oberpräsidenten Noske, der zwar aus anderer politischer Einstellung heraus gehandelt hat, dem aber - soweit von hier zu übersehen ist - unlautere Handlungsweisen nicht nachgewiesen werden kann, jetzt noch in aller Form die Würde des Ehrenbürgers entzogen wird.

Ich

An den
Herrn Reichsminister für
Wissenschaft, Erziehung
und Volksbildung,
Berlin W 8.

Ich bitte daher, es bei der Streichung aus der Liste zu belassen.

Dagegen halte ich es für erforderlich, daß dem Generaldirektor a.D. Max Krone, seinerzeit wohnhaft in Berlin-Grunewald, Siemenstr.9, die Würde eines Dr.-Ing. ehrenhalber in aller Form entzogen wird, weil er im Jahre 1932 wegen Untreue zu einem Jahr Gefängnis verurteilt worden ist. Auch Krone war bereits seit dem Bekanntwerden seiner Verurteilung im Verzeichnis der Ehrendoktoren gestrichen worden.

Zum letzten Absatz des Erlasses berichte ich, daß die Nachforschungen, ob unter den von der Technischen Hochschule Hannover ernannten Ehrensenatoren, Ehrenbürger und Ehrendoktoren jüdische Mischlinge oder frühere Angehörige der Freimaurerloge sich befinden, nur teilweisen Erfolg haben können. Ob durch eine Aufforderung an diesen Personenkreis zur Abgabe von Erklärungen über die deutschblütige Abstammung und etwaige frühere Logenzugehörigkeit dieses Ziel erreicht werden kann, erscheint mir ebenso fraglich.

Ich schlage vor, die Entziehung einer verliehenen Würde nur dann zu erwägen, wenn Umstände bekannt werden, die auf eine ehrlose Gesinnung des Geehrten schließen lassen.

Prof. Dr. G. Prange.

U. R. Seiner Magnifizenz dem
Herrn Rektor
  mit der Bitte um Entscheidung,
ob ich dem nichtarischen stud. phys.
K. Fröhlich, der wissenschaftlich qualifiziert
ist, ein Zeugnis der erbetenen Art ausstellen
soll.
                G. Prange.

Techn. Hochschule
HANNOVER
Eing. 28. NOV. 1938
Nr. 54/N/17

Berlin NW40, den 25.11.38
In den Zelten 21a

Hochverehrter Herr Professor!

Sowohl die Harvard University, Mass., als auch
das Massachusetts Institute of Technology haben
mir Gelegenheit gegeben, mich um eine Scholar-
ship zu bewerben, und haben mir die notwendigen Formulare zugesandt. Danach werden als
wichtiges Erfordernis Empfehlungsschreiben von
mindestens drei Professoren verlangt, die ein Urteil
über meine akademische Eignung und sonstige
Eigenschaften abgeben können. Ich richte daher an
Sie, sehr verehrter Herr Professor, das Ersuchen,
an beide Hochschulen je ein entsprechendes Schreiben zu richten und mir zu schicken, damit
ich sie meinen Papieren beifügen kann.

Mit aufrichtigem Dank bin ich

Ihr sehr ergebener

Klaus Fröhlich.

Anlage 4

**Der Rektor
der Technischen Hochschule**
Nr. 54/N/17

Hannover, den 29. November 1938.

1) <u>Urschriftlich gegen Rückgabe</u>
    an Herrn Prof. Dr. Prange
        <u>hier</u>
mit dem Ersuchen, den Antragsteller ablehnend zu bescheiden.

2) ZdPA.

Klaus F r ö h l i c h
Berlin NW 40, In den Zelten 21a,
den 4.1.39

An

Seine Magnificenz den Herrn Rektor der
Technischen Hochschule zu Hannover

H a n n o v e r

Ich erlaube mir hiermit, meine bisher dem Herrn Dekan vorgetragene Bitte um Aushändigung des Zeugnisses zu wiederholen. Ich habe die Vorprüfung in der Fachrichtung "Physik" am 5.11. vorigen Jahres beendet und seitdem noch keine Bewertung erhalten. Wie Eure Magnificenz aus beigefügter Kopie erkennen, werde ich das Studium an der Harvard University, Cambridge, Mass. in Kürze fortsetzen. Deshalb bitte ich Eure Magnificenz, das Zeugnis oder irgend eine Nachricht mir innerhalb der folgenden zwei Wochen zusenden lassen zu wollen. Falls es erforderlich sein sollte, bin ich bereit, persönlich in Hannover vorzusprechen.

Mit Deutschem Gruss bin ich Ihr sehr ergebener

Klaus F r ö h l i c h

Anlage 6

Der Rektor der Technischen Hochschule.
Nr. 49/0

Entwurf.

Hannover, den 9. Januar 1939.

1.) **Antwort.**

Abgesandt am 9.1.39. Sch.

Betr. Ihr Schreiben vom 4.1.39.

Der Herr Dekan der Fakultät für allgem. Wissenschaften hat durch Bericht vom 18.12.38 bei dem Herrn Reichsminister für Wissenschaft, Erziehung und Volksbildung angefragt, ob Ihnen das Zeugnis über die von Ihnen hier in der Fachr. Physik bestandene Diplom-Vorprüfung ausgehändigt werden kann.

Nach Eingang des ministeriellen Entscheides wird Ihnen eine entsprechende Mitteilung zugehen.

≠ ≠

2.) Zu d. Akten.
49/0

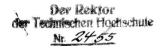
Nr. 2455

Entwurf

Hannover, den 28. August 1943

1.) An den

Herrn Reichsminister für Wissenschaft,
Erziehung und Volksbildung,
B e r l i n W 8.

Betrifft: Bewährung von Protektoratsangehörigen tschechischen Volkstums.

Vorgang: Erlaß des Herrn Reichsminister für Wissenschaft, Erziehung und Volksbildung vom 30.11.42 WJ 3301 II.Z III d.

An der Technischen Hochschule Hannover studieren zurzeit 7 Protektoratsangehörige tschechischen Volkstums:

1.) Oldrich K r a l (Bauwesen) - Geodäsie -
2.) Radim K u d e l a s e k (Maschinenwesen) - Masch.Ing.Wesen -
3.) Georg M a r t i n e k (Maschinenwesen) - Masch.Ing.Wesen -
4.) Milos B i l e k (Bauwesen) - Architektur -
5.) Jan B e c k a (Naturwissenschaft) - Chemie -
6.) Anton O l e x a (Maschinenwesen) - Masch.Ing.Wesen -
7.) Jaroslav K r o u p a (Naturwissenschaft) - Chemie -

Die Studierenden 1 - 6 haben sich leistungsmäßig und haltungsmäßig durchaus bewährt. Gegen ihr weiteres Studium sind keinerlei Einwendungen zu erheben.

Der Studierende unter 7) Jaroslav Kroupa wird verschieden beurteilt. Er zeigt zunächst ein glattes Benehmen, das jedoch bei näherer Bekanntschaft den Eindruck hinterläßt, als ob es ihm im wesentlichen darauf ankommt, im Augenblick persönliche Vorteile zu erzielen. Seine Leistungen sind ebenfalls keineswegs überragend. Auch seine Verpflichtungen gegenüber dem Studentenwerk sind nur unvollkommen erfüllt.

Ich beantrage, den Studierenden Kroupa zunächst an eine andere Hochschule zu versetzen, um ihm noch einmal Gelegenheit zu geben, sich unter anderen Verhältnissen zu bewähren.

Heil Hitler !

An die

Herren Dekane I - III,

hier,

mit der Bitte um Kenntnisnahme und um Äußerung, ob das an den Herrn Minister Gerichtete mit der Auffassung der Fakultät übereinstimmt.

Termin: 28.8.43. 2.) Z.d.A. VI/a.   I.V.

Anlage 8

Hannover, den 26. April 1946
3. Mai

Der Rektor
der T...schule

Politische Bescheinigung

für Herrn Dr.Jng. Hermann Mewes in Hann. ~~~~~~~~~~
auf Grund von Unterlagen in Akten der Technischen Hochschule
Hannover.
geboren 15. Mai 1905 in Lindener,

Herr Dr.-Jng. M e w e s, gehörte der im Dezember 1932 gegründeten sozialpolitischen Arbeitsgemeinschaft an, einer "inkorporativen Vereinigung von Angehörigen der Techn.Hochschule Hannover", die "durch regelmäßig stattfindende Zusammenkünfte, Vorträge und Diskussionen" die "Förderung des Studiums sozialpolitischer Fragen" bezweckte und deren Mitgliedschaft jedem Angehörigen der T.H. Hannover möglich sein sollte.

Obwohl sich aus den Satzungen kein Anhaltspunkt dafür bot, wurde die sozialpol.Arb.Gemeinschaft vom Nationalsozialistischen Deutschen Studentenbund (N.S.D.St.B.) als eine "sozialistische" und "kommunistische" Studentengruppe bezeichnet mit der Angabe, daß ein Großteil ihrer Mitglieder der K.P.D. angehörten und die übrigen in Beziehung zu dieser Partei ständen. Die 12 Mitglieder der Arb.Gemeinschaft hatten dem Rektor der T.H. ihre Namen angegeben (Verzeichnis vom 22.12.1932) und wurden aus der Studentenschaft ausgeschlossen. Dieses wurde durch den Stempel "Kein Mitglied der Studentenschaft" auf dem Umschlag des Belegbuches deutlich kenntlich gemacht.

Herr Mewes wurde am 15.1.1935 auf Ansuchen des inzwischen verstorbenen Professors Dr.Jng.Fischer außerplanmäßiger Assistent am Lehrstuhl für antike und mittelalterliche Baukunst. Das Gesuch wurde vom damaligen Dozentenführer an das Preuß.Ministerium für Wissenschaft, Erziehung und Volksbildung befürwortend weitergegeben. Schon 4 Tage später jedoch berichtete der Dozentenführer nach Berlin, daß er "von der Studentenschaft Dinge gehört" habe, "die eine Verlängerung des Vertrages über den 1.April hinaus unerwünscht scheinen" ließen. Er berichtete, daß M. nicht der Deutschen Studentenschaft angehört habe und auch "niemals Anstrengungen gemacht" habe, in die D.St. hineinzukommen. M.habe "der sozialistischen Arb.Gemeinschaft angehört, deren tragende Führer vonder Hochschule verwiesen wurden. Während andere Studierende sich mit dem Nationalsozialismus auseinander zu setzen suchten", habe M. "niemals irgendeine Haltung eingenommen". Zum Schluß des Schreibens heißt es: "Wenn ihn auch der Staat als Regierungsbauführer zugelassen hat, so scheint mir doch eine eigene Urteilsbildung für die Hochschule erforderlich. - Ich hoffe, Ihnen mit diesen Angaben gedient zu haben." - ~~Heil Hitler !~~ ~~(Unterschrift)~~.

Das Ministerium forderte nunmehr vom Rektor Nachprüfung und Bericht, insbesondere darüber, ob M, der als Student der sozialistischen Arb.Gemeinschaft angehört habe und dem "danach die Aufnahme in die D.Studentenschaft verwehrt worden sei", sich "durch Verheimlichung wesentlicher Tatsachen

Tatsachen oder durch falsche Angaben die Assistentenstelle zu verschaffen versucht" habe, da er doch in dem von ihm ausgefüllten Fragebogen die "Zugehörigkeit zur S.P.D. und anderen internationalen oder pazifistischen Verbänden" verneint habe. Der Geschäftsführer der Studentenschaft erteilte dem Sekretariat der T.H. die folgende erbetene Auskunft:
"Nach Rücksprache mit dem früheren Studentenschaftsführer W........ teile ich Ihnen mit, daß der Student Mewes auf Grund seiner Tätigkeit in der sozialistischen Arbeitsgemeinschaft, die unter kommunistischer Führung stand, im Sommersemester 1933 nicht in die Studentenschaft aufgenommen wurde. Mewes hat sich auch niemals um die Aufnahme in die Studentenschaft beworben. Ebenfalls ist hier nicht bekannt, daß er der S.A. angehörte. Offensichtlich hat er sich also nicht um die Erfassung der nationalsozialistischen Weltanschauung bemüht. Heil Hitler! (Unterschrift)."
Der Rektor berichtete am 13.3.1935 dem Ministerium, daß "durch die Mitgliedschaft des M. in der sozialpolitischen, nicht sozialistischen Arbeitsgemeinschaft eine Zugehörigkeit zur S.P.D. usw. nicht ohne weiteres begründet" sei, daß er aber dennoch dem M. eröffnet habe, "daß er mit einer Beschäftigung über den 31.3. hinaus nicht rechnen könne".

Der Rektor
der Technischen Hochschule.

(Siegel)

Abschrift

Der Niedersächsische Kultusminister Hannover, den 28.April 1947
Hohenzollernstr. 53

K I Nr.931/47

An den Herrn
Universitätskurator
in Göttingen

Techn. Hochschule
HANNOVER
Eing. 16. MAI 1947
Nr. 753

Auf das Schreiben vom 22.3.47 Tgb.Nr.1128

Betr.: Entziehung akademischer Grade von Ausgebürgerten.

    Die Angelegenheit wurde auf der letzten Sitzung der Hochschulkonferenz in Hamburg am 22.April d.J. erörtert. Es wurde dabei festgestellt, dass die Aufhebung der 2. Durchführungsverordnung zum Gesetz über die Führung akademischer Grade vom 29.März 1943 RGBl.I S.168 nichts daran ändern kann, dass die auf Grund dieser Verordnung oder vorher durch Einzelakte der Hochschulen erfolgten Entziehungen akademischer Grade formal noch in Kraft sind. Die Wiedergutmachung des geschehenen Unrechts kann entweder durch Neuverleihung der entzogenen Grade seitens der Fakultäten geschehen oder generell durch gleichlautende von den Landtagen zu verabschiedende Gesetze. Das letztere Verfahren erscheint untunlich.

    Ich ermächtige daher die Fakultäten, in allen Fällen, in denen durch Einzelakt oder kraft Gesetzes Personen, die von der nationalsozialistischen Regierung ausgebürgert wurden, ihres akademischen Grades für verlustig erklärt worden sind, den betr. Personen mitzuteilen, dass ihnen "zum Zwecke der Wiedergutmachung des ihnen geschehenen Unrechts hiermit das Recht verliehen würde, den seinerzeit aberkannten akademischen Grad wieder zu führen."

                                              gez. Grimme

———————

Nordwestdeutsche Hochschulkonferenz   Göttingen, den 13.Mai 1947
      Sekretariat

An die Herren Rektoren
der in der britischen Zone
gelegenen Hochschulen
(mit Ausnahme von Göttingen)

An die Herren Vertreter der
Hochschulverwaltungen der Länder
(mit Ausnahme von Niedersachsen)

    Vorstehende Abschrift wird mit der Bitte um gefällige Kenntnisnahme übersandt.

Der Rektor
der Technischen Hochschule.
Nr. 753

(Dr.Stroedel)

1) Vorst.Schreiben bereits am 12.5.47 den Fak.I,II,III zur Kenntnis gegeb.
2) Z.d.A.I/10/b

Anlage 10

Zweiter Teil

BEGÜNSTIGUNGEN

Bericht der Arbeitsgruppe des Senates
„Verleihung und Entzug von Titeln während der NS-Zeit"
vom 4. Dezember 2014

59　Die von 1933 bis 1945 an der Technischen Hochschule Hannover vorgenommenen, nachweisbar NS-bedingten Begünstigungen hinsichtlich des Erwerbs und der Nutzung akademischer Stellungen, Grade und Ehrungen sind als Unrechtsakte zu werten. Sie stehen und standen bereits bei ihrer Entstehung in klarem Widerspruch zu dem schon damals bekannten Grundsatz der Rechtsgleichheit und missachteten insbesondere die Maßgeblichkeit des Leistungsprinzips, indem sie selbst bei Berufungen von der mit der Wissenschaftsfreiheit verbundenen Qualitätsvorstellung personeller Bestenauswahl abgingen und damit die Grundlagen der überkommenen humanistisch-akademischen Hochschultradition verleugneten.

INHALT

BESCHLUSS 87

GRÜNDE 90

I. Verfahrensaspekte 90

II. Materielle Maßstabsbildung für die Annahme NS-bedingter Begünstigungen .. 91
    A. Zur Aufgabenbewältigung 91
        1. Begünstigungskriterien 91
            a) Grundsätzliche Vorgaben zum Prüfungsmaßstab 91
            b) Ergänzende Entscheidungshilfen 93
        2. Zur „Normallage" des NS-Einflusses am Beispiel der Professorenschaft 96
        3. Folgerungen vorbehaltlich der besatzungsrechtlichen Entlassungen von 1945 97

    B. Konkrete Begünstigungen und Sachverhaltsschilderungen 98
        1. Beamtete ordentliche und außerordentliche Professoren 98
        2. Wissenschaftliche Assistenten, Dozenten, Honorarprofessoren, Lehrbeauftragte usw. 110
        3. Studierende 114
        4. Sonstige Mitarbeiter 116
            a) Hochschulbeamte 116
            b) Angestellte und Arbeiter 116
        5. Ehrentitel 117
            a) Eindeutige Fälle 118
                aa. NS-privilegierte Ehrungen 118
                bb. Nicht NS-privilegierte Ehrungen 122
            b) Problemfälle 131
                aa. Einleitung 131
                bb. Objektiv bedenkliche NS-Verstrickung 134
                cc. Objektiv geringe NS-Verstrickung 138
        6. Ehrenbenennungen und Ähnliches 141

III. Weitere Problembereiche... 142
    1. Verhalten eng hochschulverbundener Einrichtungen............. 142
    2. Ernennungen und Ehrungen von NS-Belasteten ab 1945 143

IV. Schlussbemerkungen.. 143
    1. Praktische Folgerungen 143
    2. Ausblick 145

V. Anhang beispielhafter Norm- und Archivunterlagen 148

ABKÜRZUNGEN.. 202

QUELLEN UND LITERATUR.. 204

I.   Quellen 204

II. Literatur... 207

PERSONENREGISTER 213

INSTITUTIONENREGISTER 217

BESCHLUSS

Der Senat, das Präsidium und der Hochschulrat der Gottfried Wilhelm Leibniz Universität Hannover –

ihren Willen bekräftigend, in Übereinstimmung mit den moralischen und ethischen Zielsetzungen ihres Leitbildes sowie ihrer Stellung im demokratischen Verfassungs- und Rechtsstaat das dunkelste Kapitel ihrer Geschichte in den Jahren der nationalsozialistischen Gewaltherrschaft möglichst umfassend aufzuklären und zwar einschließlich – bislang weniger bedachter – NS-bedingter Privilegierungen,

in der historischen Erkenntnis, dass es an der Technischen Hochschule Hannover als Vorgängereinrichtung der Gottfried Wilhelm Leibniz Universität Hannover ab 1933, neben NS-bedingten Unrechtsakten mit Beeinträchtigungsfolgen aller Art, aufgrund der NS-Ideologie zu Bevorzugungen gekommen ist, die sich in Berufungen wie sonstigen Stellen- oder Titelvergaben niederschlugen und darüber hinaus in weiteren Handlungsprivilegierungen insofern, als universitärem Handeln von betont NS-geleiteten Hochschulangehörigen und -mitgliedern, sei es durch offenes Eingreifen, sei es verdeckt durch Denunziation, besondere Wirksamkeit zukam,

in Anerkennung dessen, dass die ab 1945 durchgeführten hochschulbezogenen Verfahren, die aufgrund besatzungsrechtlicher und besatzungshoheitlicher Anordnung einschließlich der sogenannten Entnazifizierungsverfahren stattgefunden haben, bereits eine Reihe von Fällen erfasst, jedoch schon wegen des anfangs üblichen Verzichts auf die Angabe schriftlicher Gründe keine volle Aufklärung bewirkt haben,

in dem Bewusstsein, dass sich die heutige Aufarbeitung aus Gründen kriegsbedingter und sonstiger Aktenverluste sowie der generell unvollständigen schriftlichen Dokumentation von Verwaltungsmaßnahmen zum Teil Schwierigkeiten gegenübersieht, die die Gewissheit hinsichtlich der abschließenden Ermittlung von Privilegierungen ausschließen,

im Wissen darum, dass es ab 1933 an der Technischen Hochschule Hannover nicht anders als bei sonstigen Stellenvergaben der öffentlichen Hand zu einer generellen Anpassung insofern kam, als es für sämtliche Berufungen und sonstige hochschulischen Anstellungen und Ehrungen unabdingbar war, nicht politisch unzuverlässig im Sinne der NS-Ideologie zu sein oder entsprechenden Verdacht zu erregen, *unter nachdrücklicher Betonung*, sich nicht über vorausgegangene Generationen moralisch erheben zu wollen, vielmehr zwischen weitgehender Duldung und kategorischer Verwerfung des damaligen Geschehens hindurch dazu beizutragen, nachweisbar NS-bewirkte, eindeutig rechtswidrige Privilegierungen aufzuweisen,

in der Hoffnung, dass diese Aufarbeitung, die verschiedenste Begünstigungsfälle konkret und namhaft macht, bleibende Mahnung wie Warnung vor politischer Verirrung und sach- wie fachfremden Hochschulentscheidungen sein und damit zur Wahrung universitärer Standards wie wissenschaftlicher Bildung im weitesten Sinne beitragen möge,

haben in den Sitzungen vom 17. Dezember 2014, vom 1. Juli 2015 und vom 19. Februar 2015 den nachstehenden Beschluss gefasst, der hiermit bekannt gegeben wird:

62   Die von 1933 bis 1945 an der Technischen Hochschule Hannover vorgenommenen, nachweisbar NS-bedingten Begünstigungen hinsichtlich des Erwerbs und der Nutzung akademischer Stellungen, Grade und Ehrungen sind als Unrechtsakte zu werten. Sie stehen und standen bereits bei ihrer Entstehung in klarem Widerspruch zu dem schon damals bekannten Grundsatz der Rechtsgleichheit und missachteten insbesondere die Maßgeblichkeit des Leistungsprinzips, indem sie selbst bei Berufungen von der mit der Wissenschaftsfreiheit verbundenen Qualitätsvorstellung personeller Bestenauswahl abgingen und damit die Grundlagen der überkommenen humanistisch-akademischen Hochschultradition verleugneten.
Die Gottfried Wilhelm Leibniz Universität Hannover stellt deshalb in der Nachfolge der Technischen Hochschule Hannover mit Nachdruck fest, dass sie sämtliche an dieser ab 1933 durch Hochschulorgane bewirkte NS-bedingte Privilegierungen verurteilt und als massives Unrecht wertet. Da sich die durch das damalige Unrecht bewirkten tatsächlichen Begünstigungsfolgen in Form von Lehrstuhlübernahmen, Anstellungen, Ehrungen und Ähnlichem nicht nachträglich rückgängig machen lassen, erscheint eine heutige Bewältigung durch Nichtigkeits-, Annulierungs- oder ähnliche Erklärungen als zu kurz greifend, zumal seinerzeitige Begünstigungen inzwischen praktisch sämtlich abgelaufen sind.
Angesichts dessen erklärt die Gottfried Wilhelm Leibniz Universität Hannover zunächst alle Fälle umfassend, dass für sie die damals Begünstigten durch ihre Verstrickung mit dem Nationalsozialismus so stark diskreditiert sind, dass sie keinen positiven Bestandteil hiesiger universitärer Traditionspflege bilden können. Weiter wird diese Distanzierung dadurch konkretisiert, dass jede Erwähnung eines der unvertretbar Begünstigten künftig in offiziellen biographischen oder sonst einschlägigen Publikationen der Leibniz Universität Hannover mit entsprechendem Hinweis bzw. Vermerk zu versehen ist, und zwar einschließlich der Erwähnung späte-

rer Entlassung aufgrund von NS-Verstrickung. Dazu werden die Begünstigten nachstehend aufgeführt, wobei sich die Universität hiermit zugleich verpflichtet, bei künftigem Auffinden weiterer Privilegierungsfälle die Namen der Begünstigten nachzutragen.

63 Ordentliche und außerordentliche Professoren
Bartels, Hans; Franzius, Otto; Frebold, Georg; Graubner, Gerhard; Hase, Rudolf; Kehr, Dietrich; Körner, Burchard; Matting, Alexander; Osenberg, Werner; Pfannmüller, Helmut; Rosemann, Walter; Sanden, Horst von; Schleicher, Ferdinand; Schlomka, Teodor; Schulz, Wilhelm; Schweigmann, Paul; Simons, Hanns; Vierling, Albert; Vierling, Oskar; Weißmann, Harry; Wickop, Walter

64 Wissenschaftliche Assistenten, Dozenten, Honorarprofessoren und Lehrbeauftragte
Albers, Henry; Arend, Walter; Banse, Ewald; Bieligk, Otto; Bruckhaus, Wilhelm; Graumann, Karl-Heinz; Haeussler, Herbert; Kummer, Alfred; Meyeren, Wilhelm von; Münter, Friedrich; Pillewizer, Wolfgang; Scher(r)er, Robert; Winter, Erich

65 Sonstige Hochschulbeamte, Angestellte und Arbeiter
Fouquet, Erika; Hoefer, Karl; Mei(y)er, Oskar

66 Ehrentitelverleihungen
Ehrendoktor: Farinacci, Roberto; Focke, Henrich
Ehrenbürger: Assbroicher, Heinz; Diels, Rudolf (zugleich Ehrensenator); Grastorf, Ernst Robert; Haltenhoff, Henricus; Hecker, Ewald (zugleich Ehrensenator); Knoche, Carl; Seifert, Richard; Stier, Erich; Thyssen-Bornemisza, Stefan von
Zu vier Fällen weiterer Verleihungen der Ehrenbürgerwürde, bei denen allerdings eine nur geringe NS-Verstrickung nachweisbar ist, wird auf Rz 180–183 verwiesen.

GRÜNDE

I. VERFAHRENSASPEKTE

67

Nachdem Senat, Präsidium und Hochschulrat der Leibniz Universität Hannover den ersten Berichtsteil der Arbeitsgruppe vom 16. Mai 2012 über NS-bedingte Beeinträchtigungen sowie den Nachtrag dazu vom 16. Oktober 2013 jeweils durch einhellige Zustimmung übernommen haben, geht es im hiermit vorgelegten zweiten und Schluss-Berichtsteil um die Herausarbeitung NS-bedingter Begünstigungen bzw. Privilegierungen an der TH Hannover. Dabei beruht diese mit Zustimmung des Präsidenten Prof. Dr.-Ing. Erich Barke (siehe Rz 15) erfolgte Nachreichung darauf, dass angesichts der Fülle bislang unaufgearbeiteten Materials und daraus resultierender Fälle wegen des dringenderen Handlungsbedarfs im Sinne einer Rehabilitierung bei NS-Beeinträchtigungen letztere vorrangig behandelt werden sollten. Nachdem dies durch den ersten Berichtsteil samt Nachtrag geschehen ist, wird nunmehr der abschließende Teil über NS-bedingte Privilegierungen an der TH Hannover vorgelegt.

Die Arbeitsgruppe hat diesen Teil von ihrer 7. Sitzung am 30. Oktober 2012 bis zum 27. November 2014 in insgesamt 25 Sitzungen auf Grundlage vielfach erstmals herangezogener Archivalien erstellt, und zwar zunächst in derselben Zusammensetzung wie in Rz 13 ausgewiesen, also entsprechend dem ursprünglichen Einsetzungsbeschluss des Senats vom 16. November 2011. Nachdem Herr Wäldner in der 15. Sitzung der Arbeitsgruppe am 18. Juni 2013 seine Mitgliedschaft niederlegte, wurden die zunächst als Gäste beteiligten Herren Dr. Jung und Nebelung gemäß Senatsbeschluss mit der 16. AG-Sitzung am 15. August 2013 in den Mitgliederkreis aufgenommen. Im Übrigen war das Mitglied Herr Prof. Dr. Perels von der 19. Sitzung am 30. Oktober 2013 an umständehalber an der Mitwirkung verhindert.

II. MATERIELLE MASSSTABSBILDUNG FÜR DIE ANNAHME NS-BEDINGTER BEGÜNSTIGUNGEN

A. Zur Aufgabenbewältigung[93]

1. Begünstigungskriterien

68 *a) Grundsätzliche Vorgaben zum Prüfungsmaßstab*
Zur Konkretisierung der Aufgabenstellung ist einleitend zu sagen, dass der Arbeitsgruppe auftragsgemäß die Aufarbeitung NS-bedingter Privilegierungen an der TH Hannover obliegt. Es kommt mithin darauf an, ob, wie es im Präsidentenschreiben vom 10. November 2010 (siehe Anlage 11) heißt und sowohl dominante Motivation wie sichere Beweisbarkeit meint, die Begünstigungen „eindeutig nationalsozialistisch begründet sind" oder ob andere Gründe dafür ausschlaggebend waren. Dabei lässt sich die Feststellung der Eindeutigkeit begrifflich noch verhältnismäßig unproblematisch und im Einklang mit der auch schon vor 1933 geführten juristischen Diskussion über gleichheitswidrige Privilegierungen dahin gehend erläutern, dass der NS-Bezug für die Stellen- bzw. Titelvergabe entscheidend gewesen sein oder diese „maßgeblich wegen" dieses Bezuges geschehen sein bzw. das Übergewicht gehabt haben muss. Zwischen politischer Prägung und der Vergabe hat also, wie stets bewusst zu halten ist, ein bestimmter sogenannter Kausalnexus zu bestehen, der eine gewisse Zuspitzung bzw. Engführung bedeutet. Daraus folgen Anwendungs- und Ermittlungsschwierigkeiten in zweifacher Hinsicht.

69 Sie ergeben sich einmal daraus, dass die NS-Motivierung für die Vergabe nur sehr gelegentlich so klar ausgesprochen worden ist wie bei der Vorfeldbegünstigung im Falle Graumann (siehe Rz 121). Deshalb kam eine schlichte Anknüpfung an überlieferte, ausdrückliche NS-Bezüge in seinerzeitigen Dokumenten weithin nicht in Betracht. Die Entscheidungen der Arbeitsgruppe setzten vielmehr ausgreifendere und zeitaufwendige Recherchen voraus, um die materiellen Begründungszusammenhänge aufzudecken und zu überprüfen, wobei die Heranziehung von Akten des Archivs der TIB/Universitätsarchivs Hannover und auch von Entnazifizierungs- und Personalakten in anderen Archiven nur beispielhaft genannt sei. Die weitere Schwierigkeit, die die Arbeitsgruppe vor einen Lernprozess stellte, in dem es um nicht unerhebliche Justierungsfra-

---

93 Vgl. für das Folgende das nachstehende grundlegende Schrifttum: Horst Gerken (Hg.): Catalogus Professorum 1831–2006. Festschrift zum 175-jährigen Bestehen der Universität Hannover, Bd. 2, Hildesheim/Zürich/New York 2006; Jung: Voll Begeisterung; Herbert Mundhenke (Bearb.): Die Matrikel der Höheren Gewerbeschule, der Polytechnischen Schule und der Technischen Hochschule zu Hannover, 3 Bde., Hildesheim 1988/Hannover 1991/1992.

gen ging, ergab sich aus Folgendem: Angesichts des vorerwähnten Kausalnexus konnte es nicht ausreichen, rigoristisch auf NS-Bezüge oder -Beziehungen jedweder Art abzustellen, die sich im Rahmen der in Diktaturen gängigen und zum Überleben für nötig gehaltenen Anpassungen hielten. Wie oben gesagt, ging es vielmehr darum, die eindeutig nationalsozialistisch bedingte Vergabe darzutun. Dass es dabei zu zum Teil durchaus schwierigen Wertungen kommen musste, liegt auf der Hand.

70 Wendet man sich dem Problem der eindeutig NS-bedingten Begünstigung näher zu, so zeigt sich anhand der seinerzeitigen Praxis etwa bei Titelvergaben, dass der klarste Fall, nämlich das objektive Wissen wie subjektive Bewusstsein um die so begründete Begünstigung bei der Hochschule wie bei dem Begünstigten, kaum je in aller Vollständigkeit nachweisbar ist. Damit geht es heute in der Regel um Indizien, aufgrund derer sich die NS-Bedingtheit der Begünstigung ergibt. Dabei kann sich diese Bedingtheit einmal aus dem andauernden wissenschaftlichen oder hochschulbezogenen Wirken des Begünstigten ergeben. Sie kommt allerdings auch dann in Betracht, wenn dieses Wirken weder eigentlich hochschulbezogen noch zeitlich in unmittelbarem Zusammenhang mit dem Begünstigungsakt steht.
Letzteres hat jedenfalls dann zu gelten, wenn sich aufdrängt, dass dieser Hintergrund mit maßgeblich war bzw. nicht übersehen werden konnte oder mitgesehen werden musste, etwa bei früheren namhaften Gestapo-Aufbautätigkeiten (z. B. Diels, siehe Rz 142) oder sonstigen menschenrechtlichen Exorbitanzen (siehe dazu Rz 72). Anders gewendet ist die letztgenannte Variante eines Sichaufdrängens des schon damals Unübersehbaren dahin gehend zu verstehen, dass es von einer gewissen Belastungsschwelle an lebensfern und unerträglich erschiene, wenn solche Fakten bei der Begünstigung nicht mitberücksichtigt worden wären bzw. würden. Wer schließlich aber eine bewusste Begünstigung „auch wegen" solcher Fakten motivlich nicht sehen kann oder will, hat zu beachten, dass damals jedenfalls eine unmissverständliche Distanzierung von derartigen Gegebenheiten, im Sinne einer Begünstigung „obwohl", aus politischen Gründen ausschied. Um solche Aspekte klar hintanzusetzen, hätte man also seinerzeit von der Begünstigung in Gänze absehen müssen.

71 Hilfreich war dazu in entsprechender Weise insbesondere die sogenannte Radbruchsche Formel fruchtbar zu machen, die der deutsche Rechtsphilosoph und Rechtspolitiker Gustav Radbruch 1946 aufstellte. Sie lautet in Kurzform: „Extremes Unrecht ist kein Recht" und wurde von der Rechtsprechung übernommen.[94] Diese Formel rich-

---

94 Vgl. beispielsweise Entscheidungen des Bundesgerichtshofes in Zivilsachen, Bd. 3, Detmold u. a. 1951, S. 94–110, hier bes. 107, sowie zu rassistisch bedingten Ausbürgerungen Entscheidungen des Bundesverfassungsgerichts, Bd. 23, Tübingen 1968, S. 98–113, hier bes. S. 106, und zu Mauerschützen Entscheidungen des Bundesverfassungsgerichts, Bd. 95, Tübingen 1997, S. 96–143, hier bes. S. 128ff.

tet sich bis heute gegen Rechtfertigungsversuche von Taten unter Berufung auf rechtsförmige Gesetze und sonstige Akte einer menschenverachtenden Diktatur, zu denen es bekanntlich ab 1933 immer wieder gekommen ist. Hierbei begegnet die Formel zugleich dem möglichen Vorwurf fragwürdiger Rückwirkung mit Hinweisen auf das Naturrecht, den inzwischen ausgereifteren Kanon der Menschenrechte und grundsätzlichen rechtsstaatlichen Erwägungen. Dies ist ohne weiteres für die Arbeit der Arbeitsgruppe zu übernehmen. Und weiter noch lässt sich daran angelehnt im Sinne von „Extremes Unrecht ist kein hinnehmbares Verhalten" sprechen. Das heißt, gegenüber der eventuellen Behauptung mangelnden dominanten NS-Bezuges ist materiell von dessen Vorliegen ausgehen, wenn das seinerzeitige Verhalten den NS-Vorstellungen in unerträglicher Weise entsprochen hat.

72 *b) Ergänzende Entscheidungshilfen*
Zur Optimierung der hiesigen Maßstabsbildung, soll heißen einer verfeinernden Justierung der vorgenannten Entscheidungskriterien einschließlich der Konkretisierung des mit der Radbruchschen Formel anerkannten Exorbitant-Topos, seien weiter noch überkommene Regelungen ins Gedächtnis gerufen, die zur Bewältigung von NS-Unrecht bereits 1945/46 geschaffen und praktiziert worden sind. Ihre Berücksichtigung erscheint der Arbeitsgruppe nicht nur wegen daraus ableitbarer weiterer Kriterien zur Stabilisierung ihrer Maßstäbe wichtig, sondern auch deshalb, weil sie sich damit zugleich des Vorwurfs enthebt, zu abstrakt, ahistorisch oder gar lebensfremd zu arbeiten.

Damit seien einmal die „Richtlinien über die Befreiung der Betrieb [sic!] der privaten Wirtschaft von politisch untragbaren Personen" von August 1945 (siehe Anlage 12) erwähnt. Obwohl unmittelbar nur für die Wirtschaft geltend lassen sie sich auch vorliegend fruchtbar machen, weil sie eine beachtliche Differenzierung zeigen, etwa zwischen NS-Partei- und Nichtparteimitgliedern, dem stellenmäßigen Einfluss und der Intensität einschlägiger Betätigungen, das heißt dem nachweislichen NS-politischen Einsatz einer Person. In jedem Fall bleibt aber der Verweis auf die Umstände des Einzelfalls, die ent- oder belastend sein können.

Zusätzlich zu dieser „auf Wunsch der Militär-Regierung" (siehe Anlage 12) ergangenen Regelung galt es ebenfalls, insbesondere die Kontrollratsdirektive Nr. 38 vom 12. Oktober 1946 zur „Verhaftung und Bestrafung von Kriegsverbrechern, Nationalsozialisten und Militaristen und Internierung, Kontrolle und Überwachung von möglicherweise gefährlichen Deutschen" heranzuziehen.[95] Sie war Grundlage für die sogenann-

---

95 Amtsblatt des Kontrollrats in Deutschland, Nr. 11 vom 31. Oktober 1946, S. 184–211; daneben zu nennen ist noch die Direktive Nr. 24 vom 12. Januar 1946 zur „Entfernung von Nationalsozialisten und Personen, die den Bestrebungen der Alliierten feindlich gegenüberstehen, aus Ämtern und verantwortlichen Stellungen" in: Amtsblatt des Kontrollrats in Deutschland, Nr. 5 vom 31. März 1946, S. 98–115.

ten Entnazifizierungs-Ausschüsse, die im hiesigen britischen Besatzungsgebiet bis Ende der 1940er Jahre arbeiten sollten. Bekanntlich kam es damit zu weiterer inhaltlicher Differenzierung, indem auf einer ersten Stufe fallgruppenmäßig zwischen Hauptschuldigen, Belasteten, Minderbelasteten und Mitläufern einerseits und Entlasteten andererseits unterschieden wurde. Dies zeigt jedenfalls für das Feld der drei erstgenannten Gruppen Intensitätsabstufungen, die auch bei der Arbeit der Arbeitsgruppe beachtet worden sind. Dies geschieht in dem Sinne, dass eine NS-Bedingtheit der Begünstigung umso eher als indiziert anzusehen ist, als ein Begünstigter einer der beiden erstgenannten Gruppen unterfällt, ohne individuelle Entlastungsaspekte aufzuweisen. Überdies ist hervorzuheben, dass die Direktive unter der Gruppe der Belasteten schon seinerzeit dezidiert NS-bedingte Begünstigungen, sie spricht von „Nutznießern", behandelt (siehe Anlage 13, Abschnitt II, Artikel I, Nr. 2; Abschnitt II, Artikel III, lit. C. I und II; Anhang A, Abschnitt II, lit. M., Nr. 11 b). Für den Untersuchungsansatz gilt deshalb, dass er auch als zeitnah bestätigt gelten darf.

Weiterhin finden sich für die Arbeitsgruppe von besonderem Belang unter der Gruppe der Hauptbeschuldigten unter anderem diejenigen, die in der Gestapo, dem SD, der SS usw. für die NS-Gewaltherrschaft aktiv tätig waren (siehe Anlage 13, Abschnitt II, Artikel II, Nr. 7), und weiter – näher ausführend – alle höheren Amtsträger der NSDAP sowie ihrer Gliederungen und Verbände (siehe Anlage 13, Anhang A, Abschnitt I, lit. D–F), alle Wehrwirtschaftsführer, die seit dem 1. Januar 1942 ernannt worden waren (siehe Anlage 13, Anhang A, Abschnitt II, lit. M., Nr. 1), alle Personen, die NS-Gegner denunziert oder sonst zu ihrer Verhaftung beigetragen haben (siehe Anlage 13, Anhang A, Abschnitt II, lit. O, Nr. 2) sowie Rektoren der Universitäten und Hochschulen seit 1934, soweit sie Parteimitglied waren, und seit 1938 generell (siehe Anlage 13, Anhang A, Abschnitt II, lit. O, Nr. 4).

Und vorliegend ebenfalls von Belang werden der Gruppe der Belasteten etwa alle Amtsleiter des NSDStB und des NSDDB sowie alle Amtsträger der Deutschen Studentenschaft, des Reichsdozentenbundes und der Reichsdozentenschaft zugerechnet (siehe Anlage 13, Anhang A, Abschnitt II, lit. E, Nr. 7f, und lit. G, Nr. 5 b–d). Weiter als Minderbelastete gelten alle Wehrwirtschaftsführer, soweit nicht schon oben erwähnt (siehe Anlage 13, Anhang A, Abschnitt II, lit. M, Nr. 1), sowie Angestellte bedeutender industrieller und anderer Handelsbetriebe mit dem Titel Generaldirektor, Direktor, Präsident, Mitglied des Vorstands usw., und ebenfalls alle Personen mit der Befugnis zur Einstellung oder Entlassung des Personals (siehe Anlage 13, Anhang A, Abschnitt III, Nr. 18). Im Übrigen sei hinsichtlich weiterer Vorgaben auf die Wiedergabe der Kontrollratsdirektive in Anlage 13 dieses Berichts verwiesen.

73 Bleibt noch der Einwand hoher Parteilichkeit, da die vorgenannten beiden Regelungswerke durch die damalige Besatzungs- und Siegermacht vorgegeben seien. Sie hätten dabei jedenfalls insoweit überzogen, als sie noch kriegsbedingt in hohem Ma-

ße gegen jedwede deutsche Militärmacht gerichtet gewesen seien. Das lässt sich hinsichtlich der Erfassung von Wehrwirtschaftsführern und bedeutender Betriebe in Betracht ziehen, bei denen deshalb nach weiteren NS-relevanten Aspekten zu suchen war. Doch gilt dies nicht hinsichtlich der für die Arbeitsgruppe im Vordergrund stehenden dezidiert antinationalsozialistischen und namentlich menschenrechtlich abgestützten Positionen, die in der Direktive mehrfach zum Ausdruck kommen (siehe Anlage 13, z. B.: Abschnitt I, Nr. 5 j; Abschnitt II, Artikel II, Nr. 1–3 und 7–9; Artikel III, lit. A I, Nr. 2). Sie zeigen zugleich eine zutiefst moralische Verankerung, die nicht nur als von außen übergestülpt erscheint. Vielmehr ist das Zustandekommen der einschlägigen Regelungen angesichts ihrer sehr genauen Detaillierung ganz offensichtlich auch durch die leidvollen Erfahrungen deutscher NS-Kenner und -Gegner geprägt worden. Insofern vermögen sie vorliegend für die Annahme verwerflichen NS-Bezuges bei einer Begünstigung ein durchaus hilfreiches Indiz zu geben. Dies gilt hinsichtlich der in den vorgenannten Beispielen aufgezeigten Pauschalierungen umso mehr, als ihre tatbestandlich erkennbare Fixierung auf Inhaber von Leitungsämtern durchaus begrenzt und zugleich nicht starr ist, da stets Be- wie Entlastungsmöglichkeiten offengehalten sind und sich dies auch auf Nichtparteimitglieder erstreckt.

74   Es ist schließlich noch auf ein mögliches Missverständnis einzugehen, das im Folgenden auszuräumen ist. Die Feststellung einschlägiger NS-Privilegierungen mag man zugleich als generelle Belastung anderer etwa für deren Rechtsgefühl oder sonstige Rechtsstaatserwartungen ansehen. Es geht indessen um Privilegierungen im Einzelfall. Dabei würde es das Prüfsystem von Gleichheit und privilegierender Ungleichheit unbillig verkürzen, wenn man nicht – wie bei den Belastungen – auf konkrete Bevorzugungen abstellte. Auch wäre es falsch, neben der Annahme einer Normallage hinsichtlich des Verhältnisses von Beeinträchtigung und Privilegierung davon auszugehen, dass das eine stets und nur Kehrseite des anderen wäre. Vielmehr ist von einem trialistischen Modell auszugehen, bei dem Privilegierungen und Beeinträchtigungen je eigene Abweichungen von einer Normallage bedeuten, mit der auf einen Realstandard sozialer Üblichkeit abzustellen ist. Insofern gilt es nunmehr, mit besonderem Nachdruck auf die damalige Normallage aufmerksam zu machen, die allgemein ideologisch geprägt war, soll heißen: bei deutlicherem Gegenverhalten eine Hochschulkarriere verbaute. Das heißt, dass grundsätzlich alle Stellenvergaben zwischen 1933 und 1945 in gewisser Weise NS-privilegiert und die politischen Anteile bei den Berufungsvorschlägen damals nichts Besonderes waren.[96]

---

96   Vgl. Jung: Voll Begeisterung, S. 138.

GRÜNDE

75   ## 2. Zur „Normallage" des NS-Einflusses am Beispiel der Professorenschaft[97]

Immerhin wurden von 1933 bis 1945 30 Ordinarien an die TH Hannover neu berufen. Das nationalsozialistische Regime war natürlich bestrebt, geeigneten Nachwuchs in seinem Sinne auch in den Hochschulen zu installieren. Zu diesem Zweck wurde unter anderem eine reichseinheitliche Habilitationsordnung erlassen, die bis Februar 1939 zwar durch neue Erlasse ständig reduzierte, so jedoch für die Erteilung der Lehrbefugnis trotzdem entscheidende politische Anteile vorsah. Die Auswahl neuer Lehrender selbst blieb jedoch im Wesentlichen im Entscheidungsbereich der Hochschulen. Auch wenn die politischen Schulungen nicht immer auf größte Begeisterung gestoßen sein mögen, traf die Forderung nach der „richtigen" politischen Einstellung auch bei gestandenen Ordinarien der TH Hannover wie Neumann (Wärmemechanik und Verbrennungskraftmaschinen), Oesterlen (Technische Strömungslehre), Potthoff (Eisenbahnmaschinen) und Röder (Dampfkraftmaschinen und Kessel) – allesamt schon lange vor 1933 in Diensten der Hochschule – auf offene Ohren und ausführungswillige Geister: „Die innere Haltung, die Einstellung und freudige Bejahung des nationalsozialistischen Staates der zur Berufung vorgeschlagenen muss über jeden Zweifel erhaben […] sein",[98] so formulierten sie im September 1935 in einem Berufungsverfahren. Dieses Kriterium wurde von den vieren – zu diesem Zeitpunkt übrigens alle nicht NSDAP-Mitglieder – neben der wissenschaftlichen Ausbildung und langjähriger Praxiserfahrung als dasjenige „von der allergrößten Wichtigkeit"[99] bezeichnet.

76   So ist es nicht verwunderlich, dass von den 30 neu berufenen Lehrstuhlinhabern immerhin 22 der NSDAP angehörten, ein weiterer als Mitglied vorgemerkt war und zwei weitere Mitglieder des NSDDB waren, ohne Parteimitglied zu sein. Dies war eine Quote von nahezu 85 %, die dazu führte, dass an der Hochschule Ende 1944 unter allen beamteten Professoren immerhin ein Organisationsgrad von rund 77 % bestand, wobei die Fakultät für Bauwesen (Architektur und Bauingenieurwesen) mit 94 % die Spitzenstellung einnahm. Von den 30 zwischen 1933 und 1945 durchgeführten Berufungsverfahren waren lediglich drei innerhalb der Hochschule oder zwischen der Hochschule oder Teilen von ihr und dem Ministerium strittig. Also wurden 90 % aller Berufungen einvernehmlich durchgeführt.
Bei der Hälfte der davon heute noch rekonstruierbaren 28 Verfahren wurden Hinweise auf Tätigkeiten im Sinne des Nationalsozialismus als ausdrücklich positive Qualifi-

---

97 Bei Rz 75 und Rz 76 handelt es sich um eine Zusammenfassung von Ergebnissen der Kapitel 2 und 3 in Jung: Voll Begeisterung, S. 71–263.
98 Schreiben Potthoff, Oesterlen, Röder, Neumann an REM vom 10. September 1935, ATIB/UniA Hannover, Hann. 146 A, Acc. 63/81, Nr. 30; zit. nach Jung: Voll Begeisterung, S. 138.
99 Ebd.

kationsmerkmale in die Berufungsakten aufgenommen. Negative oder nicht so positive politische Einschätzungen führten zu Nichtberücksichtigung oder schlechterer Einstufung auf der Berufungsliste.

3. Folgerungen vorbehaltlich der besatzungsrechtlichen Entlassungen von 1945

Es hat danach aufgabenmäßig um darüber hinausgehende konkrete Begünstigungsfälle mit politischem Übergewicht zu gehen. Dabei machen die in Betracht kommenden Fälle deutlich, dass es gegenüber der bei den Beeinträchtigungen in unserem Erstbericht gegebenen Differenzierungstrias aus politischen, rassistischen und sonstigen Gründen bei den Begünstigungen per se um kaum trennbare politisch-rassistische Aspekte geht und nur ganz ausnahmsweise um sonstige Gründe, etwa bei der Berufung des Teilnehmers der Deutschen Nanga-Parbat-Expedition 1934, Richard Finsterwalder.[100]

In Anlehnung an die juristische Gleichheitsdiskussion zu Artikel 3 Grundgesetz ist für die Arbeitsgruppe die Vergleichspaarbildung entscheidend, das heißt die Frage der Privilegierung wem gegenüber. Zunächst negativ ansetzend erscheint es unseres Erachtens ausgeschlossen, unseren AG-Auftrag so zu verstehen, eventuelle Privilegierungen innerhalb eines Kreises von Vergleichspersonen festzustellen, die bei unterschiedlichen Intensitätsgraden (SS, SA, NSKK usw.) sämtlich NS-angehörig waren. Insofern waren die Berufungsfälle Matting,[101] Vierling[102] und Hoeltge[103] von uns nicht weiter zu untersuchen. Zu denken war aber an Eklatant- bzw. Exorbitantfälle wie den Berufungsfall Schlomka, der noch näher zu beleuchten sein wird.

Weiter wird im Folgenden bei den einzelnen Hochschulgruppen noch zu beachten sein, dass 1945 besatzungsrechtlich wegen besonderer NS-Verstrickung etliche beamtete Professoren, weiter Wissenschaftliche Assistenten, Dozenten und schließlich Hochschulbeamte sowie Angestellte und Arbeiter entlassen wurden. Dies ergibt sich auch aus einem Vermerk des Rektors der TH Hannover vom 28. Juli 1947,[104] der freilich keine Namen, sondern nur Entlassungszahlen angibt (siehe Anlage 14). Dabei ließen sich die ungenannten Namen der Betroffenen auch unter Heranziehung weiterer Akten nur noch hinsichtlich der Professorengruppe vollständig aufklären.

---

100 Vgl. Jung: Voll Begeisterung, S. 194–199.
101 Vgl. ebd., S. 144f.
102 Vgl. ebd., S. 162–170.
103 Vgl. ebd., S. 170–179.
104 NLA Hannover, Nds. 401, Acc. 112/83, Nr. 763.

B. Konkrete Begünstigungen und Sachverhaltsschilderungen

79 1. Beamtete ordentliche und außerordentliche Professoren

(Name mit Sternchen = 1945/46 aufgrund besatzungsrechtlicher Anordnung entlassen)

Bartels, Hans
Franzius, Otto
Frebold, Georg (AP)
Graubner, Gerhard *
Hase, Rudolf *
Kehr, Dietrich *
Körner, Burchard *
Matting, Alexander *
Osenberg, Werner *
Pfannmüller, Helmut *
Rosemann, Walter (AP) *

Sanden, Horst von
Schleicher, Ferdinand
Schlomka, Teodor (AP)
Schulz, Wilhelm *
Schweigmann, Paul (AP) *
Simons, Hanns
Vierling, Albert *
Vierling, Oskar (AP) *
Weißmann, Harry *
Wickop, Walter

Anmerkungen zu 1.

80 Näherhin ist zur Aufführung der vorgenannten Professoren zum einen zu sagen, dass sie, soweit mit Sternchen versehen, an deren besatzungsrechtliche Entlassung 1945/46 wegen hochgradiger NS-Verstrickung anknüpft. Die Aufstellung des Rektors der TH Hannover vom 28. Juli 1947 nennt zwar nur die Zahl von insgesamt zwölf Professoren, doch ergab sich eine weitere Entlassung aufgrund anderweitiger Aktenauswertung. Dabei ist zu diesen entlassenen Professoren im Hinblick auf die Beauftragung der Arbeitsgruppe durch den Senat vom 16. November 2011 (siehe Rz 13) noch Folgendes klarzustellen: Der Senatsbeschluss stellt in seinem 1. Unterpunkt auf NS-bedingte Verleihungen von Titeln ab, wozu fraglos auch die mit Professorentiteln verbundene Ämtervergabe (Lehrstuhl und Ähnliches) gehört. Demgemäß könnte es sich bei den besatzungsrechtlichen Entlassungen von 1945 bereits um frühe Sanktionen im Wege der Rückgängigmachung ungerechtfertigter Berufungen handeln und zwar ungeachtet dessen, dass es in fast allen Entlassungsfällen später zu Wiederberufungen oder -einstellungen kommen sollte.

Zum anderen ist zu sagen, dass es sich bei den verbleibenden sieben der insgesamt 20 aufgeführten Fälle ebenfalls um solche mit deutlicher NS-Verstrickung handelt, die jedoch vor 1945 verstorben sind (Franzius, Simons), an eine andere Hochschule wechselten (Schleicher, Schlomka) oder in ihrer Stellung besatzungsrechtlich unbehelligt blieben.

81 Da es zu den 13 Entlassungsanordnungen der britischen Militärregierung ohne jede Begründung kam, ist hierauf im Folgenden ebenso etwas näher einzugehen wie auf die vorgenannten weiteren sieben Fälle. So standen zwar z. B. Funktionsträger im Dozen-

tenbund wie Albert und Oskar Vierling, Kehr und Kummer (siehe Rz 123) darauf, nicht jedoch der Funktionär Frebold sowie der zeitweilige Dozentenführer Bruckhaus (zu den beiden Letztgenannten siehe Rz 84 und Rz 120). Nichtmitglieder der NSDAP fanden sich darauf nicht, auch wenn sie führende Funktionen in der Hochschule innegehabt und aktiv NS-Politik betrieben hatten, wie z. B. Hans Bartels. Auch wurde der ehemalige Rektor Matting entlassen, nicht jedoch von Sanden, der ab 1934 in gleicher Funktion tätig gewesen war.

Weiter ist vorab eine grundsätzliche Bemerkung zur Quellenlage zu machen, und zwar in zweifacher Richtung. So ist hinsichtlich der britischen Entlassungsanordnungen, die ohne schriftliche Begründung ergingen, davon auszugehen, dass sie 1945/46 neben der Auswertung des damals noch vorhandenen Aktenbestands auf mündlichen Hinweisen oder Befragungen unmittelbar Betroffener und Zeugen beruhten, das heißt auf seinerzeit frischesten Erkenntnissen, die inzwischen nur noch zum Teil greifbar sind. Dieser Befund galt trotz ihres intensiven Bemühens, hierzu Archivbestände wie Literatur zu nutzen, auch für die Arbeitsgruppe, deren nachstehend gegebene schriftliche Erläuterungen sich gewissermaßen auch als Rekonstruktionen der seinerzeitigen Entlassungsgründe lesen lassen. Dabei ließen die Recherchen nicht nur hervortreten, dass die Entscheidungskriterien der Besatzungsmacht im Wesentlichen die Kontrollratsdirektiven vorwegnahmen oder ihnen entsprachen, die bereits in der Einleitung näher behandelt worden sind. Vielmehr zeigten sie darüber hinaus, dass sich im Gros der Fälle trotz des angesprochenen Beweisschwunds auch heute noch genügend Material findet, um die damaligen besatzungsrechtlichen Entlassungen als begründet zu bezeichnen. Dies erlaubt weiter den Schluss, dass auch da, wo heute weniger zu finden ist, wie z. B. im Falle von Oskar Vierling (siehe Rz 100), von seinerzeit weiteren zwingenden Entlassungsgründen ausgegangen werden kann.

Die jetzigen Recherchen ergaben freilich auch umgekehrt, dass die heutige Quellenlage zum Teil besser ist als damals. Bedeutete doch das administrative Durcheinander der Zeit von 1945/46 bekanntlich auch, dass damals bestimmte Fälle unerkannt bleiben konnten, sei es aus Unkenntnis, sei es aus Beweisnot, die abgesehen von sogenannten Persilscheinen auch durch Beweisvernichtung oder -verdunkelung herbeiführbar war. Insofern waren von der Arbeitsgruppe neuere Aktenfunde, zwischenzeitlich erschienene Literatur und Berichte über NS-Aktivitäten außerhalb Hannovers zu berücksichtigen, weshalb es nachstehend über den Kreis der besatzungsrechtlich Entlassenen hinaus noch zur Ergänzung durch einige zusätzliche Fälle kam.

Im Übrigen waren die im Folgenden aufgeführten Personen, soweit nicht in Klammern anders angegeben, ordentliche Professoren. Zu ihnen finden sich erläuternde Biogramme im zuletzt zum 175-jährigen Bestehen der Universität Hannover 2006 erschienenen Catalogus Professorum, worauf nur generell verwiesen sei.[105] Entsprechend dem Untersuchungsauftrag war er, wie im Folgenden ersichtlich, weitgehend zu ergänzen.

82   **Bartels, Hans**

(Exemplarische Behandlung in Rz 109)

83   **Franzius, Otto**

(siehe dazu Rz 184)

84   **Frebold, Georg (AP)**

(1891–1948) 1930 außerordentlicher Professor, 1939 außerplanmäßiger Professor, Mitgliedschaften: NSDAP (1. Mai 1933, 2376258), NSDDB (1. Oktober 1933, 238043). Politische Funktionen bis Mai 1945: Leiter Amt für Organisation NSDDB TH Hannover (1940–1945). Sonstiges: arbeitete für das „Generalgouvernement" in Ostgalizien ab 1941.[106]

85   **Graubner, Gerhard ***

(1899–1970) Mitgliedschaften: NSDAP (1. September 1939, 7243289, Bürgschaft für Aufnahmeverfahren durch Düsseldorfer Gauleiter Florian), NSDDB (ab 1944), NSV (ab 1933), NSBDT (ab 1940). Politische Funktionen bis Mai 1945: Gaukulturrat Gau Südhannover-Braunschweig, Ratsherr der Stadt Hannover. Sonstiges: Bei der Berufung Graubners spielten offensichtlich Tätigkeiten eine Rolle, die seine Nähe zum Nationalsozialismus offenbarten: führende Beteiligung bei der Ausführung des Reichssportfeldes in Berlin, Verantwortlichkeit für „die Mehrzahl der Monumentalgebäude auf der Reichsgartenschau in Stuttgart 1939", „Arbeit zum Wettbewerb ‚Hochschulstadt Berlin'", Beauftragter des Gauleiters Florian „für die Umgestaltung der Stadt Düsseldorf" (Entwürfe für die geplanten Großbauten).[107]

---

105 Vgl. Gerken: Catalogus.
106 Vgl. Jung: Voll Begeisterung, S. 235, 247 und 291; C[urt] Dietz: Georg Frebold zum Gedenken, in: Walter Pieper (Hg.): 99. bis 101. Jahresbericht der Naturhistorischen Gesellschaft zu Hannover für die Jahre 1947/48 bis 1949/50, Hannover 1950, S. 5–8, und N. N.: Georg Frebold zum Gedenken, in: Gabriele Schwarz (Hg.): Hannover und Niedersachsen. Beiträge zur Landes- und Wirtschaftskunde. Festschrift zur Feier des 75jährigen Bestehens der Geographischen Gesellschaft zu Hannover. Jahrbuch der Geographischen Gesellschaft zu Hannover für das Jahr 1953, Hannover 1953, S. 20.
107 Vgl. Jung: Voll Begeisterung, S. 137, 232 und 257.

86   **Hase, Rudolf** *

(1888–1967) Mitgliedschaften: NSDAP (1. Mai 1933, 2955612), NSDDB (ab 1935), NSV (ab 1937), NSBDT. Politische Funktionen bis Mai 1945: NSDDB TH Hannover: Amt für Wissenschaft (1937–1945), Ratsherr der Stadt Gehrden (1943–1945). Sonstiges: dubioses Berufungsverfahren auf die ordentliche Professur für Technische Physik 1935, zeitweise Dekan der Fakultät für Maschinenwesen.[108]

87   **Kehr, Dietrich** *

(Exemplarische Behandlung in Rz 110)

88   **Körner, Burchard** *

(1886–1973) Mitgliedschaften: NSDAP (1. Mai 1933, 2641501), NSDDB (ab 1937), NSV (ab 1935), NSBDT (ab 1937), NS-Altherrenbund (ab 1937), RLB (ab 1936). Politische Funktionen bis Mai 1945: Kommissarischer Blockwart NSDAP (1934–1936), NSBDT-Schulungsobmann für Wasserwirtschaft (1937–1945). Sonstiges: zeitweise Dekan der Fakultät für Bauwesen, förderte die Berufung Kehrs ab 1937, Vertreter der Dozentenschaft im Senat (1940–1945), Mitarbeit in der „Kolonialwissenschaftlichen Abteilung" des Reichsforschungsrates (ab 1941), Vertrauensmann der Kriegsmarine an der TH Hannover (ab Februar 1943), von Juli bis Oktober 1945 interniert.[109]

89   **Matting, Alexander** *

(1897–1969) Mitgliedschaften: NSDAP (1. Mai 1933, 2781438), NSDDB (ab 1935), NSV (ab 1933), NSBDT (ab 1936), SKH (ab 1937), NS-Altherrenbund (ab 1940), RLB (ab 1934), NSFK (ab 1934), RKB (ab 1934). Politische Funktionen bis Mai 1945: NSDDB TH Hannover: Presseamt/Nachrichtenstelle (1937/38), Rektor (1940–1943), Hochschulringführer NS-Altherrenbund (1942–1945). Sonstiges: wurde 1935 auf den Lehrstuhl für Technologie berufen, obwohl er nur auf Platz 2 der Berufungsliste stand, an der Entlassung Flachsbarts 1937 in seiner Funktion als Prorektor beteiligt.[110]

---

108   Vgl. ebd., S. 153–157, 232, 247 und 257.
109   Vgl. ebd., S. 182, 233, 256, 261 und 318.
110   Vgl. ebd., S. 113, 145, 233, 247 und 261.

90 **Osenberg, Werner ***

(Exemplarische Behandlung in Rz 111)

91 **Pfannmüller, Helmut ***

(1902–1977) Mitgliedschaften: NSDAP (28. Oktober 1932/1. Februar 1933, 1441218), NSDDB (ab 1934). Politische Funktionen bis Mai 1945: Gaudozentenführer Gau Südhannover-Braunschweig (ab August 1943) und damit Mitglied der Gauleitung der NSDAP, NSDDB TH Hannover: Presseamt/Nachrichtenstelle (1938/39), Dozentenführer TH Hannover (1939–1943), Rektor (1943–1945), Weltanschaulicher Referent der SA. Sonstiges: Bei seiner Berufung auf den Lehrstuhl für Statik und Eisenbau spielten politische Gründe eine Rolle.[111]

92 **Rosemann, Walter (AP) ***

(1899–1971) Mitgliedschaften: NSDAP (1. Mai 1933, 2147328), NSDDB (ab November 1933), SA (November 1933–Juni 1935), NSV (ab 1935), NSFK (ab 1933), RLB (ab 1936). Politische Funktionen bis Mai 1945: stellvertretender Dozentenführer NSDDB (1934/35), Dozentenführer NSDDB (1935/36). Sonstiges: setzte sich vehement für die Berufung Schlomkas auf den außerordentlichen Lehrstuhl für Theoretische Physik 1935 ein.[112]

93 **Sanden, Horst von**

(1883–1965) Mitgliedschaften: NSDAP (1. Mai 1933, 2957023), NSDDB. Politische Funktionen bis Mai 1945: Rektor (1934–1937). Sonstiges: In seiner Amtszeit begann die Verdrängung Günter Schiemanns aus der TH Hannover.[113]

94 **Schleicher, Ferdinand**

(1900–1957) Mitgliedschaften: NSDAP (1. Mai 1933, 2020255), NSDDB (1. Januar 1934, 282368). Politische Funktionen bis Mai 1945: Mitglied der NSBO-Betriebsleitung der Firma M.A.N. (1927–1933). Sonstiges: profitierte von der Vertreibung Hugo Kulkas von der TH Hannover, indem er den für diesen vorgesehenen Lehrstuhl übernehmen konnte; beteiligt an der Entfernung von Otto Flachsbart aus der TH Hannover 1937.[114]

---

111 Vgl. ebd., S. 136, 233, 247 und 261.
112 Vgl. ebd., S. 156, 234 und 247.
113 Vgl. ebd., S. 233.
114 Vgl. ebd., S. 233 und 261.

II. Materielle Maßstabsbildung für die Annahme NS-bedingter Begünstigungen

95 **Schlomka, Teodor**

(Exemplarische Behandlung in Rz 112)

96 **Schulz, Wilhelm** *

(1902–?) Mitgliedschaften: NSDAP (1932, 1311906), NSDDB, SA (ab 1933), Förderndes Mitglied der SS (1932–1936). Politische Funktionen bis Mai 1945: NSDDB TH Hannover: Presseamt/Nachrichtenstelle (1942–1945), NSBDT-Schulungswart, SA-Schulungsleiter, Stadtrat in Frankenthal, Kreisreferent im Amt „Schönheit der Arbeit" der DAF. Sonstiges: Die Nennung von Schulz an erster Stelle auf dem Berufungsvorschlag für den Lehrstuhl für Technische Strömungslehre 1939 und die darauf erfolgte Berufung geschah vor allem aus politischen Gründen.[115]

97 **Schweigmann, Paul (AP)** *

(1894–1969) Mitgliedschaften: NSDAP (1. April 1933, 1675805; laut einer Liste des NSDStB vom Februar 1933 war er jedoch schon zu diesem Zeitpunkt Mitglied), NSDDB, SA (ab 1933). Politische Funktionen bis Mai 1945: stellvertretender Dozentenführer NSDDB (1937–1945). Sonstiges: denunzierte Otto Geissler beim Rektorat der TH Hannover wegen angeblicher antinationaler Äußerungen, setzte sich bereits 1932 gegen eine mögliche Berufung des wegen jüdischer Herkunft umstrittenen Hugo Kulka ein.[116]

98 **Simons, Hanns**

(1900–1939) Mitgliedschaften: NSDAP (1. März 1932, 952677), NSDDB. Politische Funktionen bis Mai 1945: amtierte bereits kurz nach seiner Berufung 1935 als Prorektor, Rektor (1937–1939), „ständig Amtsleiter" der NSDAP, Schulungsredner der NSDAP im Kreis Cosel. Sonstiges: war führend beteiligt an der Entfernung Schiemanns und Flachsbarts aus der TH Hannover, betrieb die Einführung des Langemarck-Studiums an der TH Hannover.[117]

99 **Vierling, Albert** *

(1899–1989) Mitgliedschaften: NSDAP (1. Mai 1933, 2377186), NSDDB. Politische Funktionen bis Mai 1945: Dozentenführer NSDDB (1937–1939), SA-Scharführer,

---

115 Vgl. ebd., S. 137f., 234, 247 und 261.
116 Vgl. ebd., S. 90, 95, 118, 236 und 247.
117 Vgl. ebd., S. 234 und 261.

Filmwart bei der NSDAP-Kreisleitung Clausthal-Zellerfeld. Sonstiges: Bei seiner Berufung auf den Lehrstuhl für Fördertechnik 1935 spielten politische Gründe eine nicht unerhebliche Rolle; war verantwortlich für die Ablehnung des Umhabilitierungsantrags von Willi Krug, war trotz seiner politischen Belastung später Rektor der TH Hannover (1963/64).[118]

100 **Vierling, Oskar (PD/D)** *

(1904–1986) Mitgliedschaften: NSDAP (1. Mai 1933, 3054603), NSDDB (ab 1935), SS (185349, Dienstgrad nicht feststellbar).[119]

101 **Weißmann, Harry** *

(1903–1977) Mitgliedschaften: NSDAP (1. Dezember 1932, 1498973), NSDDB (ab 1937), NSBDT (ab 1936), NSV (ab 1936), NS-Opfergemeinschaft (1. Oktober 1931). Politische Funktionen bis Mai 1945: Kreishauptstellenleiter im Personalamt der NSDAP (Berlin), Geländesportleiter der Dozentenschaft (Berlin).[120]

102 **Wickop, Walter**

(1890–1957) Mitgliedschaften: NSDAP (1. April 1933, 3168310), NSDDB, NSBDT. Politische Funktionen bis Mai 1945: agierte ab Beginn des Zweiten Weltkriegs als Vertrauensarchitekt des Reichsführers-SS Heinrich Himmler (Reichskommissar für die Festigung des deutschen Volkstums) und war mit Dorfplanungen im Warthegau beschäftigt, wo Juden und Polen zugunsten Volksdeutscher vertrieben worden waren.[121]

103 Im Gegensatz zu den gleich noch exemplarisch ausführlicher behandelten Fällen Bartels, Kehr, Osenberg und Schlomka lässt sich indessen heute nicht mehr mit hinreichender Gewissheit sagen, dass bei den Berufungen der damals besatzungsrechtlich Entlassenen eindeutig NS-Faktoren den Ausschlag gegeben haben. Zwar spricht dafür bis auf die Fälle Hase und Matting etliches, doch erlaubt es die heute noch greifbare Aktenlage nicht, eine gesicherte und eindeutige Aussage zu treffen. Trotz nicht unerheblicher Verdachtsmomente in weiteren Berufungsfällen[122] hatte deshalb eine Aufführung entsprechender Namen zu unterbleiben.

---

118 Vgl. ebd., S. 141, 162–170, 234, 247 und 261.
119 Vgl. ebd., S. 237.
120 Vgl. ebd., S. 234 und 262.
121 Vgl. ebd., S. 234 und 290.
122 Richard Finsterwalder, Werner Fischer, Uvo Hölscher, Albert Hoeltge, Friedrich Mölbert.

104 Obwohl also heute nicht mehr hinsichtlich aller oben Aufgeführten eine NS-bedingte Begünstigung bei der Berufung nachgewiesen werden kann, ist die besatzungsrechtliche Entlassung, zu der es 1945 noch unter frischesten Zeugenaussagen und sonstigen Beweisen gekommen ist, richtigerweise als handlungsorientiert zu verstehen. Das heißt, sie hat solche Personen betroffen, die jedenfalls nach ihrer Berufung bis 1945 führende NS-Aktivisten innerhalb der Hochschule gewesen sind und in dieser Eigenschaft ohne weiteres als handlungsprivilegiert angesehen werden können, wobei an deren Einflussnahme durch Fürsprache, offene Kritik wie verdeckte Hinweise (Denunziation) zu denken ist. Insofern gehören ihre Namen hier mitberücksichtigt.

105 Dies gilt übrigens auch im Hinblick auf den zweiten Unterpunkt des beauftragenden Senatsbeschlusses, wonach die Arbeitsgruppe ihre Aufmerksamkeit auch der Vermeidung des Fortbestehens ungerechtfertigter Maßnahmen schenken soll. Wird doch die entsprechende besatzungsrechtliche Entlassung zu erwähnen auch im letzten offiziellen Catalogus Professorum von 2006 unterlassen, was bei entsprechenden Editionen künftig behoben werden sollte.

106 Schließlich sollten einige besonders kritische Fälle herausgehoben werden, wobei nur der erste zu den schon seinerzeit umstrittenen Verfahren gehörte:
1. Die Besetzung des zu einer außerordentlichen Professur herabgestuften Lehrstuhls für Theoretische Physik mit dem fachlich nicht ausreichend qualifizierten Geophysiker Teodor Schlomka.
2. Die Berufung Werner Osenbergs auf den Lehrstuhl für Werkzeugmaschinen, obwohl er nicht über ausreichende Qualifikationen verfügte und auf der Berufungsliste nur ergänzend erwähnt war.
3. Der Vorgang der Schaffung und Besetzung des Lehrstuhls für Siedlungswasserwirtschaft mit Dietrich Kehr.
4. Die Einsetzung von Hans Bartels auf den Lehrstuhl für Experimentalphysik und seine nachfolgende Karriere.

107 Bei allen zwischen 1933 und 1945 erfolgten Berufungen muss grundsätzlich von Begünstigungen in der Hinsicht ausgegangen werden, dass Berufungen nur bei mindestens systemkonformem Verhalten vorgenommen worden sind. Bewerber mit nonkonformistischem Verhalten oder einer nicht NS-genehmen Lebensgeschichte hatten keinerlei Chance auf einen Lehrstuhl. Damit ist jedoch nicht gesagt, dass die Berufenen nicht auch fachlich qualifiziert gewesen sind.

108 Diese Berufungen sind heute nicht mehr rückgängig zu machen. Eine nachträgliche Aberkennung ist nicht möglich (Näheres dazu in Rz 190). Zu betonen ist jedoch nochmals, wie bereits in der Präambel des obigen Beschlusses (siehe Rz 61), dass alle Berufungen zwischen 1933 und 1945 unter dem Vorbehalt stehen, ganz wesentlich auch

nach politischen Qualifikationen vorgenommen worden zu sein und damit nicht allgemein gültigen wissenschaftlichen Standards entsprochen zu haben.

109   **Exemplarisch: Hans Bartels**

(1892–1965) Mitgliedschaften: NSDDB (1. Juli 1934, 295930). Politische Funktionen bis Mai 1945: Dekan der Fakultät für allgemeine Wissenschaften, insbesondere für Mathematik und Naturwissenschaften (ab Mai 1935).
Hans Bartels wurde zum 1. Januar 1935 durch das REM mit der Vertretung der durch den Weggang von Erwin Fues verwaisten Professur für Theoretische Physik beauftragt. Dies erfolgte gegen den Willen der Hochschule. Auf Vorschlag des zuständigen Dekans und mit Zustimmung der Hochschule wurde er jedoch in kürzester Zeit zum 1. April 1935 auf den Lehrstuhl für Experimentalphysik berufen, obwohl er nicht auf der ursprünglichen Vorschlagsliste der Fakultät gestanden hatte. Nur einen Monat nach Amtsantritt – im Mai 1935 – amtierte er bereits als Dekan der Fakultät für allgemeine Wissenschaften. Obwohl er nicht Mitglied der NSDAP war, hatte man ihm seitens des REM offensichtlich die Aufgabe zugedacht, die Nazifizierung der Hochschule voranzutreiben. Jedenfalls erfüllte er diese zumindest in dem bereits erwähnten Fall des Berufungsverfahrens für die außerordentliche Professur für Theoretische Physik (Schlomka) und 1937 in einem weiteren für Volkswirtschaftslehre. Für die letztere Professur versuchte er mit Vehemenz und mit Unterstützung bedeutender Teile der Hochschule entgegen aller wissenschaftlichen Gepflogenheiten einen „alten Kämpfer" der NSDAP durchzusetzen, der über keinerlei wissenschaftliche Qualifikationen für das Amt verfügte.[123]

110   **Exemplarisch: Dietrich Kehr ***

(1901–1979) Mitgliedschaften: SPD (ca. 1931/32); NSDAP (1. April 1933, 1754846, Juni 1934 ausgeschlossen, Wiedereintritt 25. Februar 1936), NSDDB, SA (November 1933–August 1935), NSV, NSBDT, NS-Altherrenbund, SKH, DAF, RLB. Politische Funktionen bis Mai 1945: NSDDB TH Hannover: Presseamt/Nachrichtenstelle (1940–1942), Dozentenführer (ab August 1943), NSDAP-Blockleiter (September 1935–Oktober 1936), NSDAP-Ortsgruppenhauptstellenleiter (August 1938–April 1943), Leiter Gauhaus der Technik (Hannover), Kommissar für alle Fragen der Wasserversorgung Gau Südhannover-Braunschweig. Sonstiges: arbeitete im Krieg unter anderem für die Generaldirektion der Ostbahn in Krakau, arbeitete mit am „Sauckel-Programm" (Zwangsarbeiter- und Kriegsgefangenenlager).

---

123   Vgl. Jung: Voll Begeisterung, S. 146–162, 170–179 und 232.

Kehr wurde mit Wirkung vom 1. April 1939 zum ordentlichen Professor für Siedlungswasserwirtschaft ernannt. Diese Ernennung beendete eine etwa fünfjährige Vakanz für das Fachgebiet Wasserwirtschaft an der TH Hannover, die mit der vorzeitigen Emeritierung Otto Geisslers 1934 begonnen hatte, bei der auch politische Beweggründe eine gewisse Rolle spielten. Kehr war vor der Machtergreifung „von etwa Sommer 1931 bis etwa Frühjahr 1932" Mitglied der SPD. Nach 1933 jedoch stürzte er sich vehement in die Arbeit der NSDAP und schaffte es immerhin schon bis 1938, in die Leitung einer Ortsgruppe aufzusteigen. Betrieb er zunächst ein Ingenieurbüro in Hannover, so wurde er ab 1936 auch im Lehrbetrieb der Hochschule aktiv. Zunächst nahm er Lehraufträge in der Wasserwirtschaft wahr, später dann profitierte er von der Entlassung Otto Flachsbarts aus der Hochschule, indem er den Bereich Strömungsmechanik übernehmen konnte. Ab Ende 1937 bemühte sich die Hochschule, den Lehrstuhl von Geissler, der inzwischen in eine andere Fakultät umgewidmet worden war, wieder einzurichten mit dem ausdrücklichen Wunsch, Kehr damit zu betrauen. Nach Aussage des damaligen Dekans Gaede vom Juli 1945 spielten dabei politische Gründe eine wichtige Rolle: Kehr habe danach versucht, „durch Ausnutzung persönlicher Beziehungen zu den maßgebenden nationalsozialistischen Persönlichkeiten der Hannoverschen Hochschule (Simons, Körner, Schleicher) durch betonte nationalsozialistische Einstellung und durch Berufung auf angeblich gebrachte finanzielle Opfer die hiesige Professur zu erlangen". Weiter formulierte Gaede: „Es kann wohl nicht bezweifelt werden, daß die Pg-Gruppe in der Fakultät 2 [für Bauwesen] ihren Einfluss durch seine Berufung steigern wollte." Auch wenn Dekan Gaedes Aussage im Laufe der Jahre nach 1945 durch seinen Nachfolger immer weiter relativiert wurde, bis kaum noch etwas davon übrig blieb, ist nachweisbar, dass Kehrs fachliche Qualifikationen nicht unumstritten waren und der parteipolitische Einfluss der Fakultät für Bauwesen durch die Berufung von Kehr tatsächlich erheblich gesteigert wurde: Seit 1940 übernahm er Funktionen im NSDDB, zum Sommersemester 1943 wurde er schließlich Dozentenführer der Hochschule und außerhalb übernahm er mehrere Führungsaufgaben im Organisationsgefüge der NSDAP.[124]

111 Exemplarisch: Werner Osenberg*

(1900–1974) Mitgliedschaften: NSDAP (1. Mai 1933, 2454811), NSDDB, SS (Juni 1933, 126329), SD (Gestapo) (ab 1936). Politische Funktionen bis Mai 1945: SS-Hauptscharführer, „zweiter Mann" in RSHA (Sektion IIIc [Wissenschaft]), Prorektor der TH Hannover (ab Mitte 1944) auf ausdrücklichen Wunsch des Gauleiters der NSDAP.

---

124 Vgl. ebd., S. 179–188, 233, 247, 261 und 291f.

Zum 1. April 1938 wurde Werner Osenberg mit der Wahrnehmung der Vertretung des Lehrstuhls und der Institutsleitung für Werkzeugmaschinen beauftragt, im Februar 1939 erfolgte seine endgültige Berufung. Eigentlich war das Berufungsverfahren bereits Anfang 1938 abgeschlossen und der Danziger Ordinarius Behrens auf den Lehrstuhl berufen worden. Er verstarb jedoch im Februar 1938, bevor er das Amt übernehmen konnte. Osenberg hatte sich zwar auch beworben, wurde auf der Berufungsliste jedoch nur mit dem Hinweis erwähnt, dass er „für ein Institut in Größe und Umfang des Schwerd'schen vorläufig wohl nicht in Frage kommen dürfte". Nur wenige Tage nach dem Tode von Behrens galt diese Einschätzung jedoch nicht mehr. In Gesprächen zwischen der Hochschulleitung und dem REM wurde die Berufung von Osenberg beschlossen. Dabei wurde der auf der ursprünglichen Berufungsliste Zweitplatzierte übergangen, obwohl er sowohl fachlich als auch politisch als äußerst qualifiziert galt. Osenberg wurde offensichtlich von der Parteiführung protegiert. Der zuständige Referent im REM, Nipper, unterrichtete die Hochschule unter anderem darüber, dass bei einer Berufung Osenbergs „mit einer Zustimmung Münchens [...] mit Sicherheit zu rechnen sei". „Zustimmung aus München" bedeutete das Plazet der Partei, des NS-Dozentenbundes. Es müssen deshalb Tatsachen vorgelegen haben, die die obligatorische Anfrage nach der politischen Zuverlässigkeit des Kandidaten in diesem Falle zu einer reinen Formsache machten. Osenberg war Mitglied der NSDAP, aber kein „Alter Kämpfer". Wie viele andere trat auch er erst am 1. Mai 1933 in die Partei ein. Wenn es nur darum gegangen wäre, hätte man auch den Zweitplatzierten berufen können. Osenberg hatte jedoch mehr als die bloße Mitgliedschaft in die Waagschale der politischen Qualifikation zu werfen, so dass Nipper davon ausgehen konnte, die Zustimmung der Partei auf jeden Fall zu erhalten. Osenberg war nicht nur Mitglied der Partei, sondern auch der SS, und zwar bereits seit Juni 1933. Ab April 1936 gehörte er außerdem zum SD, dem sogenannten Sicherheitsdienst der SS, und damit zum nationalsozialistischen Terror- und Einschüchterungsapparat. Demnach ist davon auszugehen, dass dieser Hintergrund für die Auswahl Osenbergs die Hauptrolle gespielt hat, da seine sonstigen wissenschaftlichen Qualifikationen für diese Position nicht ausgereicht hätten. Später unterhielt er ein Spitzelnetz über alle deutschen Forschungseinrichtungen hinweg, war Leiter des Planungsamtes des Reichsforschungsrates (ab Mitte 1943), versuchte eine Wehrforschungsgemeinschaft zu organisieren (1944) und war verantwortlich für den Einsatz von zahlreichen Zwangsarbeitern in seinem Institut spätestens seit 1942.[125]

---

125 Vgl. ebd., S. 188–194 [Berufung], 248–252 [Parteikarriere], 271–282 und 296–307 [Kriegsforschung] sowie 233 und 261.

112 Exemplarisch: Teodor Schlomka

(1901–1985) Mitgliedschaften: NSDAP (1. Mai 1933, 2956949), NSDDB, Marine-SA, NSV, RLB. Politische Funktionen bis Mai 1945: NSDDB TH Hannover: Presseamt/Nachrichtenstelle (1939).

Das bis 1934 von Erwin Fues (er ging in diesem Jahr nach Breslau) vertretene Ordinariat für Theoretische Physik wurde im Laufe der Wiederbesetzung in ein Extraordinariat umgewandelt. Die Fakultätsliste zur Wiederbesetzung umfasste Ende 1934 (für den ordentlichen Lehrstuhl) zunächst vier ausgewiesene theoretische Physiker (Fritz Sauter, Berlin; Walter Wessel, Jena; Ernst Stückelberg-von Breidenbach, Zürich; Werner Braunbeck, Stuttgart). Das Berufungsverfahren stockte jedoch und wurde ab Frühsommer 1935 fortgeführt für die nunmehr zum Extraordinariat herabgewürdigte Stelle. Der seit Mai amtierende Dekan Hans Bartels nahm Stückelberg-von Breidenbach von der Liste und führte einen neuen Namen ein – Teodor Schlomka, Greifswald –, den er aequo loco mit Sauter an die erste Stelle der Liste setzte. Schlomka erhielt den Lehrstuhl zum 1. Oktober 1935 und wechselte 1940 an die Deutsche Karls-Universität Prag. Sein Berufungsverfahren ist als äußerst ungewöhnlich anzusehen. Schlomka war von seinem wissenschaftlichen Werdegang her Geophysiker. Schon seine Qualifikation auf diesem Gebiet war nicht unumstritten. Was jedoch diejenige für Theoretische Physik betraf, war die Einschätzung sowohl der überwiegenden Mehrheit in der zuständigen Fakultät der Hochschule wie auch aller befragten Kapazitäten der Theoretischen Physik eindeutig: Schlomka galt als unqualifiziert. Werner Heisenberg, Max von Laue, Gustav Mie und Arnold Sommerfeld – die „Crème de la Crème" der damals noch verbliebenen deutschen theoretischen Physiker – äußerten sich in ausführlichen Gutachten teilweise vernichtend über seine Fähigkeiten auf dem Gebiet der Theoretischen Physik.

Dass Schlomka trotzdem das Extraordinariat erhielt, hing mit der besonderen Lage der Theoretischen Physik nach 1933 zusammen. Sie galt als „jüdisch" dominiert und wurde von der völkisch-irrationalistischen „Deutschen Physik" mit ihren Protagonisten Philipp Lenard und Johannes Stark bekämpft. Als aktives Mitglied der NSDAP brachte Schlomka die Voraussetzung mit, in diesem Sinne tätig zu werden. Zudem hatte er sich schon Mitte der zwanziger Jahre wenn nicht als theoretischer Physiker, so doch als Speerspitze gegen einen führenden Vertreter der Experimentalphysik einen Namen gemacht. Damals griff er in polemischer Form eine Arbeit des Danziger Ordinarius Carl Ramsauer an. Diese Kritik war wohl im Wesentlichen substanzlos, konnte aber nach 1933 als Angriff auf die „führenden Schulen" der Physik gewertet werden. Insofern stellt diese Berufung eine eindeutige Begünstigung aus politischen Gründen dar.[126]

---

126 Vgl. ebd., S. 155–161, 236 und 247.

GRÜNDE

113   2. Wissenschaftliche Assistenten, Dozenten, Honorarprofessoren,
       Lehrbeauftragte usw.

(Name mit Sternchen = 1945/46 aufgrund besatzungsrechtlicher Anordnung entlassen)
Albers, Henry
Arend, Walter *
Banse, Ewald *
Bieligk, Otto
Bruckhaus, Wilhelm
Graumann, Karl-Heinz *
Haeussler, Herbert *
Kummer, Alfred *
Meyeren, Wilhelm von
Münter, Friedrich *
Pillewizer, Wolfgang
Scher(r)er, Robert *
Winter, Erich (Studienrat) *

114   Fünf weitere Wissenschaftliche Assistenten etc. wurden aufgrund besatzungsrechtlicher Anordnung entlassen. Dabei handelte es sich um Friedrich Fun(c)k, Hanns-Heinz Gläser, Käthe Mittelhäuser, Paul Paschen und Ingeborg Richter. Für diese Personen konnten von der Arbeitsgruppe trotz intensiver Recherche in unterschiedlichen Archiven über die damaligen Entlassungen hinaus keine weiteren belastbaren Hinweise (z. B. Mitgliedschaft in der NSDAP, Tätigkeiten im Sinne des Nationalsozialismus, eventuelle Rücknahme der besatzungsrechtlich verfügten Entlassungen) ermittelt werden, die zu diesen Maßnahmen geführt haben könnten. Deshalb waren sie in die Liste der „Begünstigten" nicht aufzunehmen.
Fünf weitere nur zahlenmäßig belegte Entlassungsfälle ließen sich bislang nicht namentlich nachweisen. Allerdings gibt es aufgrund ihrer Funktion im NSDDB Hinweise darauf, dass es sich unter anderem um Henry Albers, Otto Bieligk und Wilhelm Bruckhaus gehandelt haben könnte.

115   *Anmerkungen zu 2.*
Im Gegensatz zur Professorengruppe erwies sich die Ermittlung näherer biographischer Daten zu den vorgenannten Fällen als deutlich schwieriger. Immerhin aber ließen sich zu einem Teil der vorstehend Aufgeführten nähere Angaben finden, die beispielhaft gebracht seien: So kann belegt werden, dass die besatzungsrechtlich bewirkten Entlassungen, die stets ohne Begründung erfolgten, nicht willkürlich geschahen. Informiert über welche Kanäle auch immer (Dokumente, Zeugenaussagen usw.) lassen sie vielmehr einen Wissensstand der Besatzungsmacht erkennen, bei dem auf hochgradige NS-Verstrickung (Parteifunktionen, aktives Diskriminierungshandeln, Denunziationen und Ähn-

liches) abgestellt wurde. Dabei spricht gegen Willkürlichkeit nicht zuletzt, dass man den Entlassenen stets das Rechtsmittel der Berufung einräumte, was im Übrigen auch verschiedentlich ergriffen wurde und bei der hiesigen Gruppe in einem von 16 sämtlich nicht namentlich genannten Fällen auch erfolgreich war (siehe Vermerk des Rektors der TH Hannover vom 28. Juli 1947, Anlage 14). Im Übrigen ist auch hier, wie bei der vorgenannten Professorengruppe (siehe Rz 81), so weit wie möglich auf den Catalogus Professorum von 2006 Bezug genommen und in Ergänzung dazu gearbeitet worden.

116   **Albers, Henry (PD/D)**

(1904–1987) Mitgliedschaften: NSDAP (1. Mai 1933, 3041837), NSDDB (1. April 1937, 350990). Politische Funktionen bis Mai 1945: stellvertretender Dozentenführer NSDDB (Wintersemester 1936/37). Sonstiges: Bei seiner Anstellung als Oberassistent (Chemie, Nachfolge Schiemann) 1935 spielten politische Gründe die letztlich entscheidende Rolle, 1942 Professor an der TH Danzig, nach 1945 zuletzt Professor an der Universität Mainz.[127]

117   **Arend, Walter ***

(1897–?) Mitgliedschaften: NSDAP (1. Mai 1933, 2956184).[128]

118   **Banse, Ewald (HP) ***

(1883–1953) Mitgliedschaften: NSDAP (1. Februar 1933, 1475980; laut eigener Auskunft Eintrittsdatum bereits 16. Oktober 1932; die Mitgliedsnummer macht das plausibel), NSDDB (1. November 1932, 10088). Sonstiges: wurde auf ministerielle Anordnung eine Honorarprofessur übertragen mit einem Forschungsauftrag für Politische Geographie, jedoch ohne Lehrbefugnis; Banse war zuvor auf Betreiben des Reichspropagandaministers von der TH Braunschweig wegen allzu eifriger Betätigung für den Nationalsozialismus mit außenpolitischen Verwicklungen entlassen worden.[129]

119   **Bieligk, Otto (PD/D)**

(1897–1964) Mitgliedschaften: NSDAP (1. Mai 1937, 4060981), NSDDB (1. Oktober 1933, 199035). Politische Funktionen bis Mai 1945: Leiter Amt für Nachwuchs-

---

127   ATIB/UniA Hannover, Hann. 146 A, Acc. 88/81, Nr. 3, Besetzungsvorgang. Vgl. Jung: Voll Begeisterung, S. 235.
128   BA Berlin, NSDAP-Kartei.
129   Vgl. Jung: Voll Begeisterung, S. 60 und 235.

förderung NSDDB TH Hannover (Sommersemester 1938–Wintersemester 1942/43). Nach 1945 zuletzt Professor an der TH Braunschweig.[130]

120   **Bruckhaus, Wilhelm (OA/LB)**

(1897–?) Mitgliedschaften: NSDAP (1. Mai 1933, 2956598), NSDDB (wahrscheinlich, da Funktionsträger). Politische Funktionen bis Mai 1945: Dozentenführer NSDDB (Wintersemester 1934/35 und Wintersemester 1936/37), stellvertretender Dozentenführer NSDDB (Wintersemester 1935/36).[131]

121   **Graumann, Karl-Heinz (WA) ***

(1908–1995) Wissenschaftlicher Assistent (1. August 1936–30. September 1941), Studienrat (Wissenschaftlicher Assistent) (1. Oktober 1941–29. Januar 1946) am Hochschulinstitut für Leibesübungen. Mitgliedschaften: NSDAP (18. August 1931 Aufnahmeantrag gestellt, aber nicht ausgeführt „aus finanziellen Gründen"; wurde seit April 1933 „als Mitglied in den Listen geführt", offiziell Mitglied seit 1. Mai 1937, 4494591), SA (März 1931, aktives Mitglied), NSLB (August 1936), RLB (September 1937), DAF, NSFK (Juli 1933, aktives Mitglied, Führer eines Sturms), NSV (Januar 1938). Sonstiges: Juli 1933 1. Staatsexamen Lehramt an Gymnasien (Noten: gesamt „genügend", Deutsch „genügend", Geschichte „genügend", Leibesübungen „gut"), wurde wegen seiner NS-Betätigung 1933 bevorzugt in den Vorbereitungsdienst für das Lehramt an Gymnasien eingestellt, da er aufgrund der Abschlussnoten ansonsten zumindest Wartezeiten hätte in Kauf nehmen müssen, Abschluss 2. Staatsexamen identisch mit 1. Staatsexamen (trotzdem unverzügliche Einstellung in den Schuldienst und Assistentenverhältnis an der TH Hannover), wurde 1937 von der Nationalpolitischen Erziehungsanstalt (NPEA, auch: Napola) Berlin-Spandau als hauptamtlicher Lehrer für Leibesübungen angefragt (Graumann war grundsätzlich bereit, das Angebot anzunehmen, die Einstellung kam jedoch aus unbekannten Gründen letztlich nicht zustande), beteiligt an der Durchführung des Langemarck-Studiums, am 29. Januar 1946 auf Anordnung der britischen Militärregierung entlassen, nach revidiertem Entnazifizierungsbescheid Wiedereinstellung 1949, ab Ende 1949 Leiter des Hochschulinstituts für Leibesübungen, 1973 erster Lehrstuhlinhaber für Sportwissenschaft der TU Hannover.[132]

---

130   Vgl. ebd., S. 235 und 247.
131   BA Berlin, NSDAP-Kartei. Vgl. Jung: Voll Begeisterung, S. 247.
132   ATIB/UniA Hannover, Best. 5, Nr. 265 I–IV.

122 **Haeussler, Herbert (PD/D) ***

(1908–1972) Mitgliedschaften: NSDAP (1. Mai 1937, 4137103), SS (ab 1933, 179564). Politische Funktionen bis Mai 1945: SS-Schulungsleiter im RuSHA, SS-Untersturmführer (ab 30. Januar 1943). Sonstiges: Auszeichnungen: SS-Zivilabzeichen, Winkelträger (90161), SS-Julleuchter.[133]

123 **Kummer, Alfred (Diplom-Ingenieur) ***

(1908–?) Mitgliedschaften: NSDAP (aufgrund seiner Funktionen anzunehmen), NSDDB (Funktionsträger). Politische Funktionen bis Mai 1945: verwaltete die Kasse des NSDDB an der TH Hannover (1942–1945) sowie die der Gaudozentenführung Südhannover-Braunschweig (ab Dezember 1942).[134]

124 **Meyeren, Wilhelm von (PD/D)**

(1905–1983) Mitgliedschaften: NSDAP (1. August 1931, 615576), NSDDB. Politische Funktionen bis Mai 1945: Leiter Amt für Studenten NSDDB TH Hannover (1937–1942). Sonstiges: ab 1942 außerordentlicher Professor an der Deutschen Karls-Universität in Prag.[135]

125 **Münter, Friedrich (HP) ***

(1878–1963) Dr. med., Oberregierungsmedizinalrat, Lehrauftrag (1920), Honorarprofessor für Leibesübungen und Erste Hilfe bei Unglücksfällen (1932). Mitgliedschaften: NSDAP (24. Juni 1925, 8540), NSDDB.[136]

126 **Pillewizer, Wolfgang (PD/D)**

(1911–1999) Mitgliedschaften: NSDAP (21. Januar 1932, 781925; Graz/Österreich), NSDDB. Politische Funktionen bis Mai 1945: Truppführer der Grazer SA (1932–1937). Sonstiges: im Krieg kartographische Tätigkeiten unter anderem auf dem Balkan.[137]

---

[133] Vgl. Jung: Voll Begeisterung, S. 261.
[134] BA Berlin, BDC, personenbezogener Bestand. Vgl. Jung: Voll Begeisterung, S. 247.
[135] Vgl. Jung: Voll Begeisterung, S. 236 und 247.
[136] Standesamt Hannover II, Nr. 37/1963. Vgl. Jung: Voll Begeisterung, S. 236; Kürschners Deutscher Gelehrtenkalender 1940/1941, Bd. 2, Berlin 1941, Sp. 243.
[137] Vgl. Jung: Voll Begeisterung, S. 236 und 322.

127 **Scher(r)er, Robert** *

(1900–?) Dr.-Ing., Lehrbeauftragter, vor 1945 Vorstandsmitglied der Deutschen Edelstahlwerke. Mitgliedschaften: NSDAP (seit März 1933). Sonstiges: mindestens ab 1942 im Auftrag Speers und Görings Leitung von „Sonderausschüssen" („Panzerentwicklung", „Flugzeugpanzerung"), eines „Sonderrings" („Legierte Werkstoffe") und von Arbeitsgruppen („Panzerqualität und Schweißverfahren", „Panzerstähle"); Entlassung durch die britische Militärregierung (16. Mai 1946).[138]

128 **Winter, Erich (WA)** *

(1904–?) Wissenschaftlicher Assistent am Hochschulinstitut für Leibesübungen (ab 1. März 1940/April 1941), Studienassessor, Dr., Studienrat (ab August 1941). Mitgliedschaften: SA (ab 1933), NSDAP (1. Mai 1937, 4191015). Sonstiges: war seit spätestens 1941 an der Durchführung des Langemarck-Studiums mit sechs bis zwölf Wochenstunden beteiligt.[139]

129 ## 3. Studierende

In dieser Rubrik lassen sich etliche Fälle denken, wie unter anderem notenmäßige Begünstigungen oder Examenserleichterungen für Studierende, die selbst oder deren Eltern wichtigere NS-Funktionen innehatten. Indessen waren solche Fälle bislang nicht konkret nachweisbar. Ausführlicher ist auf die seit 1938 bestehende Öffnung des Studiums für Nichtabiturienten, und zwar in der bislang nicht aufgearbeiteten und deshalb hier deutlicher darzustellenden Variante des sogenannten Langemarck-Studiums einzugehen. Dabei kommt es zu einer entsprechenden Öffnung zunächst noch ganz allgemein durch Erlass des Reichserziehungsministers vom 8. August 1938[140] und seinen Ergänzungserlass vom 29. April 1939 (siehe Anlage 15), der auch für die Technischen Hochschulen galt. Als Unterfall dieser Öffnung ist das sogenannte Langemarck-Studium demgegenüber klar NS-privilegierend.

Dieses Studium war im November 1938 zunächst nur durch intern veröffentlichten Erlass (siehe Anlage 16)[141] eingeführt worden und nach einer bekannten Schlacht im

---

[138] ATIB/UniA Hannover, Best. 5, Nr. 2514, und Nds. 423, Acc. 11/85, Nr. 25.
[139] ATIB/UniA Hannover, Hann. 146 A, Acc. 4/85, Nr. 689 I–II.
[140] Deutsche Wissenschaft, Erziehung und Volksbildung. Amtsblatt des Reichsministeriums für Wissenschaft, Erziehung und Volksbildung und der Unterrichtsverwaltungen der Länder 4/1938, Amtlicher Teil, S. 365–376.
[141] Allgemeinveröffentlichung erst seit unwesentlich geändertem reichsministeriellem Runderlass vom 2. April 1942 in: Deutsche Wissenschaft, Erziehung und Volksbildung. Amtsblatt des Reichsministeriums für Wissenschaft, Erziehung und Volksbildung und der Unterrichtsverwaltungen der Länder 8/1942, Amtlicher Teil, S. 180–183.

Ersten Weltkrieg in Flandern benannt, in welcher vor allem Abiturienten und junge Studierende ihr Leben ließen. Sie wurden in militärisch fragwürdiger Weise über offenes Feld in britisches Maschinengewehrfeuer geschickt, was freilich militärrechtlich ungeahndet blieb. Stattdessen wurde diese Schlacht alsbald heldisch überhöht, was sich die NS-Propaganda unter anderem durch diese Studiumsbenennung zunutze machte. Das Langemarck-Studium begann mit einem anderthalbjährigen Vorbereitungsstudium, das außerhalb der Hochschule in einem eigenen Lehrgangshaus als Internat mit besonders herangezogenen Lehrkräften stattfand. Eröffnet wurde damit ein Hochschulstudium, außer dem der evangelischen und katholischen Theologie, freilich nur für bestimmte männliche Nichtabiturienten. Denn geschaffen war es klar NS-privilegierend allein „für überzeugte Träger der NS-Ideen und Grunderkenntnisse", weshalb das Vorschlagsrecht „in erster Linie bei der NSDAP selbst, ihren Gliederungen und zugehörigen Verbänden" lag. Überdies wurden im Gegensatz zur oben erwähnten allgemeinen Hochschulöffnung ohne Abitur die Ausbildungskosten vom Reichsstudentenwerk übernommen, so weit die Eltern zu deren Bestreitung nicht in der Lage waren (siehe Anlage 17, lit. A. 1, C. 1, D. 2 b, E.). Insofern wollte auch die Hanns-Simons-Stiftung (siehe Rz 187) finanziell zuarbeiten.

130 *Absolventen des Langemarck-Studiums*
Das reichsweit an zehn Universitäts- bzw. Hochschulstandorten eingerichtete Langemarck-Studium war gegenüber der vorerwähnten allgemeinen Hochschulöffnung für Interessenten ohne Abitur insofern privilegierend, als es für besonders NS-verbundene Bewerber zur außeruniversitären Vorstudienausbildung und Hochschulzulassung mit finanzieller Förderung führte. Kriegsbedingt hat es allerdings nur sehr begrenzte Wirksamkeit entfaltet. Denn wie aus dem Bericht des Studentenwerks Hannover vom 18. Dezember 1939 (siehe Anlage 18) ersichtlich ist das Vorstudium, das nach erfolgreichem Abschluss zur Hochschulzulassung führte, zwar im November 1938 auf Betreiben des Rektors Simons reichsweit erstmals in Hannover mit 24 Teilnehmern eröffnet worden. Durch den Kriegsausbruch am 1. September 1939 werden indessen schon vom ersten Ausbildungsjahrgang zehn Teilnehmer zur Wehrmacht und die restlichen 14 zum Kriegshilfsdienst eingezogen, ein Bild, das sich im weiteren Verlauf des Krieges mit zunehmender Tendenz verfestigt. Wenngleich 1939 bereits drei Wochen später der Lehrbetrieb wieder aufgenommen wird, kommt es damit zu zeitlichen Verschiebungen des Ausbildungsduktus. Deshalb will das hiesige Studentenwerk, als Ausnahme für 1940, Langemarck-Studenten bereits vor Abschluss ihres Vorstudiums als Gasthörer an Vorlesungen und Übungen der Technischen Hochschule Hannover teilnehmen lassen, was jedoch an der weitgehenden reichsministeriellen Untersagung scheitert (siehe Anlage 19). Indessen sollte der Krieg immer fordernder werden, was dadurch belegbar ist, dass die Wehrmacht mehr und mehr von Freistellungen absah, so dass schon Ende 1939 nur noch 14 Lehrgangsteilnehmer angegeben werden. Im Übrigen lässt sich für die Anfangszeit noch belegen, dass etwa die Hälfte der Lehrgangs-

teilnehmer im Vorstudium offizielle finanzielle Unterstützung erfährt. Eine Aufstellung von Langemarck-Studenten, die nach Lehrgangsabschluss an der TH Hannover das Studium aufnahmen, ließ sich bislang nicht sicher ermitteln.

131 Entscheidend im Blick auf den Auftrag der Arbeitsgruppe ist allerdings, dass der Studiengang nicht hochschulisch, sondern im Auftrage des Reichserziehungsministers von der Reichsstudentenführung als Kopfstelle des NS-Studentenbundes eingerichtet wurde. Insofern war erstzuständige Stelle in Hannover auch nicht die Technische Hochschule, vielmehr als Stelle des rechtlich selbständigen hiesigen Studentenwerks das „Kuratorium für das Langemarckstudium". Deshalb geht es bei der konkreten Privilegierung dieses Studiums nicht um hochschulisches Unrecht, sondern um solches ihr eng verbundener Einrichtungen. Dies ist zwar an sich unter Rz 186 ff. zu behandeln, wurde hier aber im Folgenden zur besseren Wahrung des Zusammenhangs schon vorab untersucht.

4. Sonstige Mitarbeiter

(Name mit Sternchen = Entlassungen durch den „Ausschuß für Selbstreinigung" der TH Hannover, der von ihrem Rektor 1945/46 eingerichtet wurde, oder durch die britische Militärregierung)

132 *a) Hochschulbeamte*
Mei(y)er, Oskar (Kanzlist) *

133 *b) Angestellte und Arbeiter*
Fouquet, Erika (Technische Zeichnerin) *
Hoefer, Karl (Maschinenbaumeister) *

134 *Anmerkungen zu 4.*
Sechs weitere nichtwissenschaftliche Mitarbeiter wurden aufgrund besatzungsrechtlicher Anordnung entlassen. Dabei handelte es sich um: Wilhelm Albrecht, Hugo Bertram, Ludwig Denecke, Erich Elsässer, Karl Hüneberg und Wilhelm Lamsbach. Für diese Personen konnten von der Arbeitsgruppe trotz intensiver Recherche in unterschiedlichen Archiven außer der damaligen Entlassung keine weiteren belastbaren Hinweise (z. B. Mitgliedschaft in der NSDAP, Tätigkeiten im Sinne des Nationalsozialismus, eventuelle Rücknahme der besatzungsrechtlich verfügten Entlassungen) ermittelt werden, die zu diesen Maßnahmen geführt haben könnten. Deshalb waren sie in die Liste der „Begünstigten" nicht aufzunehmen. Im Übrigen gilt hinsichtlich der Ermittlung der biographischen Daten der Vorgenannten sowie der Entlassungsbegründung das in Rz 115 Gesagte entsprechend.

135   **Fouquet, Erika ***

(1900–?) Technische Zeichnerin (15. März 1928–30. Juni 1960, ausgeschieden am 30. November 1932, Wiederaufnahme der Tätigkeit am 1. April 1933). Mitgliedschaften: NSDAP (1932), DAF (1934), KdF (1934), NSV (1938). Sonstiges: entlassen auf Anordnung der britischen Militärregierung am 21. Juli 1945, wieder eingestellt am 1. Mai 1948.[142]

136   **Hoefer, Karl***

(1894–?) Maschinenbaumeister. Mitgliedschaften: NSDAP (wahrscheinlich seit 1932, spätestens seit Anfang 1933), SA; in beiden Organisationen laut Aussage von Rektor Matting „aktiv tätig"; Gruppenführer (Unteroffizier) im SHD (Sicherheits- und Hilfsdienst im Luftschutz, Gliederung der Ordnungspolizei). Sonstiges: im Dienst der TH Hannover von Oktober 1923 bis 15. Juni 1946, Entlassung durch die britische Militärregierung, Wiederanstellung 1. April 1952.[143]

137   **Mei(y)er, Oskar ***

(1884–1948) seit 1921 an der TH Hannover, Kanzleiassistent (ab 1. April 1926). Mitgliedschaften: NSDAP (1. April 1933), NSKK (seit 1. April 1940 Sturmführer). Sonstiges: unterschiedliche Schreibweise des Namens (unterschreibt zunächst immer mit „y", ab August 1933 mit „i", da angeblich Schreibfehler bei Geburtsanmeldung), etliche Orden aus Erstem und Zweitem Weltkrieg, am 3. September 1945 auf Anordnung der britischen Militärregierung vom Dienst suspendiert.[144]

138   **5. Ehrentitel**

Grundsätzlich waren hier durch die Arbeitsgruppe dieselben Kriterien heranzuziehen und kamen zur Anwendung, die bereits unter Punkt II (siehe Rz 68 ff.) aufgeführt worden sind. Allerdings trat hier noch eine spezifische Zeit-, Ablauf- oder Nachträglichkeitsproblematik hinzu. Sie ergab sich nach Durchsicht der verschiedenen Fallkonstellationen daraus, dass die unmittelbare Titelvergabe unter Anlegung der vorerwähnten Entscheidungskriterien für die Arbeitsgruppe teilweise auch heute noch tragbar erschien, dass es aber vor oder im Anschluss an die Verleihung zu untragbaren NS-Ver-

---

142 ATIB/UniA Hannover, Best. 5, Nr. 1355; BA Berlin, NSDAP-Kartei.
143 ATIB/UniA Hannover, Hann. 146 A, Acc. 4/85, Nr. 260 und 261.
144 ATIB/UniA Hannover, Hann. 146 A, Acc. 4/85, Nr. 425; BA Berlin, NSDAP-Kartei.

strickungen gekommen ist (z. B. im Fall Assbroicher, siehe Rz 174). In solchem Fall ist die Privilegierung darin zu sehen, dass seitens der Hochschule der Entzug des Ehrentitels unterblieb bzw. unterlassen wurde. Solche Entzugsbefugnis, die in der NS-Zeit erstmals reichsrechtlich geregelt und bekanntlich exzessiv gehandhabt wurde, ist als sogenannter actus contrarius zur Verleihung eine uralte und nach wie vor bestehende Hochschulbefugnis. Sie ist als solche also keine typische NS-Regelung.[145] Wenn die TH Hannover davon seinerzeit keinen Gebrauch gemacht hat, sei es, weil sie an nachträglichem Fehlverhalten NS-bedingt keinen Anstoß nahm, sei es, weil sie sich damals nicht traute zu entziehen, so kann das heute nicht daran hindern, entsprechende Unterlassungen zu beanstanden und Konsequenzen daraus zu ziehen (dazu näher Rz 190ff.).

a) Eindeutige Fälle

139 aa. *NS-privilegierte Ehrungen*
- Ehrendoktor: Farinacci, Roberto
- Ehrenbürger: Diels, Rudolf; Haltenhoff, Henricus; Hecker, Ewald; Stier, Erich
- Ehrensenatoren: Diels, Rudolf; Hecker, Ewald (wie vor)

140 *Anmerkungen zu 5 a) aa.*
Zur näheren Begründung der vorgenannten Privilegierungen ist vorab zu sagen, dass sie bis auf den eingehender behandelten Fall Stier deswegen knapper geschildert werden können, weil sie inzwischen in beachtlicher Weise wissenschaftlich aufgearbeitet worden sind, unter anderem durch zwei hannoversche Dissertationen.[146]

141 **Farinacci, Roberto**

(1892–1945) Dr.-Ing. E. h. 9. September 1940: führender italienischer Faschist und zeitweise Rivale von Mussolini, mit ihm zusammen 1945 umgebracht. Leitender Sekretär der Faschistischen Partei, Führer ihres radikalen antiklerikalen und antisemitischen Flügels sowie Mitglied des Faschistischen Großrats, Minister und 1939 Verfechter des italienischen Kriegseintritts und der Übernahme der deutschen Judenpolitik. Die Verbindung zu Hannover beruht darauf, dass er parallel zur Achse Berlin–Rom (ab 1936) seit 1938 Entsprechendes zwischen den Städten Hannover und Cremona, seiner politischen Machtbasis, zu bilden suchte. In diesem Zusammenhang kommt es

---

145 Vgl. Werner Thieme: Deutsches Hochschulrecht. Das Recht der Universitäten sowie der künstlerischen und Fachhochschulen in der Bundesrepublik Deutschland, 3. Aufl., Köln u. a. 2004, Rz 445.
146 Vgl. Rüdiger Fleiter: Stadtverwaltung im Dritten Reich. Verfolgungspolitik auf kommunaler Ebene am Beispiel Hannovers, 2. korrigierte Aufl., Hannover 2007; Klaus Wallbaum: Der Überläufer: Rudolf Diels (1900–1957). Der erste Gestapo-Chef des Hitler-Regimes, Frankfurt am Main 2010.

nach Einholung des reichsministeriellen Einverständnisses (!) zur hiesigen hochschulischen Ehrung, wobei dem Städtischen Vorbereitungsausschuss auch der Rektor der TH Hannover angehört hatte, also politisch voll informiert war. Dabei wurde das Problem der Begründung der Ehrendoktorwürde für den hochrangigen Faschisten Farinacci, der (mit durch Plagiat erschwindeltem Examen) Jurist war, dadurch gelöst, dass man ihn als städtebaulichen Modernisierer seiner Stadt auszeichnete.¹⁴⁷

142 **Diels, Rudolf**

(1900–1957) Ehrenbürger 16. Oktober 1940 und Ehrensenator 14. Februar 1942: Jurist, seit 1930 bei der preußischen Polizei, Mitglied der verfassungstreuen DDP. Ab 1932 Beginn der Unterstützung der Republikgegner beim sogenannten Preußenschlag. Daraufhin Leiter der Politischen Polizei Preußens. Günstling Görings und unmittelbares Vortragsrecht bei Hitler. Entscheidende Position hinsichtlich des nach dem Reichstagsbrand massiv verstärkten Terrors, der im April 1933 bereits 40 000 Regimegegner betrifft. Als Chef des neuen Geheimen Staatspolizeiamts seit April und SS-Mitglied seit Herbst 1933 Aufbau der Gestapo. Obwohl er deren institutionelle wie faktisch-administrative Grundlagen im Sinne des NS-Regimes erfolgreich gestaltete, wurde er von seinem Rivalen Heydrich mit Unterstützung Himmlers schon 1934 aus ihrer Leitung verdrängt. Hintergrund dafür dürfte unter anderem Diels zwiespältiger Charakter gewesen sein, der ihn zu einer auch politisch schillernden Persönlichkeit machte. Dabei heben Zeitgenossen seine hohe Intelligenz und seine Verwaltungskompetenz ebenso hervor wie sein gewinnendes Äußeres und Auftreten und weiter seinen skrupellosen Ehrgeiz gepaart mit opportunistischem Machtstreben. Durch seine erste Ehe mit einer Mannesmann-Erbin mit der Großwirtschaft vernetzt, verschaffte ihm seine zweite Ehe mit einer Nichte von Göring dessen andauernde politische Protektion.

Ab 1934 war er Regierungspräsident von Köln, wo er durch NS-geprägtes Vorgehen gegen kirchliches Leben auffiel, 1936–1943 Regierungspräsident in Hannover. Dieses hohe Amt mit Befugnissen, die zu seiner hochschulischen Ehrung führten, beruhte nicht etwa nur auf bloßer NSDAP-Mitgliedschaft und Protektion, sondern auf seiner aufgezeigten besonderen und in Hannover fortgesetzten NS-Bewährung. Zahlreiche weitere Maßnahmen der Verfolgung von Juden und anderer Minderheiten geschahen in seiner Amtszeit.

---

147 Vgl. Roberto Farinacci: Die Faschistische Revolution, 3 Bde., München 1939–1941 (auf Italienisch erstmals 1929 erschienen); Cornelia Regin: Die „Achse Hannover-Cremona". Eine vergessene Städtefreundschaft und ihre Kunstausstellungen: der Premio Cremona in Hannover und „Mensch und Landschaft in Niedersachsen" in Cremona, in: Quellen und Forschungen aus italienischen Archiven und Bibliotheken 90/2010, S. 373–414.

Was die hochschulspezifische NS-Begünstigung von Diels angeht, ist Folgendes zu sagen: Sie ist nicht allein darin zu sehen, dass die TH Hannover ein Mitglied der staatlichen Funktionselite, wie auch vor (z. B. Noske) und nach der NS-Zeit nicht unüblich, an sich zu binden suchte. Denn sein konservativer Vorgänger im Amt hatte keine entsprechende Ehrung erfahren. Mit dem Amtsantritt von Diels war vielmehr die verstärkte NS-Ausrichtung der Verwaltung in Hannover beabsichtigt, die bekanntermaßen auf der kommunalen wie Bezirksebene nach 1933 zunächst noch stark deutschnational ausgerichtet geblieben war. Dass Diels ein dezidierter Vertreter des Nationalsozialismus mit besten Verbindungen in die NS-Führungsriege war, ergab sich aus seiner Vita, die aufgrund einschlägiger Veröffentlichungen bei seiner Amtsübernahme[148] bekannt war.

Dem entspricht, dass Diels nach Beendigung seiner Tätigkeit in Hannover als Staatssekretär von Göring im Gespräch war. Bleibt noch die politische Zwiespältigkeit zu erwähnen, die ihn in Einzelfällen durchaus gegen NS-Verfolgungsmaßnahmen auftreten ließ. Indessen ging es dabei regelmäßig nur um Milderungen, nicht aber um eine grundsätzliche Infragestellung des Regimes. 1944 wegen Verbindungen zu Verschwörern und Mitwissern des Widerstandes verhaftet, wurde er aus der SS ausgestoßen, verhaftet und überlebte in einer Strafkompanie. Trotz immer wieder versuchten Doppelspiels im Sinne eines Fouché, wozu auch eine gewisse Nähe zum amerikanischen Geheimdienst nach 1945 gehören wird, steht seine Federführung bei der Organisation der NS-Verfolgungsmaßnahmen im Vordergrund. Einziger Fall, der nach 1945 stillschweigend aus den im Vorlesungsverzeichnis der TH Hannover veröffentlichten Ehrenlisten gestrichen worden ist.[149]

143   Haltenhoff, Henricus

(1888–1956) Dr. iur., Ehrenbürger 10. September 1940: Jurist im Kommunaldienst seit 1921. NSDAP-Mitglied 1933 und Oberbürgermeister von Cottbus, 1937–1942 von Hannover, wobei er an die Stelle des als zu wenig parteinah geltenden deutschnationalen Oberbürgermeisters Menge rückt. Seit 1937 aktiv bei der Diskriminierung von Juden, etwa durch Badeverbote, Arisierungsintensivierung, Separierung in Schulen, Wohnungsräumungen bei der Vertreibung der Sinti und Roma, sowie gegenüber Zwangsarbeitern. Tritt bei der Wohnungsräumung für Vorgehensweisen ein, die schärfer sind als die der Gestapo. Von solchem Hintergrund, der die Ausübung seines Am-

---

148 Vgl. z. B. Hermann Degener (Hg.): Wer ist's, 10. erweiterte Aufl., Berlin 1935, S. 292.
149 Vgl. Shlomo Aronson: Reinhard Heydrich und die Frühgeschichte von Gestapo und SD, Stuttgart 1971; Wallbaum, Der Überläufer; Christoph Graf: Politische Polizei zwischen Demokratie und Diktatur. Die Entwicklung der preußischen Politischen Polizei vom Staatsschutzorgan der Weimarer Republik zum Geheimen Staatspolizeiamt des Dritten Reiches, Berlin 1983, bes. S. 317ff.

tes bestimmte, ließ sich angesichts des kommunalen Miterlebens, ähnlich wie im vorstehenden Fall Diels, bei der Ehrung der TH Hannover nicht absehen. Die Ernährung der städtisch eingesetzten Kriegsgefangenen ist so, dass die Wehrmacht sie beanstandet. Grundsätzlich rücksichtslos, gilt er einzelnen NS-Opfern gegenüber als nachgiebig,[150] so dass er 1942 durch den neuen Gauleiter aus dem Amt gedrängt wird. Zuletzt 1955/56 Mitglied des Niedersächsischen Landtags (GB/BHE).[151]

144 Hecker, Ewald

(1879–1954) Ehrenbürger 13. Februar 1942, am Folgetag Ehrensenator: Unternehmer und hochkarätiger Wirtschaftspolitiker. In den dreißiger Jahren in etwa zehn Aufsichtsräten (unter anderem Commerzbank). Nach Anfängen in der deutschen Kolonialverwaltung seit 1921 Verwaltungsdirektor bei der Ilseder Hütte mit steilem Aufstieg bis zum Vorstandsvorsitzenden (1929–1945). 1932–1945 Präsident der IHK Hannover und ihrer Nachfolgeorganisationen, denen er durchgängig dem Führerprinzip entsprechend vorsteht.

Ab 1920 wirtschaftspolitische Aktivitäten bei der rechtsliberalen DVP, seit 1932 Zugehörigkeit zum NS-nahen Keppler-Kreis, der schon im November 1932 dem Reichspräsidenten Hindenburg empfiehlt, Hitler zum Reichskanzler zu ernennen. Vermittelt das berühmt-berüchtigte Kölner Treffen Papens mit Hitler (4. Januar 1933), womit dessen Machtübernahme eingeleitet wird. Der Keppler-Kreis firmiert seit Mitte 1933 als Freundeskreis Himmler und dient der engen Kontaktpflege mit der Großwirtschaft nebst Spendeneinwerbung für SS-Zwecke; z. B. 1943 und 1944 je 25.000 RM von der Ilseder Hütte. Hecker, seit Mai 1933 NSDAP-Mitglied, wird Wehrwirtschaftsführer, 1934 Leiter der Reichswirtschaftskammer und der Reichsgruppe Industrie, wegen längerer Erkrankung 1936 niedergelegt; 1936 SS-Oberführer. Im Zuge der Freundeskreis-Treffen unter anderem Besuche im KZ Dachau (1936) und im KZ Sachsenhausen (1939). Ernannter Ratsherr in Hannover (1936) und in der Hannoverschen Hochschulgemeinschaft. Der insgesamt massive politische NS-Hintergrund schließt es aus, die hiesigen Ehrungen davon zu abstrahieren. 1945/46 interniert. Die Würdigung seiner Verdienste um die TH Hannover kann nicht abgelöst von diesem massiv politischen NS-Hintergrund gesehen werden.[152]

---

150 Vgl. Fleiter: Stadtverwaltung, S. 210.
151 Vgl. ebd.; Klaus Mlynek: Haltenhoff, (1) Henricus, in: ders. u. a. (Hg.): Stadtlexikon Hannover. Von den Anfängen bis in die Gegenwart, Hannover 2009, S. 250f.
152 Vgl. Albert Lefèvre: 100 Jahre Industrie- und Handelskammer zu Hannover. Auftrag und Erfüllung, Wiesbaden 1966, vor S. 129–154; Waldemar R. Röhrbein: Hecker, Ewald, in: Klaus Mlynek u. a. (Hg.): Stadtlexikon Hannover. Von den Anfängen bis in die Gegenwart, Hannover 2009, S. 277; Wilhelm Treue: Die Geschichte der Ilseder Hütte, Peine 1960, S. 491, 590f. et passim; Reinhard Vogelsang: Der Freundeskreis Himmler, Göttingen 1972.

145 **Stier, Erich**

(1895–1968) Ehrenbürger 16. September 1940, zusammen mit Diels und anderen. Der biographisch bislang nur sehr unvollständig bedachte Jurist Stier Dr. iur. Greifswald 1918, seit 1923 im preußischen Staatsdienst, ab 1929 Polizeipräsidium Breslau, 1932 Polizeichef Gelsenkirchen, ab 1932 Politische Polizei Bezirksregierung Magdeburg, 1. Mai 1933 NSDAP-Mitglied und mit dem Aufbau der (Ge)Stapo-Leitstelle Magdeburg betraut. Seit 1. Mai 1934 Oberpräsidium Hannover, Leiter der Außenhandelsstelle für Niedersachsen-Kassel; 1937 Oberregierungsrat. Laut Personalakte im NLA Hannover zum 1. September 1939 Regierungsvizepräsident Hannover, nachdem er dies seit 4. März 1939 bereits kommissarisch für den „aus Gesundheitsrücksichten" beurlaubten Regierungspräsidenten Diels gewesen war. Ende Juli 1941 Einberufung zum Kriegsverwaltungsdienst in Angers/Frankreich, da dortige Chefstelle nicht frei, nur Kriegsverwaltungs-Abteilungschef. 1. Februar 1942 Rückruf unter Entlassung aus dem Militärverwaltungsverhältnis als Regierungsvizepräsident Kassel; laut Personalbogen im Bundesarchiv dortigen Dienst nicht angetreten, da ab 9. April 1942 bis 1945 Regierungsvizepräsident in Arnsberg. In der Nachkriegszeit nach einjähriger Internierung durch die britische Besatzungsmacht Einstufung im Entnazifizierungsverfahren in Kategorie IV – ohne Beschränkung. Anfang 1948 Wiedereinstellung in den öffentlichen Dienst, zunächst als Angestellter, seit Anfang 1951 als Oberregierungsrat Vorsitzender einer Spruchkammer beim Oberversicherungsamt Münster; ab 1952 dort Regierungsdirektor und Direktor. 1954 Wechsel in den Richterdienst, zunächst Direktor am Sozialgericht Münster, ab Ende 1954 Richter am Bundessozialgericht bis zum altersbedingtem Ruhestandseintritt Ende 1959.

Die Vergabe der Ehrenbürgerwürde zusammen mit Diels zeigt einen amtsbedingten, funktionalistischen Ansatz. Dabei war das Amt des Regierungspräsidenten wegen der aufsichtlichen Verwaltungs-, das heißt auch Polizeikompetenzen ebenso wie das im vorerwähnten Personalbogen ungenannte massive sonderpolizeiliche Wirken 1933/34 ohne hochgradigen NS-Bezug undenkbar. Dieser Bezug erscheint bei Stier unabweisbar, so dass die Verleihung als dominant NS-bestimmt zu bewerten ist.[153]

bb. Nicht NS-privilegierte Ehrungen

146 Ehrendoktoren: Gantes, Juan; Goedhart, Leonhard; Massón Row, Salvador; Pier, Matthias; Schulte-Drüggelte, Friedrich August

---

153 NLA Hannover, Hann. 122 a, Nr. 941/1; BA Koblenz, B1a-Co/S-248; ATIB/UniA Hannover, Hann. 146 A, Acc. 10/85, Nr. 55. Vgl. Hermann-Josef Rupieper/Alexander Sperk (Hg.): Die Lageberichte der Geheimen Staatspolizei zur Provinz Sachsen 1933 bis 1936, Bd. 1: Regierungsbezirk Magdeburg, Halle 2003, S. 17f. und ab S. 26 [Berichte zur Zerschlagung von KPD und SPD]; Alexander Sperk: Die Staatspolizei(leit)stelle Magdeburg, ihre Leiter und die Zerschlagung der KPD, in: Polizei & Geschichte 1/2009, S. 4–23; Handbuch für das Deutsche Reich 46/1936, S. 182.

147 Bei den hier aufgeführten Verleihungen konnten durch die Arbeitsgruppe im Zuge eingehender Untersuchung der Einzelfälle keine erheblichen Hinweise auf eine NS-privilegierte Ehrung ermittelt werden. Die Verleihungen der Ehrendoktorwürde erfolgten seinerzeit offenbar im Wesentlichen aufgrund von wissenschaftlichen Leistungen der Geehrten, die sich auf ihren Spezialgebieten auf verschiedene Weise hervorgetan und/oder für die technische Wissenschaft Bereicherndes beigetragen hatten. Insbesondere wurde durch die Arbeitsgruppe untersucht, ob sich in den Biographien eine besondere Nähe zur nationalsozialistischen Diktatur oder deren Ideologie feststellen ließ, die eine Ehrung durch die TH Hannover wesentlich beeinflusst haben könnte. Bei den genannten Ehrendoktoren konnte dies jedoch nicht ermittelt werden. Ebenso wurde das Verhalten der Geehrten im Hinblick auf eine Beteiligung an nationalsozialistischen Unrechtsmaßnahmen, soweit es sich ermitteln ließ, in den Blick genommen. Natürlich ist davon auszugehen, dass es sich bei den Geehrten keineswegs um Personen gehandelt hat, die dem nationalsozialistischen Deutschland grundsätzlich ablehnend gegenüberstanden. Eine entsprechende Ehrung durch die TH Hannover wäre in diesem Falle sicherlich nicht erfolgt. Die Beweggründe zur Verleihung der Ehrendoktorwürde durch die TH Hannover waren aber auch aus heutiger Sicht aufgrund der Leistungen der Geehrten im Wesentlichen gerechtfertigt. Teilweise erfolgten die Ehrungen unmittelbar nach der Machtübernahme der Nationalsozialisten, so dass die Vorbereitung der Verleihung vor diesem Ereignis lag und eine politische Einflussnahme der Nationalsozialisten nicht erfolgte.

148 **Gantes, Juan**

(1891–1940) 1909–1914 Studium an der TH Hannover, 1914 Diplom-Ingenieur, nach Rückkehr in seine Heimat Chile Tätigkeit als Hochschullehrer und Generaldirektor für das technische Unterrichtswesen im chilenischen Unterrichtsministerium, wegen seiner jahrzehntelangen deutschfreundlichen Haltung von der deutschen Botschaft in Santiago de Chile zur Ehrung vorgeschlagen, 4. Dezember 1936 Dr.-Ing. E. h. der TH Hannover „in Anerkennung seiner wissenschaftlichen Leistungen und seiner Verdienste um die Vertiefung der wissenschaftlichen Beziehungen zwischen Deutschland und Chile".[154]

149 **Goedhart, Leonhard**

(1867–?) Bauunternehmer und Vorstandsmitglied der Gebrüder Goedhart AG, Düsseldorf. Seit 1891 Ausbau zahlreicher Hafenanlagen im In- und Ausland, dabei stetige technische Weiterentwicklung der eingesetzten Bagger und Verbesserung der bisherigen

---

154 ATIB/UniA Hannover, Best. 9, Nr. 116, und Hann. 146 A, Acc. 64/81, Nr. 53.

sowie Entwicklung neuer Baggerverfahren. Ursprünglicher Antrag zur Verleihung der Ehrendoktorwürde im Dezember 1931 wird vertagt, 28. April 1934 Dr.-Ing. E. h. der TH Hannover, „weil er das Naßbaggerwesen in hervorragender Weise gefördert hat".[155]

150 **Massón Row, Salvador**

(Exemplarische Behandlung in Rz 153)

151 **Pier, Matthias**

(1882–1965) Studium in Heidelberg, Jena, München und Berlin, 1908 Promotion, seit 1910 bei der Centralstelle für wissenschaftlich-technische Untersuchungen in Neubabelsberg, einer Forschungsstätte der deutschen Sprengstoffindustrie, seit 1920 bei der BASF in Ludwigshafen, seit 1927 bei der I. G. Farben, dort ab 1934 Direktor (aber nicht im Vorstand), Entwicklung der großtechnischen Methanolherstellung aus Synthesegas und des Bergius-Pier-Verfahrens zur Kohleverflüssigung, 19. Dezember 1934 Dr.-Ing. E. h. der TH Hannover „in Anerkennung seiner hervorragenden Verdienste um die Ausgestaltung der katalytischen Hydrierung zu der nationalwirtschaftlich überaus bedeutsamen Gewinnung motorischer Treibstoffe". Am 21. Dezember 1942 auf Vorschlag Alwin Mittaschs zum Mitglied der Leopoldina in Halle/Saale gewählt.[156]

152 **Schulte-Drüggelte, Friedrich August**

(1879–?) 1900–1905 Studium an der TH Hannover, 1905 Diplom-Ingenieur, 1908–1919 bei der Gesellschaft zur Überwachung von Dampfkesseln, seit 1919 Direktor des Vereins zur Überwachung der Kraftwirtschaft der Ruhr-Zechen, Mitgliedschaft in mehreren technisch-wissenschaftlichen Ausschüssen und Instituten, 22. Mai 1933 Dr.-Ing. E. h. der TH Hannover, „der im Dampfkesselwesen und in der Feuerungstechnik Hervorragendes geleistet hat".[157]

153 **Exemplarisch: Salvador Massón Row**

(1891–1969) Dr.-Ing. E. h. der TH Hannover am 18. September 1939 „in Anerkennung seiner ausgezeichneten wissenschaftlichen Leistungen auf dem Gebiete der Elek-

---

155 ATIB/UniA Hannover, Hann. 146 A, Acc. 64/81, Nr. 53.
156 ATIB/UniA Hannover, Hann. 146 A, Acc. 64/81, Nr. 53. Vgl. Manfred Rasch: Pier, Matthias, in: Neue Deutsche Biographie, Bd. 20: Pagenstecher–Püterich, Berlin 2001, S. 428f.
157 ATIB/UniA Hannover, Best. 9, Nr. 112, und Hann. 146 A, Acc. 64/81, Nr. 53. Vgl. Reichshandbuch der deutschen Gesellschaft. Das Handbuch der Persönlichkeiten in Wort und Bild, Bd. 2: L–Z, Berlin 1931, S. 1720f.

trizitätsversorgung und in Würdigung seiner Verdienste um die Geltung deutscher technischer Arbeit in seinem Heimatlande". Da das Original der Verleihungsurkunde wegen des Kriegsausbruchs 1939 nicht an Massón zugestellt werden konnte, wurde dies 1953 durch die Übersendung einer Abschrift der Ehrenpromotionsurkunde nachgeholt.

Salvador Massón Row, geboren am 2. September 1891 in Montevideo, war Sohn eines uruguayischen Gesandtschaftssekretärs (unter anderem in Berlin) und besuchte ein Gymnasium in Lissabon. Er studierte an der TH Hannover in der Abteilung IV für chemisch-technische und elektrotechnische Wissenschaften vom Wintersemester 1909/10 bis zum Sommersemester 1913, war Diplom-Prüfungskandidat im Wintersemester 1913/14. Seine Diplom-Hauptprüfung im Fach Elektrotechnik legte er im März 1914 ab. Zu dieser Zeit war er auch Kommilitone von Juan Gantes (siehe Rz 148).

Laut seiner Ehrenpromotionsakte war er schon lange „als deutschfreundlich bekannt […] während des [1.] Weltkriegs in Südamerika auf die schwarze Liste gesetzt". Als Diplom-Ingenieur hatte er sich „Verdienste um freundliche Beziehungen zur deutschen Industrie" erworben, vor allem wurde sein Einsatz bei der Übertragung großer Industrieaufträge an deutsche Firmen (beispielsweise ein Wasserkraftwerk am uruguayischen Rio Negro) erwähnt. 1938 wurde ihm der nur für Ausländer gestiftete Verdienstorden vom Deutschen Adler in der zweitniedrigsten von sechs Stufen verliehen.

Nach seinem Firmeneintritt 1916 stieg er zum Leiter der Beschaffungsabteilung (Gerente de la División Usinas) im zentralen Energieversorgungsunternehmen von Uruguay, der „Administración General de las Usinas Eléctricas y Teléfonos del Estado" zu Montevideo, auf (inzwischen UTE = „Administración Nacional de Usinas y Trasmisiones Eléctricas") und saß damit an der Schaltstelle für Ankäufe bzw. Importe einschlägiger Ausrüstungen. Hinsichtlich seiner möglichen, deutlicheren Nähe zum Nationalsozialismus ist zu sagen, dass Massón in einem solchen Fall spätestens wegen des damals noch in Südamerika wirksamen Drucks der Vereinigten Staaten nach deren Kriegseintritt im Dezember 1941, ähnlich wie im Ersten Weltkrieg, Schwierigkeiten gehabt hätte, in seinem Amt zu verbleiben. Stattdessen gehörte er bis zu seinem Ruhestand 1960 dem Vorstand seines Unternehmens an. Auch würde sich bei politischen oder sonstigen NS-Aktivitäten in seinem Heimatland der 1990 erschienene, wichtige vierbändige „Indice Biográfico de Espagna, Portugal e Iberoamérica" nicht zu ihm ausschweigen. Im Ergebnis ist kein dominanter NS-Bezug erkennbar.[158]

---

158 Archivauskunft der Administración Nacional de Usinas y Trasmisiones Eléctricas (UTE) vom 29. Januar 2015 und 6. Februar 2015; ATIB/UniA Hannover, Best. 9, Nr. 88 und 116, sowie Hann. 146 A, Acc. 10/85, Nr. 51. Vgl. Heinrich Doehle: Die Auszeichnungen des Großdeutschen Reichs. Orden, Ehrenzeichen, Abzeichen, 4. Aufl., Berlin 1943 (Nachdruck Wolfenbüttel 2008); Victor Herrero Mediavilla/Lolita Rosa Aguayo Nayle: Indice Biográfico de Espagna, Portugal e Iberoamérica, 4 Bde., München 1990; Revista Nacional. Literatura, Arte, Ciencia 5/1942; Mario Coppeleti: Nuestros Inginieuros, Montevideo 1949, S. 260ff.

GRÜNDE

154 Ehrenbürger: Brauns, Ernst; Frölich, Friedrich; Hellmann, Richard; Klee, Gustav; Körting, Johannes; Kohlrausch, Wilhelm; Müller, Karl; Mustad, Ole; Quincke, Friedrich; Stalmann, Albrecht
Ehrensenator: Frölich, Friedrich (wie vor)

155 Bei den hier aufgeführten Ehrenbürgern und Ehrensenatoren der TH Hannover wurden bei der individuellen Untersuchung der Geehrten durch die Arbeitsgruppe die gleichen Maßstäbe wie bei der Untersuchung der Ehrendoktoren angelegt. Zur Verleihung des Titels eines Ehrenbürgers ist allerdings anzumerken, dass hierfür nicht eine wissenschaftliche Leistung innerhalb oder außerhalb einer Hochschule entscheidend war. Vielmehr wurden mit dem Ehrenbürgertitel solche Personen geehrt, die sich „namhafte Verdienste um die Technische Hochschule Hannover durch Stiftung von Stipendien, Gründung von Hochschulinstituten, Ausstattung derselben und sonstige Zuwendungen oder auch durch ihre öffentliche bzw. amtliche Tätigkeit"[159] erworben hatten. Zum Ehrensenator konnten seit 1926 die Ehrenbürger der TH Hannover ernannt werden, „welche sich entweder hohe Verdienste allgemeiner Art erworben haben oder ihre Anteilnahme an der Technischen Hochschule fortdauernd bekunden und betätigen".[160] Der Titel des Ehrensenators ist somit als eine Steigerungsform des Ehrenbürgertitels anzusehen.

156 **Brauns, Ernst**

(1861–1940) 1880–1885 Studium an der TH Hannover, 1893–1933 „Zivilingenieur" bei den Firmen L. A. Riedinger und M.A.N., Angehöriger der Hannoverschen Hochschulgemeinschaft seit deren Gründung 1921, Stiftung einer Tiefkältemaschine „aus eigenen Mitteln" für das Maschinenlaboratorium für Verbrennungskraftmaschinen und technische Wärmelehre, 30. April 1933 Ernennung zum Ehrenbürger der TH Hannover „in Würdigung seiner Verdienste um die Technische Hochschule Hannover".[161]

157 **Frölich, Friedrich**

(1872–?) 1891–1895 Studium an der TH Hannover, 1903 Diplom-Ingenieur, 1898–1908 Mitglied der Schriftleitung der Zeitschrift des Vereins Deutscher Ingenieure, 1908–1924 Geschäftsführer bzw. geschäftsführendes Vorstandsmitglied des Vereins

---

159 ATIB/UniA Hannover, Hann. 146 A, Acc. 62/81, Nr. 28, Satzung für die Ernennung von Ehrenbürgern der Technischen Hochschule Hannover von 1920, § 1.
160 ATIB/UniA Hannover, Hann. 146 A, Acc. 62/81, Nr. 28, Statut über die Ernennung zum Ehrensenator der Technischen Hochschule Hannover von 1926, § 1.
161 ATIB/UniA Hannover, Best. 9, Nr. 56–60 und 81, sowie Hann. 146 A, Acc. 62/81, Nr. 29.

Deutscher Maschinenbau-Anstalten, seit 1924 selbständig als beratender Ingenieur, Mitbegründer und langjähriger Schriftführer der Hannoverschen Hochschulgemeinschaft, 26. Juni 1923 Ehrenbürger der TH Hannover „in Würdigung seiner besonderen Verdienste um die Gründung und Weiterentwicklung der Hannoverschen Hochschulgemeinschaft", 1931–1937 Lehrbeauftragter an der TH Hannover, 13. November 1937 anlässlich der Beendigung seines Lehrauftrags wegen Erreichens der Altersgrenze Ernennung zum Ehrensenator der TH Hannover „in Würdigung seiner hohen Verdienste um die Technische Hochschule Hannover in seiner Eigenschaft als Geschäftsführer der Hannoverschen Hochschulgemeinschaft", Mitgliedschaft in der DVP und im NSBDT.[162]

158 **Hellmann, Richard**

(1876–1971) Kaufmann und Direktor der General Foods Corporation in New York. Geboren in Vetschau/Spreewald, Tätigkeit in der Lebensmittelbranche seit 1890, 1903 Auswanderung in die USA, 1905 Eröffnung eines Delikatessengeschäfts, seit 1912 Verkauf von „Hellmann's Mayonnaise" in Gläsern, 1915 Gründung von Richard Hellmann, Inc., und erste Mayonnaise-Fabrik, seitdem starke Expansion des Unternehmens in den USA und Kanada, 1920 amerikanischer Staatsbürger, 1927 Verkauf der Firma an General Foods, 1929 Gründung Richard Hellmann Foundation in New York und Richard-Hellmann-Stiftung in Vetschau/Spreewald (1992 Wiedergründung), 1929 Ehrenbürger von Vetschau/Spreewald, 12. Mai 1937 Ernennung zum Ehrenbürger der TH Hannover „in Würdigung seiner Verdienste um die Technische Hochschule Hannover, insbesondere um die großzügige Förderung der Forschungsarbeiten des Elektrotechnischen Instituts I auf dem Gebiet der Hochspannungs-Isolation".[163]

159 **Klee, Gustav**

(1870–1941) Ursprünglich Bauschlosser, 1902–1905 Bürohilfsarbeiter an der TH Hannover, 1905–1921 Sekretär/Obersekretär (1914–1916 und 1918/19 Kriegsdienst), ab 1917 Hausinspektor mit Dienstwohnung in der Hochschule, 1921–1928 Zentralbürovorsteher/Verwaltungsoberinspektor, 1928–1935 Amtmann an der TH Hannover, seit 1. Mai 1933 NSDAP-Mitglied, 30. September 1935 anlässlich des Eintritts in den Ruhestand Ehrenbürger der TH Hannover „in Würdigung sei-

---

162 ATIB/UniA Hannover, Best. 9, Nr. 97, und Hann. 146 A, Acc. 62/81, Nr. 29 und 31, sowie Hann. 146 A, Acc. 88/81, Nr. 124. Vgl. Reichshandbuch der deutschen Gesellschaft. Das Handbuch der Persönlichkeiten in Wort und Bild, Bd. 1: A–K, Berlin 1930, S. 499.
163 ATIB/UniA Hannover, Hann. 146 A, Acc. 62/81, Nr. 27.

ner hohen Verdienste während seiner mehr als 32-jährigen Zugehörigkeit zu unserer Hochschule", 1937 und 1939 nochmals vertretungsweise an der TH Hannover tätig.[164]

160   Körting, Johannes

(1856–?) 1874–1878 Schüler der Polytechnischen Schule Hannover, 1880–1920 Unternehmer, in den 1890er Jahren Vorsitzender des hannoverschen Bezirksvereins des Vereins Deutscher Ingenieure, 1908–1917 Mitglied im Hauptvorstand des Vereins Deutscher Ingenieure, seit 1920 Geschäftsführer der Gruppe Rheinland-Westfalen im Verband der Centralheizungsindustrie sowie nach der Gründung der Fachgruppe Zentralheizungs- und Lüftungsbau dort Geschäftsführer der Fachuntergruppe Ruhr-Niederrhein, Angehöriger der Hannoverschen Hochschulgemeinschaft seit deren Gründung 1921, seit 1. Mai 1933 NSDAP-Mitglied, 9. Mai 1941 anlässlich seines 85. Geburtstags Ehrenbürger der TH Hannover „in Anerkennung seiner Verdienste um die Technische Hochschule Hannover".[165]

161   Kohlrausch, Wilhelm

(1855–1936) Studium der Physik in Würzburg, 1878 Promotion zum Dr. phil., 1884 Dozent für Elektrotechnik an der TH Hannover, 1886–1923 Professor für Elektrotechnik, 1892–1895 Rektor, vertrat sein Lehramt bis 1927, 1899–1928 Mitglied des Kuratoriums der Physikalisch-Technischen Reichsanstalt, 1928 Ehrenmitglied des Verbandes Deutscher Elektrotechniker, 1. Oktober 1934 Ehrenbürger der TH Hannover „in Würdigung der hohen Verdienste während seiner 50jährigen Zugehörigkeit zu unserer Technischen Hochschule".[166]

162   Müller, Karl

(1871–1958) 1890–1894 Studium an der TH Berlin-Charlottenburg, 1898 Regierungsbaumeister, 1904–1907 Bauleitung des Rheinhafens bei Schwelgern, 1907–1911 Leitung des Kanalbauamts Ostercappeln, 1911–1915 Vorstand des Hafenbauamts Pillau, 1918–1924 technischer Dirigent bei der Kanalbaudirektion Essen, 1924–1937 Wasserbaudirektor und Leiter der Wasserstraßendirektion Hannover, seit 1925 Prüfungskommissar der Prüfungskommission für die Fachrichtung Bauingenieurwesen an der TH Hannover, seit 1933 NSDAP-Mitglied, Mitglied RDB, NSV und

---

164 ATIB/UniA Hannover, Hann. 146 A, Acc. 62/81, Nr. 27, und Hann. 146 A, Acc. 88/81, Nr. 205.
165 ATIB/UniA Hannover, Best. 9, Nr. 49–53, und Hann. 146 A, Acc. 10/85, Nr. 55.
166 ATIB/UniA Hannover, Hann. 146 A, Acc. 62/81, Nr. 29, und Hann. 146 A, Acc. 88/81, Nr. 216.

NSBDT, 31. März 1937 Ehrenbürger der TH Hannover „in Anerkennung seiner besonderen Verdienste um die Technische Hochschule Hannover".[167]

163 **Mustad, Ole**

(1870–1954) 1887–1892 und 1894/95 Studium an der TH Hannover, Diplom-Ingenieur 1892, seit 1905 Mitbesitzer der Firma O. Mustad & Sön in Norwegen, 1931 Stiftung des „Karmarsch-Pokals" anlässlich der Hundertjahrfeier der TH Hannover, 1936 Spende von 5.000 RM zur Neueinrichtung des Instituts für Technische Physik, erster Antrag der TH Hannover zur Ehrenbürgerernennung 1937/38 vom Ministerium wegen Mitgliedschaft Mustads in einer Freimaurerloge abgelehnt, 30. September 1939 Ehrenbürger der TH Hannover „in Würdigung seiner Verdienste um die Technische Hochschule Hannover, insbesondere bei der Neueinrichtung des Instituts für Technische Physik".[168]

164 **Quincke, Friedrich**

(1865–1934) Studium der Chemie und Physik in Heidelberg, Bonn und Berlin, 1888 Promotion zum Dr. phil., Direktor verschiedener Firmen der chemischen Industrie, 1920–1925 Vorsitzender des Vereins Deutscher Chemiker (anschließend Ehrenmitglied), 1922–1933 ordentlicher Professor für Technische Chemie und Vorstand des Technisch-chemischen Laboratoriums der TH Hannover, 1927–1929 Rektor, 1928 Dr. med. vet. h. c. TiHo Hannover, 1929 Dr.-Ing. E. h. TH Aachen, 22. Mai 1933 Ehrenbürger TH Hannover „in Würdigung seiner großen Verdienste um die Technische Hochschule Hannover".[169]

165 **Stalmann, Albrecht**

(Exemplarische Behandlung in Rz 166)

---

167 ATIB/UniA Hannover, Hann. 146 A, Acc. 62/81, Nr. 27; NLA Hannover, Hann. 122 a, Nr. 1590 und 1593, sowie Nds. 171 Hannover, Nr. 13078. Vgl. [Johann] Innecken: Wasserbaudirektor Müller, Hannover, 60 Jahre, in: Die Weser 10/1931, S. 306f.; N. N.: Wasserbaudirektor Müller 40 Jahre im Staatsdienst, in: Die Weser 14/1935, S. 10; [Anselm?] Bock: Wasserbaudirektor Karl Müller tritt in den Ruhestand, in: Die Weser 16/1937, S. 33f.; N. N.: Wasserbaudirektor i. R. Karl Müller 80 Jahre, in: Die Wasserwirtschaft 42/1951-52, S. 248f.; [Gustav?] Poppe: Präsident i. R. Karl Müller †, in: Die Wasserwirtschaft 48/1957-58, S. 275; [Gustav?] Poppe: Präsident i. R. Karl Müller †, in: Die Bautechnik 35/1958, S. 296.
168 ATIB/UniA Hannover, Hann. 146 A, Acc. 88/81, Nr. 421, und Hann. 146 A, Acc. 10/85, Nr. 56.
169 ATIB/UniA Hannover, Hann. 146 A, Acc. 62/81, Nr. 29, und Hann. 146 A, Acc. 88/81, Nr. 302. Vgl. Hans-Wilhelm Marquart: Quincke, Friedrich Peter Hermann, in: Neue Deutsche Biographie, Bd. 21: Pütter–Rohlfs, Berlin 2003, S. 49.

166 Exemplarisch: Albrecht Stalmann

(1880–1967) 16. September 1940 Ehrenbürger „in Würdigung seiner Verdienste um die Technische Hochschule Hannover". Der biographisch bislang kaum bedachte Albrecht Stalmann ist nicht zu verwechseln mit seinem älteren, NS-geneigten Bruder Karl.[170] Laut Unterlagen im NLA Hannover ist er als Verwaltungsjurist nach anfänglicher Tätigkeit beim Hannoverschen Konsistorium ab 1913 im Preußischen Kultusministerium; dort 1921 Ministerialrat, 1931–1955 (!) Präsident der Klosterkammer, die nach 1933 wegen kirchenfeindlichen NS-Drucks in „Kulturfondsverwaltung Hannover" umbenannt werden musste. Massive NS-Bedrängungen für die Klosterkammer konnten durch geschicktes Taktieren von Stalmann vermieden werden. Soweit bislang ermittelbar – die Akten sind bei der Klosterkammer luftkriegsbedingt weitestgehend vernichtet – kam es zur Übernahme jüdischen Vermögens nur im Fall eines innerhalb eines Klosterkammer-Forstes gelegenen Friedhofs. Dieser wurde seit Anfang des 19. Jahrhunderts nicht mehr genutzt und nach 1945 rückerstattet. Auch fehlen nach Auskunft des Klosterkammer-Archivs Nachweise für Zwangsarbeitereinsatz in von der Klosterkammer unmittelbar verwalteten, also nicht verpachteten Einrichtungen und Flächen, und ebenso Nachweise dafür, dass verpachtet worden sei, um den Einsatz von Zwangsarbeitern zu ermöglichen. Auch ist nicht ersichtlich, wie die typischerweise langjährig verpachteten oder als Erbbaurecht vergebenen Flächen bei der damaligen (Un-)Rechtslage wegen Zwangsarbeitereinsatz hätten wirksam gekündigt werden können. Stalmann bleibt daher nach 1945 nicht nur im Amt, sondern erfährt auch vielfache Ehrungen: 15. Februar 1950 Dr. h. c. Universität Göttingen, 1953 Großes Verdienstkreuz des Verdienstordens der Bundesrepublik Deutschland, 1. Mai 1961 Niedersächsische Landesmedaille mit der Begründung, die Klosterkammer „entgegen allen Anfeindungen in der Zeit vor 1933 und 1945 erhalten und in die Gegenwart fortgeführt zu haben, ist sein großes Verdienst." Über die Gefährdungen 1933–1945 und die beachtliche Gegenwehr siehe seine 1962 erschienene, bereits 1945 nach dem Ende der NS-Herrschaft auf oberpräsidiale Anregung hin gefertigte Denkschrift.[171] Über seine Verdienste für die TH Hannover siehe seine Festansprache vom 8. Mai 1943, die mit der Erwähnung – ungeachtet der NS-bedingten Umbenennung – der Klosterkammer (!) im Haupttitel eine weitere Renitenz belegt.[172] Ausweislich dieser Rede (siehe Anlage 20, S. 21) hat die TH seit 1928 Beihilfen in Höhe von insgesamt 349.000 RM

---

170 Zu diesem vgl. Gerhard Lindemann: „Typisch jüdisch". Die Stellung der Ev.-luth. Landeskirche Hannovers zu Antijudaismus, Judenfeindschaft und Antisemitismus 1919–1949, Berlin 1998.
171 Albrecht Stalmann: Die Klosterkammer und der Hannoversche Klosterfonds unter der Herrschaft der NSDAP. Der zwölfjährige Kampf um das Bestehen der Klosterkammer, in: Tradition. Zeitschrift für Firmengeschichte und Unternehmerbiographie 7/1962, S. 257–280.
172 Ders.: Zum 125jährigen Bestehen der Klosterkammer, 1943, Archiv der Klosterkammer Hannover, Sig. 0-STF2, 10.

erhalten. Zuwendungen, die dabei an spezifische NS-Einrichtungen (Hanns-Simons-Stiftung und Langemarck-Studium) gingen, sind wertmäßig mit insgesamt 5,7 % als untergeordnet zu betrachten; das ganz überwiegende Gros erscheint hingegen nicht angreifbar. Im Ergebnis ist die Titelverleihung nicht als Begünstigung mit überwiegendem NS-Bezug zu werten.[173]

b) Problemfälle

167 *aa. Einleitung*

Hinsichtlich des Auftrags der Arbeitsgruppe, auch NS-Begünstigungen einzubeziehen, ist spätestens an dieser Stelle vertiefend zu sagen, dass aufgrund der bisher an den deutschen Universitäten vernachlässigten Forschung zur Geschichte eigener Privilegierungen in der NS-Zeit noch keine gültigen methodischen Maßstäbe vorliegen. Insofern hat die hiesige Untersuchung gewissermaßen Neuland betreten, woraus sich zugleich ergibt, dass ihr eine Pilotfunktion zukommt. Dabei hat die Arbeitsgruppe sich bemüht, ihre Überlegungen so zu fassen, dass sie auch über Hannover hinaus zu einer besseren Instrumentenentwicklung in einem komplexen und mit vielfältigen Schwierigkeiten besetzten Erkenntnisfeld beitragen können. Geht man dabei zunächst auf die Intensität der faktischen Aufarbeitung ein, sind jedenfalls die ermittelten Überlieferungen penibel gesichtet und ebenso offen wie unverkürzt diskutiert worden. Indessen ließ sich auch bei der hier behandelten Vergabe von Ehrentiteln feststellen, dass in nur wenigen klar zutage tretenden Fällen eindeutig NS-spezifische Gründe den Ausschlag gaben. Ansonsten musste von einem in die „Normallage" der damaligen Zeit eingelagerten Kausalnexus (siehe Rz 68) ausgegangen werden. Wie bereits in der Beschlusspräambel (siehe Rz 61) allgemein und weiter speziell zu den Stellenvergaben ausgedrückt (siehe Rz 69f. und Rz 107), zeigte sich mithin auch bei den Ehrungen, dass die NS-Motivierung dafür regelmäßig nicht klar ausgesprochen, das heißt wohlweislich den Quellen nicht überantwortet wurde. Vor diesem Hintergrund sind die nachstehenden Problemfälle zu verstehen, zu deren Bewertung noch auf einige grundlegende Erwägungen hingewiesen sei.

168 Die Arbeitsgruppe tendierte zu Beginn ihrer Begünstigungsermittlungen dahin, sich zur Bewertung der Vergabe von Stellen und Ehrentiteln damit zu begnügen, die Auslegung zum Gleichbehandlungsgrundsatz des Artikels 3 Grundgesetz analog heranzuziehen, das heißt mit einem vergleichsweise gut bewährten Verfahren anhand gängiger rechtlicher Maßstäbe zu arbeiten. Für solche eingefahrene Herangehensweise

---

173 ATIB/UniA Hannover, Hann. 146 A, Acc. 10/85, Nr. 55; NLA Hannover, Nds. 50, Acc. 2000/137, Nr. 10. Vgl. Lindemann: Typisch jüdisch; Albrecht Stalmann: Zum 125jährigen Bestehen der Klosterkammer, 1943, Archiv der Klosterkammer Hannover, Sig. 0-STF2, 10; ders.: Die Klosterkammer.

ließ sich durchaus der senatsbeschlossene Prüfungsauftrag ins Feld führen, aufgrund quellenmäßiger Überlieferung diejenigen Verleihungen zu benennen, für welche „eindeutig NS-spezifische Gründe" vorliegen. Indessen ergab die Komplexität der Fälle und namentlich die bereits vorstehend dargetane typische Verdunkelung solcher Eindeutigkeit alsbald, dass die Arbeitsgruppe ihrem Auftrag nur unzureichend gerecht geworden wäre, wenn sie ihn sozusagen allein strikt positivrechtlich und nicht zugleich auch ethisch motiviert verstanden hätte. Es konnte mit anderen Worten nicht überzeugen, allein mit Mitteln des positiven Rechts hochschulische Fehlentscheidungen der Vergangenheit bewerten zu wollen. Wie oben ausgewiesen (siehe Rz 71), wurde deshalb in menschenrechtlicher Erweiterung schon bald die Radbruchsche Formel mit eingeführt. Sie bietet gegenüber der Enge des positiven Rechts eine Brücke zum und Erweiterung durch das Naturrecht, das herkunftsmäßig auch deutlich ethisch-moralisch verwurzelt ist. Diese ethisch-moralische Fundierung mit der Folge eines Unerträglichkeitsmaßstabs sei im Folgenden vertieft, um fruchtbar gemacht zu werden.

169 Die solcherart erweiterte Bewältigung des senatsbeschlossenen Auftrags misst ihm über den gängigen juristischen Angang hinaus zugleich eine eminent ethisch-moralische Seite zu. Auch wenn sich daraus ergebende Wertungen immer auch eine gewisse Rigorosität gegenüber historischen Lebenswirklichkeiten bedeuten, ist der Annahme entgegenzutreten, dass mit solcher Maßstabsbildung stets nur nach diffusen Höchstwerten bzw. vagen Empfindungen vorgegangen würde. Entscheidend ist vielmehr eine historisch sachangemessen begründete Wertfixierung. Dazu hat sich die Arbeitsgruppe von dem Predigerpathos einer „neuen Unschuld" (Karl Heinz Bohrer) ebenso weit entfernt gehalten wie von der Selbstgerechtigkeit eines neudeutsch-nationalgeschichtlichen Diskurses.[174] Die Arbeitsgruppe hat stattdessen gemeint, im Einzelfall auf begründete Aspekte moralischer Verantwortlichkeit aufmerksam machen zu sollen, um bei bestehenden Zweifeln über „eindeutig NS-spezifische Gründe" zu einer Zwischenwertung aufgrund hochgradiger oder geringerer NS-Verstrickung zu gelangen.

170 Näherhin ist hierzu zu beachten, dass das Kriterium der „eindeutig" oder „maßgeblich" oder „dominant NS-spezifischen Gründe" (siehe Rz 68) nicht zu dem Umkehrschluss verleiten darf, als habe es daneben stets und nur NS-unspezifische Gründe für die hier in Rede stehenden Verleihungen gegeben. Denn die Schwarz-Weiß-Annahme, dass im totalitären NS-Regime Ehrungen ohne NS-Bezug und mithin andere und möglicher-

---

174 Weitgehend zit. nach der Besprechung des Werkes: Hans Mommsen: Die verspielte Freiheit. Der Weg der Republik von Weimar in den Untergang, Berlin 1989, in der Wochenzeitung Die Zeit, die ebd. auszugsweise auf der Rückseite des Buches zitiert ist.

weise politisch entgegengesetzte Verleihungsgründe überwogen haben könnten, erscheint historisch-empirisch höchst fraglich. Lässt sich doch damals ehrungswürdiges Handeln von Wissenschaftlern oder sonstigen Personen, die zu Ehrendoktoren, Ehrenbürgern oder Ehrensenatoren der TH Hannover ernannt wurden, ohne gewissen NS-Bezug nicht signifikant nachweisen. Dem entspricht, dass eine systemisch exponierte Institution wie die hiesige Hochschule, die seinerzeit auf Grundlage der im NS-Staat gültigen Maßgaben bestand und überdies von seiner Finanzierung abhängig sowie ihm rechenschaftspflichtig war, nicht ohne NS-spezifische Ausrichtung handeln konnte.

171 Indessen ging die Arbeitsgruppe nach dem oben Gesagten nicht so weit, sich von der bekannten Radikalität des auch NS-beziehbaren Satzes des Sozialphilosophen Theodor W. Adorno „Es gibt kein richtiges Leben im Falschen" leiten und die Vergabe eines Ehrentitels der TH Hannover nur bei expliziten Widerstandsleistungen unbeanstandet zu lassen. Dies geschah nicht etwa, weil solche Akte jedenfalls bei der hiesigen Problemgruppe der Geehrten nicht feststellbar waren, sondern weil für die Bewertung ansonsten Höchstwerte zum Maßstab gemacht worden wären, die sich entgegen den obigen Überlegungen (siehe Rz 169) kaum historisch sachangemessen begründen ließen. Zwar ist es bekanntlich ab 1933 immer wieder zu einzelnen Widersetzlichkeiten gekommen, die oftmals ohne persönliche Folgen blieben. Der Regelfall war indessen als Konsequenz der totalitären NS-Herrschaft die massive Verfolgung mit Vernichtungsabsicht, so dass es völlig überzogen erschiene und zu Recht den Vorwurf einer neuen Unschuld bzw. übergroßer heutiger Selbstgerechtigkeit zeitigen würde, nachträglich damalige Widerstandsleistungen zum entscheidenden Maß zu machen. Im Blick darauf, dass es möglich ist, persönliches Verhalten als mehr oder weniger systemkonform zu werten, hat die Arbeitsgruppe es deshalb als richtiger angesehen, auf die unterschiedliche Intensität der jeweiligen NS-Verstrickung abzustellen.

172 Damit ist die akademische Ehrung einer typischerweise sozial höhergestellten Person zu jener Zeit grundsätzlich als Auszeichnung einer dem Nationalsozialismus gefälligen, jedenfalls nicht missliebigen Person durch die Hochschule zu sehen. Für diese Einrichtung der damals NS-geprägten mittelbaren Staatsverwaltung können zugunsten der Verleihung zwar verschiedenartige „unspezifische" Gründe vorgelegen haben, wie wissenschaftliche Tätigkeiten, wirtschaftliche Erfolge oder Verdienste in der Verwaltung. Nach dem oben Gesagten muss jedoch jede akademische Ehrung in den Jahren 1933 bis 1945, in gewissem Gegensatz zu seinerzeitigen Belobigungen oder Beförderungen in Privatunternehmen der Wirtschaft, immer auch als mehr oder weniger NS-geprägt gesehen werden; sie ist überdies dazu angetan, den Geehrten noch stärker mit dem NS-Staat samt seinen Zielen zu verbinden. Im Ergebnis wurde danach bei bestehenden Restzweifeln an der Nachweisbarkeit eindeu-

tig NS-bedingter Verleihungen folgendermaßen auf die Verantwortlichkeit von Hochschule wie Geehrten abgestellt: Mit steigender NS-Verstrickung des Letzteren erschien es zunehmend weniger bzw. nicht erträglich anzunehmen, dass dies bei der Titelvergabe nicht bewusst und von maßgeblicher Bedeutung gewesen sein sollte.

173 Unter dem Vorzeichen ethisch-moralischer Verantwortung sei schließlich noch darauf hingewiesen, dass es bei den untersuchten Ehrungsfällen nicht etwa um einen Personenkreis „durchschnittlicher" Leute geht, welche die Sorge um ihren Lebensunterhalt als Entschuldigung für Unwissenheit oder Untätigkeit vorschützen können. Vielmehr handelt es sich durchweg um im klassischen Sinne „gebildete" Menschen, deren Amts- oder sonstige Berufstätigkeit unweigerlich mit gehobener Verantwortung in der und für die Gesellschaft verbunden war. Sie gehörten jedenfalls zur damaligen Fachelite und besaßen, falls nicht bereits selbst beteiligt, schon aufgrund ihres intellektuellen Vermögens und ihrer Beziehungen bessere Einblicke in die verbrecherischen und sonstigen Unrechtsmaßnahmen des NS-Staates. Hochschulspezifisch sei nur auf die unverhohlene Diskriminierung oder Entfernung von Mitgliedern wie Angehörigen der TH Hannover aus rassistischen oder politischen Gründen verwiesen, was ebenso unübersehbar war wie später der Einsatz von Zwangsarbeitern. Dabei gilt Nämliches für Industrie- und sonstige Privatbetriebe, deren Inhaber oder Leiter hochschulische Ehrentitel erhielten.

bb. Objektiv bedenkliche NS-Verstrickung

174 **Assbroicher, Heinrich**

(1883–?) Ehrenbürger 16. September 1940: Vorstandsmitglied der Continental Gummi-Werke AG. Geboren in Mönchengladbach, Student der Abteilung IV für chemisch-technische und elektrotechnische Wissenschaften an der TH Hannover 1903–1908, 1908 Diplom-Ingenieur für Elektrotechnik. Vorstandsmitglied der Continental Gummi-Werke AG, Hannover, und Aufsichtsratsmitglied der Rußwerke Dortmund GmbH. Von Assbroicher geht 1938/39 die Initiative zur Einrichtung einer Lehr- und Forschungsstelle „Gummitechnik" bzw. „Gummichemie" aus, welche er auch durch die Vermittlung einer geeigneten Lehrperson durch die Firma Continental unterstützt. Daraufhin Ernennung zum Ehrenbürger der TH Hannover am 16. September 1940 „in Würdigung seiner Verdienste um die Technische Hochschule Hannover". Im Jahr 1942 als Mitglied im technischen Beirat des Kautschuk-Instituts der TH Hannover nachweisbar, setzt sich Assbroicher gegenüber dem Rektor der TH Hannover Pfannmüller im Juli 1944 vehement für den Einsatz von „ausgesuchte[n] ausländische[n] Arbeitskräfte[n]" bei der Einrichtung des Kautschuk-Instituts als „Muster-Einrichtung" ein. Assbroicher, nach dem Krieg in Bad Pyrmont ansässig, wird noch bis 1953/54 in den veröffentlichten Ehrenbürgerlisten der TH Hannover geführt. Auch aufgrund des Briefwechsels mit Pfannmüller, der eine erhebliche Verstrickung Assbroichers in den Zwangsarbeitereinsatz offenbart, wird Assbroicher als Problemfall mit objektiv bedenklicher NS-Verstrickung eingestuft.[175]

175 Focke, Henrich

(1890–1979) Dr.-Ing. E. h. 7. Oktober 1938: 1910–1920 Studium an der TH Hannover (1914–1918 unterbrochen), 1920 Diplom-Ingenieur, Gründer und Inhaber der Firma Focke-Wulf Flugzeugbau AG seit 1923/24, Pionier der Hubschrauberentwicklung, 1931 Ernennung zum Professor durch Bremer Senat, 1933 gegen seinen Wunsch Ausscheiden aus der Firmenleitung, jedoch weiterhin als Konstrukteur für diese tätig, 1937 völliges Ausscheiden und Gründung der Firma Focke-Achgelis zur Entwicklung und zum Bau von Hubschraubern, 7. Oktober 1938 Verleihung des Dr.-Ing. E. h. der TH Hannover, „dem hervorragenden Forscher und Ingenieur in Anerkennung seiner theoretischen und praktischen Arbeiten, die der Luftfahrt neue und aussichtsreiche Wege weisen". Während des Krieges unterhält die Firma Focke-Achgelis am Hauptstandort in Hoykenkamp ein Zivilarbeitslager mit etwa 800 Insassen. 1960 Großes Verdienstkreuz des Verdienstordens der Bundesrepublik Deutschland.[176]

176 Grastorf, Ernst Robert

(1872–?) Ehrenbürger 22. Januar 1942: Bauunternehmer. Anregung zur Verleihung „irgendeiner Ehrung" zum 70. Geburtstag Grastorfs im Januar 1942 erfolgt im Dezember 1941 beim Vorsitzenden der Hannoverschen Hochschulgemeinschaft Hendrik van Delden durch den mit diesem gut bekannten Bruder Robert Grastorf. Grastorf ist zu diesem Zeitpunkt Seniorchef des Bauunternehmens Robert Grastorf GmbH in Hannover und alleiniger Inhaber der davon getrennt verwalteten Tochterfirma Zementwarenfabrik Ernst Robert Grastorf sowie einer Kiesbaggerei in Hemmingen. Nach Zustimmung der NSDAP-Gauleitung Südhannover-Braunschweig erfolgt am 22. Januar 1942 Ernennung zum Ehrenbürger „in Anerkennung seiner Verdienste um die Technische Hochschule Hannover". Trotz weiteren Forschungsbedarfs

---

175 ATIB/UniA Hannover, Best. 9, Nr. 116, sowie Hann. 146 A, Acc. 10/85, Nr. 55, 185 und 186. Vgl. Paul C. W. Schmidt (Hg.): Wer leitet? Männer der Wirtschaft und der einschlägigen Verwaltung 1940, Berlin 1940, S. 19, und 1941/42, Berlin 1942, S. 20; Martin Weinmann (Hg.), Das nationalsozialistische Lagersystem, Frankfurt am Main 1990.
176 ATIB/UniA Hannover, Best. 9, Nr. 119, und Hann. 146 A, Acc. 10/85, Nr. 50. Vgl. Das Deutsche Führerlexikon 1934/35, Berlin 1934, S. 127; Henrich Focke: Mein Lebensweg, Köln 1977; Weinmann: Das nationalsozialistische Lagersystem, S. 93.

zum Einsatz von Zwangsarbeitern in den genannten Firmen erfolgt die Einstufung Grastorfs aufgrund einiger diesbezüglicher Indizien als Problemfall mit objektiv bedenklicher NS-Verstrickung.[177]

177 **Knoche, Carl**

(1877–?) Ehrenbürger 1. November 1933: seit 1900 beim Kabelwerk Duisburg, ab 1918 dort alleiniger Vorstand, 1930/31 Spende von insgesamt 10.000 RM zur Förderung der „Isolierforschung im Hochspannungs-Institut" in fünf Jahresraten, 1. November 1933 Ehrenbürger der TH Hannover „in Würdigung seiner Verdienste um die Technische Hochschule Hannover", ab 1935 Ratsherr der Stadt Duisburg, 1939 erhält Kabelwerk Duisburg die „Goldene Fahne" als „Nationalsozialistischer Musterbetrieb". Im Krieg unterhält das Kabelwerk Duisburg ein Zivilarbeitslager mit 155 Insassen. Insbesondere deswegen wird Knoche als Problemfall mit objektiv bedenklicher NS-Verstrickung eingestuft.[178]

178 **Seifert, Richard**

(1890–1969) Ehrenbürger 12. März 1945: Inhaber der Firma Richard Seifert & Co., Hamburg, zum Bau von Röntgengeräten. Student der Elektrotechnik in der Abteilung IV für chemisch-technische und elektrotechnische Wissenschaften an der TH Hannover vom Wintersemester 1911/12 bis Sommersemester 1914, 1919 ohne Abschluss abgemeldet. Entwicklung und Präsentation eines ersten mobilen Röntgengerätes zur Schweißnahtprüfung 1927. Seit 1933 erhebliche Umsatzsteigerung der Firma Seifert, offenbar auch wegen stetig steigender Rüstungsaufträge, seit 1939 Verwendung von Seifert-Röntgengeräten bei der Serienprüfung im Flugzeugbau. Etwa 1922–1927 Mitglied der DNVP, kein NSDAP-Mitglied, Mitglied DAF 1. Januar 1934, RKB September 1940, NSV November 1942, NSBDT. Vorschlag zur Ernennung zum Ehrenbürger im August 1944 durch Fakultät für Maschinenwesen, da Seifert „den Lehrstuhl des verstorbenen Kollegen Cranz und den von Herrn Kollegen Matting [...] durch Überlassung hochwertiger Röntgenanlagen, sowie durch wissenschaftliche Beratung und Betreuung ständig unterstützt". NSDAP-Gauleitung Hamburg bescheinigt im November 1944, dass „politische und charakterliche Haltung des Dipl.-Ing. Seifert einwandfrei". 1956 Dr.-Ing. E. h. der TH Hannover, „dem erfolgreichen Wissenschaftler und Praktiker auf röntgentechnischem Gebiete, dem Pionier der zerstörungsfreien Werkstoffprüfung". 1956–1966 Vorsitzender der Gesellschaft der Freunde und Förderer des

---

177 ATIB/UniA Hannover, Hann. 146 A, Acc. 10/85, Nr. 55. Vgl. Weinmann: Das nationalsozialistische Lagersystem, S. 114.
178 ATIB/UniA Hannover, Hann. 146 A, Acc. 62/81, Nr. 29. Vgl. Weinmann: Das nationalsozialistische Lagersystem, S. 120.

Deutschen Röntgen-Museums Remscheid, 1960 Röntgen-Plakette der Stadt Remscheid. Aufgrund nachgewiesenen Einsatzes von Zwangsarbeitern in der Firma Seifert sowie vor allem Denunziation mehrerer Zwangsarbeiter durch Seifert wegen geringfügiger Verfehlungen erfolgt Einstufung objektiv bedenkliche NS-Verstrickung.[179]

179 Thyssen-Bornemisza, Stefan von

(1907–1981) Ehrenbürger 1. Januar 1941: Geschäftsführer der Firma Seismos GmbH. Als Sohn von Heinrich von Thyssen-Bornemisza (1875–1947) ungarischer Staatsangehöriger. Studium in Zürich, Washington, St. Louis und Budapest, Promotion zum Dr. phil. im Fach Chemie 1932. Seit 1932 bei der Seismos-Gesellschaft zur Erforschung von Gebirgsschichten und nutzbaren Lagerstätten mbH in Hannover, seit 1935 deren Geschäftsführer. Erfindung des „Thyssen-Gravimeters" zur Lagerstättenerkundung, das 1937 auf der Weltfachausstellung in Paris einen „Grand Prix" erhält. Im Sommersemester 1938 Lehrauftrag für Geophysik an der Universität Münster. Auf Vermittlung der Gauleitung Südhannover-Braunschweig „Ehrengast des Führers und Reichskanzlers Adolf Hitler" auf dem (letztlich ausgefallenen) Reichsparteitag 1939, Förderndes Mitglied der SS (Eintrittsdatum und Beitragshöhe unbekannt). Im April 1940 Spende von 50.000 RM zur Einrichtung einer Stiftung, um ungarischen Studenten Stipendien zum Studium an der TH Hannover zur Verfügung zu stellen, sowie allgemein zur Förderung des „ungarisch-deutschen Kulturaustausches", daraufhin auf Bitten des Rektors der TH Hannover Pfannmüller für Ausländer notwendige gesonderte Genehmigung des REM zur Verleihung der Ehrenbürgerwürde an Stefan von Thyssen-Bornemisza im November 1940 erteilt. 1. Januar 1941 Ernennung zum Ehrenbürger „in Würdigung seiner Verdienste um die Technische Hochschule Hannover". Im Februar 1941 Spende von 3.000 RM für das Geographische Institut der TH Hannover. Stiftungskapital der „Stefan Baron von Thyssen-Bornemisza-Stiftung für ungarisch-deutschen Kulturaustausch" sowie Mittel für weitere Spende stammt aus dem von Stefan von Thyssen-Bornemisza verwalteten Vermögen von August Thyssen junior (1874–1943). Aufgrund seiner großen Nähe zu verschiedenen NS-Größen wird Thyssen-Bornemisza trotz der inhaltlich unstrittigen Begründbarkeit seiner Ehrung als Problemfall mit objektiv bedenklicher NS-Verstrickung eingestuft. Die Thyssen-Bornemisza-Stiftung besteht bis in die 1950er Jahre weiter.[180]

---

179 ATIB/UniA Hannover, Hann. 146 A, Acc. 134/81, Nr. 1, und Hann. 146 A, Acc. 10/85, Nr. 55; StA Hamburg, LA 2918. Vgl. J[ohannes] Schlums: Bericht über das Rektoratsjahr vom 1. Juli 1956 bis zum 30. Juni 1957, in: Jahrbuch der Technischen Hochschule Hannover 1955/1958, Braunschweig o. J., S. 80–87, hier S. 82; Alexander Matting: Richard Seifert †, in: Physikalische Blätter 25/1969, S. 179; Weinmann: Das nationalsozialistische Lagersystem, S. 81.

180 ATIB/UniA Hannover, Hann. 146 A, Acc. 10/85, Nr. 55, und Nds. 423, Acc. 11/85, Nr. 687 und 688. Vgl. Simone Derix: Die Thyssens. Familie und Vermögen, Paderborn 2015.

cc. Objektiv geringe NS-Verstrickung

180 **Beckmann, Ernst**

(1877–1957) Ehrenbürgerwürde auf Vorschlag der Fakultät für Maschinenwesen verliehen 12. März 1945 „in Würdigung seiner Verdienste um die Technische Hochschule Hannover". Studium in der Abteilung III für Maschinen-Ingenieurwesen der TH Hannover Wintersemester 1897/98 bis Sommersemester 1901, im Juli 1904 Diplom-Fachprüfung. 1912 Promotion zum Dr.-Ing. TH Aachen. Nach beruflichen Anfängen in der Eisen- und Stahlindustrie Dortmunds seit Herbst 1906 Ingenieur bei den Friedrich Krupp Werken in Essen mit stetem Aufstieg von der mittleren bis in die höhere Ebene: 1911 Betriebsführer, 1919 Betriebsleiter, 1924 Gruppenvorstand Blechbearbeitung, 1932 Betriebsdirektor, 1941 Betriebsdirektor der Blechbearbeitung. An der TH Hannover Mitglied im Arbeitsausschuss des Beirats des Instituts für Werkstoffkunde und bei der Erweiterung des Instituts engagiert. Erhält Prämien und Sonderzahlungen aufgrund seiner Leistungen samt Mitinhaberschaft eines Patents für Schweißtechnik (DRP Nr. 567094), das auch kriegsrelevant. Aufgrund einer Panzervorführung der Firma Krupp aus Anlass des Geburtstages Hitlers in dessen Auftrag ministerielles Dankesschreiben vom 28. April 1942, in dem neben allen beteiligten Firmen speziell die Mitarbeiter der Firma Krupp und dabei sieben namentlich genannte Herren aufgeführt werden, unter denen sich auch Beckmann befindet; Ruhestandseintritt Anfang 1944. Im März 1946 ergibt die Überprüfung seiner Bezüge durch die alliierte Militärverwaltung keinerlei Bedenken gegen unverkürzte Weiterzahlung. Angesichts dessen sowie auch der Tatsache, dass Beckmann in seiner beruflichen Endstellung noch zwei Leitungsebenen über sich hat, ist nicht mehr als geringe NS-Verstrickung erkennbar.[181]

181 **Bergmann, Werner**

(1877–1956) Dr.-Ing. E. h. 9. Juni 1942, verliehen „Dem tatkräftigen Förderer wissenschaftlicher Erkenntnisse auf dem Gebiete des Eisenbahnmaschinenwesens, der an führender Stelle durch Leitung und Mitarbeit an der Schaffung wichtiger Erkenntnisse in der Fahrzeugtechnik erfolgreich mitgewirkt hat". Studium TH München Wintersemester 1897/98 bis Sommersemester 1899 und Wintersemester 1900/01, Studium in der Abteilung III für Maschinen-Ingenieurwesen der TH Hannover 16. Oktober 1899 bis Sommersemester 1900 und 19. April 1901 bis Sommersemester 1903, seit 1906 bei der Reichsbahnverwaltung, 1929–1932 Leiter Reichsbahn-Zentralamt für Maschinenbau, 1. November 1932 bis 31. Dezember 1935 Präsident Reichsbahndi-

---

181 ATIB/UniA Hannover, Best. 9, Nr. 105, und Hann. 146 A, Acc. 10/85, Nr. 55; Historisches Archiv Krupp, Essen, WA 131/241.

rektion Essen, danach Vorstand der Reichsbahn-Gesellschaft, Anfang 1937 bis zu seinem Ruhestand am 1. Oktober 1942 im Reichsverkehrsministerium als Ministerialdirektor und Leiter der Maschinentechnischen und Einkaufs-Abteilung im Vorstand. Als hochkarätiger Fachmann mit den Spezialgebieten Organisation und technikwissenschaftliche Fragen Ende 1936 zum Präsidenten der Deutschen Maschinentechnischen Gesellschaft gewählt, erklärte aber – wahrscheinlich aufgrund höheren Drucks –, dieses Amt „nicht annehmen zu können, solange nicht der Anschluss [der Deutschen Maschinentechnischen Gesellschaft] an die NS-Dachorganisation erfolgt ist". Diese Pression blieb erfolglos, da 1938 Wahl eines neuen Präsidenten. Auf Antrag der hiesigen Fakultät für Maschinenwesen vom 15. Dezember 1941 Ehrungsvorschlag „wegen seiner Leistung im Bereich des Eisenbahnmaschinenbaus seit 1919". Dieses Datum ist deswegen wichtig, weil die Ehrungsgründe damit bereits weit in die Weimarer Zeit (!) zurückgreifen. Auch setzen die massenhaften KZ-Deportationen unter Beteiligung der Reichsbahn im Wesentlichen erst nach dem Zeitpunkt des Ehrungsantrags ein. Im Übrigen ergibt die konkrete Prüfung, dass Bergmann als Leiter der Maschinentechnischen und Einkaufsabteilung (III) der Deutschen Reichsbahn im Vergleich mit der Verkehrs- und Tarifabteilung (I) sowie Betriebs- und Bauabteilung (II) nicht unmittelbar an der Steuerung der KZ-Transporte beteiligt war. Dieses Bild verschiebt sich auch nicht dadurch, dass Bergmann zugleich im Reichsbahn-Vorstand saß und sich damit weiterer Einfluss behaupten ließe. Denn in der NS-Zeit galt das Führerprinzip und zwar gerade in solch einem für den Verkehr lebenswichtigen Verwaltungsgremium, ganz abgesehen von der anerkannten Hochkompetenz und Durchsetzungsfähigkeit des diesem Gremium vorsitzenden Ministers Dorpmüller. Zeitlich wie sachlich ist im Ergebnis nicht erkennbar, dass Ehrung eindeutig oder überwiegend aus NS-Gründen.[182]

182 **Freyer, Arnold**

(1872–1960) Ehrenbürger 31. Dezember 1942 „in Würdigung seiner Verdienste um die Technische Hochschule Hannover"; dies laut Mitteilung an Landgerichtspräsidium vom 31. Dezember 1942 „aus Anlass des Ausscheidens aus dem Dienst als Syndikus [...] der TH Hannover". Dies war ausweislich seiner Personalakte im NLA Hannover von 1923 bis November 1942 Nebentätigkeit zu seinem bis zum Ruhestandseintritt am 1. September 1937 andauernden Richterdienst als Landgerichtsdirektor am Landgericht Hannover. Zugleich ab 1926 Vorsitzender des TH-Ausschusses für

---

182 ATIB/UniA Hannover, Hann. 146 A, Acc. 10/85, Nr. 49. Vgl. Erwin Dickhoff: Essener Köpfe. Wer war was, Essen 1985; Degener: Wer ist's, S. 103; Handbuch für das Deutsche Reich 46/1936, S. 325f., und 52/1942, S. 10; Das Deutsche Führerlexikon 1934/35, Berlin 1934, S. 50; Gerhard Krienitz: 100 Jahre Deutsche Maschinentechnische Gesellschaft 1881–1981, in: Zeitschrift für Eisenbahnwesen und Verkehrstechnik/Glasers Annalen 105/1981, S. 65–72.

die Hauptprüfung der Nahrungsmittelchemiker. Politisch im Kaiserreich nationalliberal, Mai 1933 NSDAP-Mitglied, ohne sich später parteipolitisch besonders hervorzutun. Nach Auswertung der Akten auch im Archiv der TIB/Universitätsarchiv Hannover ergibt sich das Bild eines auf Ausgleich bedachten, um Gerechtigkeit bemühten, maßvollen Mannes. Dieses Bild wird dadurch unterstrichen, dass er wie in den Fällen Krone und Otto (siehe Rz 35 und Rz 42) mäßigend gegenüber NS-Wünschen auffällt und möglicherweise deswegen später als Syndikus immer sporadischer herangezogen worden ist. Dieses Bild wird weiter dadurch unterstrichen, dass er bereits 1923 als Landgerichtspräsident in Vorschlag gebracht wurde, was wegen allgemeiner Überalterung 1928 zurückgenommen wurde. Vor diesem Hintergrund, aber wohl auch besoldungsmäßig, im Blick auf seine erlittene russische Kriegsgefangenschaft von 1915–1920, laut rückwirkender Anordnung des Reichsjustizministeriums vom 1. Januar 1936 an „unwiderruflich bestellter ständiger Vertreter des Landgerichtspräsidenten". Dass seinem bemerkenswerten Nachkriegswunsch auf Reaktivierung, um den Wiederaufbau der Justiz zu unterstützen, nicht entsprochen wird, dürfte mit dieser prominenten Stellung zusammenhängen. Hervorzuheben ist, dass ihm bereits in der Weimarer Zeit in erstaunlichem Ausmaß weitere Nebentätigkeiten angetragen wurden, unter anderem Vorsitz in Schiedsgerichtsverfahren, ab 1929 Vorsitzender der Reichsdisziplinarkammer Hannover, ab 1932 Vorsitzender des Obergerichts der Evangelisch-lutherischen Landeskirche, ab 1936 als rechtskundiges Mitglied im Disziplinarhof der Deutschen Evangelischen Kirche (Vorläufer der EKD), ohne in der kritischen Aufarbeitung seinerzeit kirchlichen Fehlverhaltens durch die zentrale Dissertation von Lindemann über kirchlichen Antijudaismus Erwähnung zu finden. Im Ergebnis ist nicht erkennbar, dass die Ehrung eindeutig oder überwiegend aus NS-Gründen erfolgte.[183]

183 **Wallichs, Adolf**

(1869–1959) Dr.-Ing. E. h. 25. April 1934: Professor für Werkzeugmaschinen und Maschinenfabrikation an der TH Aachen. 1889–1895 Studium des Maschinenbaus an der TH Karlsruhe und der TH Berlin-Charlottenburg, 1894 Diplom-Ingenieur, 1896–1900 Assistent am Lehrstuhl für Kraft- und Arbeitsmaschinen an der TH Berlin-Charlottenburg, 1900–1906 Oberingenieur und später Betriebsdirektor der Maschinenbau-Abteilung der Friedrich-Wilhelm-Hütte in Mülheim an der Ruhr, 1906–1935 ordentlicher Professor an der TH Aachen, 1913–1915 und 1919–

---

183 ATIB/UniA Hannover, Hann. 146 A, Acc. 10/85, Nr. 55; NLA Hannover, Hann. 173, Acc. 56/97, Nr. 198; Standesamt Hannover I, Nr. 350/1960. Vgl. Handbuch über den Preußischen Staat für das Jahr 1927, S. 749f., und Handbuch über den Preußischen Staat für das Jahr 1935, S. 633f; Lindemann: Typisch jüdisch.

1920 Rektor, Gründer des 1924 eingeweihten „Laboratoriums für Werkzeugmaschinen und Betriebslehre", 25. April 1934 Dr.-Ing. E. h. der TH Hannover „in Anerkennung seiner hervorragenden Verdienste um die Zerspanungslehre". 1949 Ehrensenator TH Aachen und Ehrenmitglied des Vereins Deutscher Ingenieure, 1953 Verdienstkreuz des Verdienstordens der Bundesrepublik Deutschland. Die Ehrung durch die TH Hannover erfolgte seinerzeit, obwohl aus formalen Gründen nicht unumstritten, aufgrund wissenschaftlicher Leistungen. Ansonsten scheint Wallichs dem Nationalsozialismus nach den vorhandenen Belegen eher abwartend gegenübergestanden zu haben.[184]

6. Ehrenbenennungen und Ähnliches

Franzius-Institut

Die Versuchsanstalt für Grundbau und Wasserbau der TH Hannover wurde wenige Tage nach dem Tod ihres Gründers und Leiters Otto Franzius auf Wunsch der Hochschule mit ministerieller Anordnung in „Franzius-Institut für Grund- und Wasserbau" umbenannt. Die Arbeitsgruppe hat dem Institut die inzwischen vorliegenden Erkenntnisse über Otto Franzius zugänglich gemacht, was zu einer Abkehr von der bisherigen Berufung auf Otto Franzius führte.[185]

Hinsichtlich des Gründers Otto Franzius sei nur Folgendes angemerkt: (1877–1936) Mitgliedschaften: NSDAP (rückwirkend 1. Januar 1929, 114614), NSDDB. Politische Funktionen: Rektor der TH Hannover 1933/34, leitende Tätigkeit im NSLB (Hochschulen) (mindestens bis Frühjahr 1934). Sonstiges: dubioses Parteieintrittsverfahren; pflegte Kontakte zu leitenden Personen der NSDAP seit 1923, von daher versteht sich das rückdatierte Eintrittsdatum und eventuell auch die Rektoratsübernahme am 19. Juni 1933; unter anderem verantwortlich für die Streichung Gustav Noskes aus der Ehrenbürgerliste der TH Hannover.[186]

---

[184] ATIB/UniA Hannover, Hann. 146 A, Acc. 64/81, Nr. 53. Vgl. Kalkmann: Die Technische Hochschule; Walter Eversheim/Tilo Pfeifer/Manfred Weck (Hg.): 100 Jahre Produktionstechnik. Werkzeugmaschinenlabor WZL der RWTH Aachen von 1906 bis 2006, Berlin/Heidelberg 2006; Klaus Habetha (Hg.): Wissenschaft zwischen technischer und gesellschaftlicher Herausforderung. Die Rheinisch-Westfälische Technische Hochschule Aachen 1970 bis 1995, Aachen 1995, S. 668; Günter Spur: Adolf Wallichs – Begründer des Werkzeugmaschinenlabors der RWTH-Aachen, in: Zeitschrift für wirtschaftlichen Fabrikbetrieb 101/2006, S. 166f.

[185] Vgl. http://www.fi.uni-hannover.de/benennung.html (abgerufen: 20.7.2016).

[186] Vgl. Jung: Voll Begeisterung, S. 57, 214–218 und 232; ders.: Die Rektoratsübergabe am 19. Juni 1933 an der Technischen Hochschule Hannover, in: Hannoversche Geschichtsblätter 67/2013, S. 91–100. Im Übrigen wird verwiesen auf: http://www.fi.uni-hannover.de/fileadmin/institut/doku/Pressespiegel/Franzius_B.pdf (abgerufen: 20.7.2016).

GRÜNDE

185 **Rektorengalerie**

Die Arbeitsgruppe hat vorgeschlagen, den fraglichen Teil der Rektorenporträts im Lichthof der Leibniz Universität aus Gründen der historischen Dokumentation zu belassen, aber mit folgendem Erläuterungstext zu versehen, was inzwischen umgesetzt ist:

„Diese Galerie repräsentiert in den Personen der Rektoren und Präsidenten die Geschichte der Leibniz Universität Hannover von ihrer Gründung 1831 als Höhere Gewerbeschule über die Fortentwicklung zur Polytechnischen Schule 1847, Technischen Hochschule 1879 und Technischen Universität 1968 bis zur heutigen Universität 1978. Die Leibniz Universität blickt mit Stolz auf die Leistungen vieler ihrer Rektoren und Präsidenten, wie auch vieler ihrer anderen Angehörigen und Mitglieder zurück. Zugleich bedauert sie die Fehlentwicklungen, die die Hochschule in den Jahren zwischen 1933 und 1945 genommen hat, deren Ursprünge teilweise weiter zurückreichen und die nach 1945 Spuren hinterlassen haben.
Die Rektoren Ludwig Klein, Otto Franzius, Horst von Sanden, Hanns Simons, Alexander Matting und Helmut Pfannmüller tragen Mitverantwortung für rassistisch und politisch motiviertes Unrecht an dieser Hochschule und die Unterstützung des nationalsozialistischen Regimes bis zum Ende des 2. Weltkrieges. Ihre damaligen Handlungen und Verhaltensweisen entsprachen weder den allgemein verbindlichen wissenschaftlichen Standards noch denen einer zivilisierten Gesellschaft. Die Leibniz Universität Hannover bittet alle von den damaligen Unrechtsmaßnahmen Betroffenen und deren Nachfahren um Entschuldigung."

III. WEITERE PROBLEMBEREICHE

1. Verhalten eng hochschulverbundener Einrichtungen

186 Verwiesen sei hier zum einen auf das ab Ende 1938 eingeführte <u>Langemarck-Studium</u>, das nicht von der TH Hannover betrieben wurde, sondern ein Vorstudium war, für das die Reichsstudentenführung im Auftrag des Reichserziehungsministers zuständig war (siehe Rz 129 ff.).

187 Zu nennen ist weiter die <u>Hanns-Simons-Stiftung</u>, die nach dem kurz nach Kriegsbeginn 1939 gefallenen Rektor (siehe Rz 98) benannt, als Studentenförderung vornehmlich des Langemarck-Studiums errichtet wurde und nach 1945 letztlich in die <u>Hannoversche Hochschulgemeinschaft</u> überging. Letztere, die inzwischen von der „Leibniz Universitätsgesellschaft Hannover e. V." fortgesetzt wird, war und ist ebenso wie die vorerwähnte Stiftung trotz etlicher mitgliedschaftlicher Personengleichheiten eine rechtlich eigen-

ständige Organisation. Da somit deren Akte nicht unmittelbar der TH Hannover zugerechnet werden können, hätte ihre nähere Behandlung den Rahmen des für die Arbeitsgruppe verpflichtenden Senatsauftrags (siehe Rz 13) überschritten.

188 Dasselbe hat für Akte der seinerzeitigen <u>NS-Studentenschaft</u> zu gelten, die z. B. parallel zur Berliner Bücherverbrennung 1933 das entsprechende Pendant in Hannover organisierte und mit Nichtaufnahme oder Ausschluss von bestimmten Studierenden diese aus politischen (z. B. Heinrich Ibrügger, Alfred Schöning, Herbert Wenckenbach) oder rassistischen Gründen (z. B. Erich Rubensohn, Kurt Siegel, Julius Steiner) diskriminierte.

Insgesamt vermag die Arbeitsgruppe hinsichtlich der vorgenannten Einrichtungen nur anzuregen, deren NS-Vergangenheit ebenfalls einer profunden Überprüfung zu unterziehen.

189 **2. Ernennungen und Ehrungen von NS-Belasteten ab 1945**

Im Zuge der Recherchen für diesen Bericht kam auch zum Vorschein, dass etliche NS-Belastete in der Nachkriegszeit an der TH Hannover erneut oder erstmals Lehrämter erhalten oder Ehrungen verliehen bekommen haben (z. B. Karl-Heinz Graumann, Konrad Meyer, Werner Osenberg) oder als Rektoren amtierten.[187] Die Arbeitsgruppe, deren Auftrag zeitlich 1945 endet, empfiehlt der Leibniz Universität Hannover dringlich, auch diesen Teil ihrer Geschichte aufzuklären.

IV. SCHLUSSBEMERKUNGEN

1. Praktische Folgerungen

190 Wie bereits oben in Rz 80 angedeutet, waren und sind die besatzungsrechtlich verfügten Entlassungen von 1945/46 als frühe Sanktionen zu verstehen. Sie griffen in NS-privilegierte Amts- bzw. Dienststellungen ein, indem sie damals bestehende Berufsausübungen beendeten. Solche seinerzeit gegebenen Eingriffsmöglichkeiten scheiden im Blick auf die weiteren, vorstehend dargetanen Begünstigungsfälle heutzutage aus. Denn in den

---

187 Michael Jung: Verdrängte Vergangenheit: Nachkriegsrektoren der Technischen Hochschule Hannover in der NS-Zeit, in: Hannoversche Geschichtsblätter 70/2016 (i. E.), weist darauf hin, dass von den zwischen 1945 und 1970 amtierenden Rektoren mehr als zwei Drittel in der NS-Zeit in NS-Gliederungen – vornehmlich in der NSDAP – organisiert waren.

seitdem vergangenen 70 Jahren ist es zum Ableben sämtlicher Begünstigter gekommen, so dass entsprechende Beendigungen ins Leere liefen. Und eine sonstige nachträgliche „Rückgängigmachung" namentlich auch seinerzeitiger Ehrungen hat zu beachten, dass diese nur auf Lebenszeit verliehen werden und sich somit nur noch Nachwirkungen des Weggefallenen in Betracht ziehen lassen. Noch grundsätzlicher ist weiter hervorzuheben, dass Rückgängigmachung überhaupt keine Kategorie historischer Auseinandersetzung ist. Wie 100 Jahre nach dem Ersten Weltkrieg überdeutlich ist, gehört es zu den Unerbittlichkeiten der Geschichte, dass sie nicht „annulliert" werden kann. Geschichtspolitisch entgegengesetzte Bestrebungen setzen nur auf eine Farce eine andere. Die Arbeitsgruppe ist deshalb zu den – inzwischen bereits vollzogenen – Empfehlungen zum Franzius-Institut (Rz 184) und zur Rektorengalerie (Rz 185) gelangt. Angesichts der Unmöglichkeit, Geschichte ungeschehen zu machen, handelt es sich bei den bekannten Diskursen um „Aufarbeitung" und „Vergangenheitsbewältigung" allein um regulative Ideen, mit deren Hilfe die Unfähigkeit, historische Schuld zu sühnen und daraus resultierenden Schaden wiedergutzumachen, benannt und produktiv zu wenden versucht wird. Im Wissen darum empfiehlt die Arbeitsgruppe mit ihrer vielseitigen Expertise aus Archivwissenschaft, Fachdidaktik, Geschichtswissenschaft, Pädagogik und Rechtswissenschaft einhellig als generelles Ergebnis ihres Auftrags, unmissverständlich zum Ausdruck zu bringen, dass die Leibniz Universität Hannover die an ihrer Vorgängerinstitution geschehenen NS-bedingten Privilegierungen als klare Unrechtsakte wertet und sich so weit wie irgend möglich davon distanziert.

191 Angesichts unterschiedlicher und teilweise strittiger Vorstellungen über die praktischen Folgerungen, die aus einer NS-Begünstigung zu ziehen sind, hat die Frage der Konkretion besonderes Gewicht. Dies gilt umso mehr, als hierüber in jüngerer Zeit in der Presse aufgrund des Artikels „Geschichte eines Ehrensenators"[188] an einer anderen Hochschule diskutiert wird. Wenn dabei wegen NS-Verstrickung verlangt wird, „den Ehrentitel zu annullieren", so zeigt dies nicht unerhebliche Unklarheiten insofern, als vage bleibt, ob die Vergabe damit von heute aus rückwirkend auch hinsichtlich der damaligen Wirkungen (juristisch: ex tunc) für nichtig erklärt und vor allem, was damit praktisch erreicht werden soll. Soll etwa konsequent die Nennung in Vorlesungsverzeichnissen usw., derer die Hochschule noch habhaft ist oder sich durch Aufkauf habhaft zu machen hat, rückwärts geschwärzt oder durch die Einklebung von Korrekturzetteln beseitigt werden? Wie ist bei durch Begünstigung erlangten, etatisierten Professorenstellen zu verfahren? Wäre dann zumindest theoretisch oder zu früherer Zeit, noch vor Verjährung, nicht auch praktisch an Rückzahlungsforderungen wegen des erlangten Gehalts gegebenenfalls gegenüber den Erben zu denken gewesen?

---

188 Vgl. Rüdiger Soldt: Geschichte eines Ehrensenators, in: Frankfurter Allgemeine Zeitung vom 29. Dezember 2012, S. 2.

Die aufgezeigten kaum haltbaren Konsequenzen einer so weitgreifenden Retroaktivität bedenkend geht die Auffassung der Arbeitsgruppe andererseits allerdings auch dahin, dass eine lediglich nachrichtliche Erwähnung erheblicher NS-Bezüge, wie in der vom damaligen Freundeskreis der Leibniz Universität Hannover herausgegebenen Schrift,[189] ohne ausdrückliche Distanzierung zu wenig ist, und gelangt deshalb zu nachfolgendem Lösungsvorschlag.

192   Der Auffassung der Arbeitsgruppe nach erscheint es ebenso erforderlich wie angemessen, die Unvertretbarkeit der seinerzeitigen Begünstigung zu erklären und mit praktischer Wirkung von jetzt an zu versehen. Das heißt, dass jede Erwähnung eines der unvertretbar Begünstigten künftig in offiziellen biographischen oder sonst einschlägigen Publikationen der Leibniz Universität Hannover mit entsprechendem Hinweis bzw. Vermerk zu versehen ist. Dabei ist gleichsam als Gegenprobe auch zu beachten, dass demgegenüber eine weitergehende rückwirkende Aberkennung der Ehrungen, die mit dem Tod der Geehrten ohnehin beendet sind, praktisch nichts mehr nutzen könnte, es sei denn, man ist auf leere Pathetik aus. In so ernster Angelegenheit sollte man indessen, was sich namentlich für die radikaler Sachlichkeit verpflichtete Universität empfiehlt, grundsätzlich so nüchtern wie möglich verfahren.

2. Ausblick

193   Mit den zwei vorliegenden Berichten kommt die Arbeit der Senats-Arbeitsgruppe zur Aufarbeitung der Vergangenheit der TH Hannover, das heißt einer Vorgängereinrichtung der heutigen Leibniz Universität Hannover, in der Zeit des Nationalsozialismus zum Abschluss. Wie für jede geschichtswissenschaftliche bzw. rechtshistorische Darstellung ist auch diesmal der Charakter der Vorläufigkeit aller ihrer Ergebnisse hervorzuheben: Weitere Forschung, neue Quellenfunde, veränderte Fragestellungen und Perspektiven werden zukünftig zweifellos zu verbesserter Kontextualisierung, vertieften Einsichten und verwandelten Bewertungen beitragen. Der Tenor beider Berichte freilich – dass es in den Jahren 1933 bis 1945 an der TH Hannover einerseits zu Diskriminierungen, bleibenden persönlichen Beeinträchtigungen, illegitimen Verfolgungen gekommen ist, dass andererseits nicht wenige Gelehrte und Honoratioren von den im Sinne des Nationalsozialismus umgestalteten Strukturen der Hochschule bereitwillig profitierten und sich dabei erheblich in den Unrechtsstaat, der das Deutsche Reich seinerzeit war, verstrickten – wird Bestand haben.
Ein sich unmittelbar anschließendes weiteres Forschungsfeld wäre nunmehr, wie schon in Rz 189 vermerkt, die Frage nach dem Umgang mit durch das NS-Regime kompro-

---

189   Vgl. Ertel: Die Träger, z. B. S. 32, 34 und 54.

mittierten Personen vor allem im Lehrkörper der TH Hannover nach 1945. Ein solcher Untersuchungsauftrag drängt sich schon deswegen auf, da doch kein Geheimnis ist, dass im höheren Bildungswesen generell und in Hannover nochmals verhältnismäßig stark hochgradig belastete Personen auf Lehrstühle berufen wurden oder sogar in Leitungsämter inklusive das Rektorat aufstiegen. Als einer der prominentesten Fälle mag hier Konrad Meyer genannt werden, dessen von ihm maßgeblich ersonnener „Generalplan Ost" die Vertreibung, Verfolgung oder Versklavung von Millionen Menschen – vor allem Slawen und Juden – in den während des Zweiten Weltkriegs besetzten osteuropäischen Gebieten vorsah. Obwohl diese Verstrickung in Genozid, immense Kriegsverbrechen und Massengewalt im Grundsatz bekannt war, Meyer auch von den US-Amerikanern eine Freiheitsstrafe erhalten hatte, die er aber nicht antreten musste, bekleidete er von 1956 bis 1968 eine Professur für Landesplanung und Raumordnung an der TH Hannover. Weitere problematische Namen können angeführt werden, andere bislang unbekannte dürften hinzukommen.[190]

Für eine entsprechende Forschungsarbeit zu bedenken sind jedoch zum einen die im Hinblick auf das bisher Geleistete grundsätzlich unterschiedlichen methodischen Voraussetzungen: Die quellenmäßige Überlieferung für die Zeit seit 1945 befindet sich nämlich nicht – anders als die für den Zeitraum von 1933 bis 1945 – konzentriert im Archiv der TIB/Universitätsarchiv Hannover und in anderen Archiven, sondern, der Natur der Sache nach, je nach Ausbildungs- und Wirkungsstätte der betreffenden Personen vor und nach 1945 verstreut im ganzen Bundesgebiet, gewiss auch in osteuropäischen oder sogar überseeischen Archiven. Zum anderen empfiehlt die Arbeitsgruppe, eine solche Forschung unbedingt in den größeren systematischen Kontext von Entnazifizierung, gerichtsfester Aburteilung oder geräuschloser Wiedereingliederung mindestens im gesamten Raum Hannover zu stellen. Erst der Vergleich mit weiteren öffentlichen Akteuren wie Justiz, Verwaltung, Stadtplanung[191] kann die Eigenheiten wie Entsprechungen universitären Lebens in der frühen Bundesrepublik sichtbar werden lassen. Für das somit als voraussetzungsreich und aufwendig gekennzeichnete Vorha-

---

190 Vgl. Jung: Verdrängte Vergangenheit.
191 So waren etwa am Wiederaufbau des kriegszerstörten Hannover als „autogerechte Stadt" mit Rudolf Hillebrecht (vgl. dazu u. a.: Friedrich Lindau: Planen und Bauen der fünfziger Jahre in Hannover, Hannover 1998, S. 22–39) und Hans Stosberg (vgl. dazu zusammenfassend: Roland Stimpel: Architekten in Auschwitz. Tiefpunkt der Architekturgeschichte, http://dabonline.de/2011/12/01/tiefpunkt-der-architekturgeschichte/ (abgerufen: 20.7.2016)) zwei Männer führend beteiligt, die in der NS-Zeit eine nicht unbedeutende Rolle spielten. Stosberg hatte wenige Jahre zuvor im Rahmen des Holocausts noch an der Planungsspitze für die „Siedlungs-Musterstadt Auschwitz" gestanden, Hillebrecht agierte als engster Mitarbeiter des hochgradig NS-belasteten Architekten Konstanty Gutschow, war in Hamburg koordinierend beim Einsatz von Kriegsgefangenen und Zwangsarbeitern tätig und gehörte ab 1944 zum „Arbeitsstab Dr. Wolters" (in Speers Ministerium für Rüstung und Kriegsproduktion für die Planung des Wiederaufbaus zerstörter Städte zuständig), in dem zumindest Aspekte der Pläne, die später in Hannover verwirklicht wurden, bereits angedacht worden waren (vgl. dazu Heinrich Schwendemann: Bomben für den Aufbau, in: SPIEGEL special 1/2003, S. 110–114).

ben empfiehlt die Arbeitsgruppe daher andere strukturierte und finanziell gesicherte Verfahren, die sie selbst oder ein ähnliches Gremium zu leisten kaum imstande wäre. Dass diese Forschung zur Vergangenheitsbewältigung dringend nötig ist, wird hier aber noch einmal unterstrichen. Erst deren Ergebnisse können das Bild der Leibniz Universität Hannover als einer sich ihrer historischen Verantwortung stellenden, erinnerungskulturell auf der Höhe der Zeit agierenden und zivilgesellschaftlich engagierten Hochschule vervollständigen.

V. ANHANG BEISPIELHAFTER NORM- UND ARCHIVUNTERLAGEN

Anlage 11: Schreiben des Präsidenten vom 10. November 2010 betr. Vergabe hochschulischer Ehrentitel von 1933 bis 1945

Anlage 12: (Besatzungshoheitliche) Richtlinien über die Befreiung der Betrieb(e) der privaten Wirtschaft von politisch untragbaren Personen vom 25. August 1945
(NLA Hannover, Nds. 401, Acc. 112/83, Nr. 790)

Anlage 13: Direktive Nr. 38 des Alliierten Kontrollrats vom 12. Oktober 1946 betr. Verhaftung und Bestrafung von Kriegsverbrechern, Nationalsozialisten und Militaristen und Internierung, Kontrolle und Überwachung von möglicherweise gefährlichen Deutschen
(Amtsblatt des Kontrollrats in Deutschland, Nr. 11 vom 31. Oktober 1946, S. 184–211)

Anlage 14: Schreiben des Rektors vom 28. Juli 1947 betr. Politische Überprüfung (und Entlassungen) von Hochschulangehörigen
(NLA Hannover, Nds. 401, Acc. 112/83, Nr. 763)

Anlage 15: ME vom 29. April 1939 betr. Zulassung zum Studium ohne Reifezeugnis, Sonderreifeprüfungen
(Deutsche Wissenschaft, Erziehung und Volksbildung. Amtsblatt des Reichsministeriums für Wissenschaft, Erziehung und Volksbildung und der Unterrichtsverwaltungen der Länder 5/1939, Amtlicher Teil, S. 285–287)

Anlage 16: ME vom 2. April 1942 betr. Langemarck-Studium
(Deutsche Wissenschaft, Erziehung und Volksbildung. Amtsblatt des Reichsministeriums für Wissenschaft, Erziehung und Volksbildung und der Unterrichtsverwaltungen der Länder 8/1942, Amtlicher Teil, S. 180–183)

Anlage 17: Bericht des Lehrgangsleiters Hannover der Reichsstudentenführung vom 1.4.1941 betr. Meldung von Bewerbern zum Langemarck-Studium, Lehrgang Hannover 1941
(ATIB/UniA Hannover, Hann. 146 A, Acc. 125/84, Nr. 73)

V. Anhang beispielhafter Norm- und Archivunterlagen

Anlage 18:   Geschäftsführungs-Bericht des Studentenwerks Hannover, Kuratorium für das Langemarck-Studium, vom 18. Dezember 1939 betr. Langemarck-Studium, Lehrgang Hannover
(NLA Hannover, Hann. 180, Hann. E 1, Nr. 93/2)

Anlage 19:   Ministerialschreiben vom 4. Januar 1940 betr. Sperre der Hochschulzulassung während der Vorstudienausbildung des Langemarck-Studiums
(NLA Hannover, Hann. 122 a, Nr. 5297, Bl. 381)

Anlage 20:   (Fest-)Ansprache des Präsidenten der Staatlichen Kulturfondsverwaltung Hannover (Klosterkammer) Albrecht Stalmann zum 125-jährigen Bestehen der Klosterkammer vom 8. Mai 1943 (Auszug)
(Archiv der Klosterkammer Hannover, Sig. 0-STF2, 10)

Der Präsident

Gottfried Wilhelm Leibniz Universität Hannover, Welfengarten 1, 30167 Hannover

Herrn
Christian-Alexander Wäldner

Prof. Dr.-Ing. Erich Barke
Tel. +49 511 762 2201
Fax +49 511 762 4004
E-Mail: praesident
@uni-hannover.de

10.11.2010

Sehr geehrter Herr Wäldner,

hiermit bitte ich Sie, im Rahmen Ihrer Masterarbeit aufgrund der im Universitätsarchiv vorhandenen Dokumente eine Übersicht über verliehene akademische Ehrentitel aus der Zeit zwischen 1933 und 1945 anzufertigen. Diese Übersicht soll den entsprechenden Gremien unserer Universität dazu dienen, zu überprüfen, ob sich hierunter Titel befinden, die ~~ausschließlich nationalsozialistisch~~ begründet sind.

Für Ihre Mühe sage ich schon jetzt herzlichen Dank.

Mit freundlichen Grüßen

Prof. Dr.-Ing. Erich Barke

Besucheradresse:
Welfengarten 1
30167 Hannover
www.zuv.uni-hannover.de

Zentrale:
Tel. +49 511 762 0
Fax +49 511 762 3456
www.uni-hannover.de

Anlage 11

Anl.2.z.Bericht v. 25.8.45

Abschrift.

Richtlinien über die Befreiung der Betrieb der privaten Wirtschaft von politisch untragbaren Personen.

I. a) Die Überprüfung der Arbeiter und Angestellten nehmen Betriebsleitung und Betriebsvertretung gemeinsam vor.

b) Die Überprüfung der Vorstands- und Aufsichtsratmitglieder, der Geschäftsführer, der persönlich haftenden Gesellschafter, der Repräsentanten der bergbaulichen Gewerkschaften sowie der Jnhaber von Einzelunternehmen erfolgt auf Wunsch der Militär-Regierung durch die Wirtschaftskammer zu Hannover.

II. Jn beiden Fällen werden die gleichen Grundsätze angewandt und zwar nach folgendem Schema:

Gruppe:	Regelung:
1. Pg., formal unbelastet (Pg.ab 1.5.33 ohne Amt oder Rang)	verbleibt im Betrieb. Bei nachgewiesene politischer Belastung muss im Falle I a bei Einstimmigkeit zwischen Betriebsleitung und Betriebsvertretung der Belegschaft Entlassung erfolgen, sonst Überweisung an Schiedsgericht, im Falle I b auf Antrag der fachlichen Vereinigung der betr. Branche das Schiedsgericht der Kammer entscheiden. Das Schiedsgericht der Kammer kann auch Fälle von sich aus aufgreifen.
2. Pg., formal belastet (Pg.vor 1.5.33 oder Pg. mit Amt o.Rang)	kann nicht im Betrieb verbleiben. Bei nachweisbarer Entlastung in besonders gelagerten Ausnahmefällen Belassung im Betrieb. Jm Falle I a nur bei Einstimmigkeit zwischen Betriebsvertretung der Belegschaft, im Falle I b wenn auf Antrag der fachlichen Vereinigung das Schiedsgericht der Kammer dem zustimmt. Das Schiedsgericht der Kammer kann auch Fälle von sich aus aufgreifen.
3. Nicht-Pg., politisch unbelastet.	verbleibt im Betrieb
4. Nicht-Pg., politisch belastet.	politische Belastung muß nachgewiesen werden. Scheidet aus dem Betrieb nur

aus
im Falle I a bei Einstimmigkeit zwischen Betriebsleitung und Betriebsvertretung der Belegschaft, sonst Überweisung an Schiedsgericht,
im Falle I b auf Antrag der fachlichen Vereinigung der betr. Branche, wenn das Schiedsgericht der Kammer dem zustimmt. Das Schiedsgericht der Kammer kann auch Fälle von sich aus aufgreifen.

Bemerkungen:

Pg.: nicht nur Inhaber des Parteibuches, sondern auch Parteianwärter, soweit sie Parteibeiträge bezahlt haben,

politisch belastete Nicht-Pg.: beispielsweise Denunzianten, Kirchenschänder, Boykotteure, Fälle grober Mißhandlungen,

Amt: a) in der Partei: vom Zellenleiter an aufwärts und Beamte in der Partei,
b) in der DAF: vom Betriebsobmann an aufwärts,
c) alle Hoheitsträger.

Rang: in den Gliederungen usw. der Partei und in einigen anderen Dienststellen.
a) in der SS: sämtliche Angehörige der SS und der SA-Standarte Feldherrnhalle, ferner in der Waffen-SS, alle Offiziere und Freiwillige vom Unterscharführer an aufwärts.
b) in der SA: vom Truppführer an aufwärts, in der Waffen-SA: vom Untersturmführer an aufwärts.
c) im NSKK und NSFK: die gleichen Ränge wie bei der SA,
d) im RAD: vom Arbeitsführer an aufwärts,
e) in der HJ: vom Gefolgschaftsführer und Gruppenführerin an aufwärts,
f) in der NSF: von der Zellenfrau an aufwärts,
g) Generalstäbler (ausgenommen vorübergehend kommandierte), soweit politisch belastet,
h) Beamte und Angestellte der Gestapo und SD.

Schiedsgericht:

a) für Arbeiter und Angestellte - paritätisch zusammengesetzt aus je 2 Mitgliedern aus dem Kreise der Betriebsleitungen und der Gewerkschaft unter Vorsitz des Landesarbeitsamtes. Die Mitglieder aus dem Kreise der Betriebsleitungen werden von der Wirtschaftskammer benannt. Die Mitglieder haben turnußgemäss zu wechseln, je ein Vertreter auf jeder Seite muss branchefremd

fremd sein.
b) der Wirtschaftskammer zusammengesetzt aus einem Mitglied des Präsidiums, einem weiteren Mitglied des Hauptausschusses der Kammer und einem dritten Mitglied, das branchekundig sein muss und von der Kammer zu berufen ist. Das Mitglied des Präsidiums führt den Vorsitz, sämtliche Mitglieder haben turnusgemäss zu wechseln. Das Schiedsgericht kann sich durch weitere Ausschußmitglieder erweitern.

III.
1) Diese Richtlinien gelten bis auf weiteres auch für alle Neueinstellungen.
2) Jn geeigneten Fällen kann bei Belassung im Betrieb eine Verwarnung ausgesprochen werden.
3) Nazis, die durch diese Richtlinien nicht ausgeschieden werden, dürfen jedoch nicht als Personal- und Sozialversicherungs-Sachberater tätig sein; ihnen ist jede Lehrlingsausbildung oder -betreuung verboten.
4) Personen, die nach dem 30.1.1933 aufgrund ihrer politischen Einstellung besonders gefördert wurden, sind in ihre frühere Dienststellung zurückzuversetzen.
5) Es ist nicht angängig, diese Bereinigung zu benutzen, um aus sachlichen oder persönlichen Gründen unbeliebte Mitarbeiter zu entfernen, die sich nicht parteipolitisch betätigt haben. Fälle dieser Art bleiben, falls notwendig, wie früher, Gegenstand einer Besprechung zwischen Betriebsleitung und Betriebsvertretung

Betriebs

DIRECTIVE No. 38

The Arrest and Punishment of War Criminals, Nazis and Militarists and the Internment, Control and Surveillance of Potentially Dangerous Germans

The Control Council directs as follows

Part I

1. O b j e c t.

The object of this paper is to establish a common policy for Germany covering:

a) The punishment of war criminals, Nazis, Militarists, and industrialists who encouraged and supported the Nazi Regime.

b) The complete and lasting destruction of Nazism and Militarism by imprisoning and restricting the activities of important participants or adherents to these creeds.

c) The internment of Germans who, though not guilty of specific crimes, are considered to be dangerous to Allied purposes, and the control and surveillance of others considered potentially so dangerous.

2. R e f e r e n c e s :

a) Potsdam Agreement Sec. III, Para. 3, I, a);

b) Potsdam Agreement, Sec. III, Para. 3, III;

c) Potsdam Agreement, Sec. III, Para. 5;

d) Control Council Directive No. 24;

e) Control Council Law No. 10, Article II, Para. 3 and Article III, Paras. 1 and 2.

3. The Problem and General Principles.

It is considered that, in order to carry out the principles established at Potsdam, it will be necessary to classify war criminals and potentially dangerous persons into five main categories and to establish punishments and sanctions appropriate to each category. We consider that the composition of categories and the nature of penalties and sanctions should be agreed in some detail but without limiting in any way the full discretion conferred by Control Council Law No. 10 upon Zone Commanders.

4. A clear definition of Allied policy with regard to the obviously dangerous as well as to only potentially dangerous Germans is required at this time in order to establish uniform provisions for disposing of these persons in the various Zones.

5. Categories and Sanctions.

Composition of categories and sanctions are treated in detail in Part II of this Directive. They shall be applied in accordance with the following general principles:

a) A distinction should be made between imprisonment of war criminals and similar offenders for criminal conduct and internment of potentially dangerous persons who may be confined because their freedom would constitute a danger to the Allied Cause.

b) Zone Commanders may, if they so desire, place an individual in a lower category on probation, with the exception of those who have been convicted as major offenders on account of their guilt in specific crimes.

c) Within the categories, Zone Commanders will retain discretion to vary the sanctions if necessary to meet the requirements of individual cases within the limits laid down in this Directive.

d) The classification of all offenders and potentially dangerous persons, assessment of sanctions and the review of cases will be carried out by agencies to be designated by the Zone Commanders as responsible for the implementation of this Directive.

e) The Zone Commanders and tribunals will have the authority to upgrade or downgrade individuals between categories. Zone Commanders may, if they wish, use German tribunals for the purpose of classification, trial and review.

f) In order to prevent persons dealt with under this Directive avoiding any of the consequences of the Directive by moving to another Zone, each Zone Commander will ensure that the other Zones know and understand the methods employed by him in endorsing the indentity documents of classified individuals.

g) To implement this Directive, it is recommended that each Zone Commander will issue Orders or Zonal Laws conforming in substance to the provisions and principles of this Directive in his own Zone. Zone Commanders will supply each other with copies of such Laws or Orders.

h) Provided that such Zonal Laws are in general conformity with the principles here set forth, full discretion is reserved to the individual Zone Commanders as regards their application in detail in accordance with the local situation in their respective Zones.

5. Gruppen und Sühnemaßnahmen.

Die Zusammensetzung der Gruppen und der Sühnemaßnahmen wird im einzelnen in Abschnitt II dieser Direktive behandelt. Sie soll gemäß den nachstehenden allgemeinen Grundsätzen erfolgen:

a) Ein Unterschied soll zwischen der Gefangensetzung von Kriegsverbrechern und ähnlichen Rechtsbrechern und der Internierung von Personen gemacht werden, die gefährlich werden und deshalb in Haft gehalten werden können, weil ihre Freiheit eine Gefahr für die Sache der Alliierten bedeuten würde.

b) Die Zonenbefehlshaber können nach ihrem Ermessen eine Person bewährungsweise in eine niedrigere Gruppe versetzen; ausgenommen hiervon sollen Personen sein, die wegen ihrer Beteiligung an bestimmten Verbrechen als Hauptschuldige überführt worden sind.

c) In jeder Gruppe bleibt es im Ermessen der Zonenbefehlshaber, nötigenfalls Sühnemaßnahmen im Rahmen der in dieser Direktive gesetzten Grenzen abzuändern, um Einzelfällen gerecht zu werden.

d) Die Einteilung aller Schuldigen sowie der Personen, die gefährlich werden können, die Festsetzung der Sühnemaßnahmen sowie die Nachprüfung der einzelnen Fälle ist von den Stellen durchzuführen, die von den Zonenbefehlshabern mit der verantwortlichen Anwendung dieser Direktive beauftragt werden.

e) Die Zonenbefehlshaber und die Spruchkammern sollen berechtigt sein, Personen von einer Gruppe in eine andere einzureihen, sei es in eine niedrigere oder in eine höhere;
Die Zonenbefehlshaber können sich nach ihrem Ermessen für die Einreihung, Verhandlung und Nachprüfung deutscher Gerichte bedienen.

f) Um zu verhindern, daß Personen, die unter diese Direktive fallen, sich den Folgen der Direktive durch Umzug in eine andere Zone entziehen, hat jeder Zonenbefehlshaber dafür zu sorgen, daß die anderen Zonen die von ihm angewendeten Methoden für die Ausstellung von Ausweispapieren eingruppierter Personen kennen und verstehen.

g) Für die Durchführung dieser Direktive empfiehlt es sich, daß jeder Zonenbefehlshaber in seiner eigenen Zone Befehle oder Gesetze erläßt, die mit den Bestimmungen und Grundsätzen dieser Direktive übereinstimmen. Die Zonenbefehlshaber sollen untereinander Abschriften solcher Befehle und Gesetze austauschen.

h) Vorausgesetzt, daß derartige Zonengesetze in ihrem wesentlichen Inhalt mit den hier niedergelegten Grundsätzen übereinstimmen, sind die Einzelheiten der Anwendung dem freien Ermessen der Zonenbefehlshaber überlassen, um den örtlichen Bedingungen ihrer Zone gerecht zu werden.

i) In Berlin the Allied Kommandatura will have the responsibility for implementing the principles and provisions of this Directive and will issue such regulations and orders as are required for that purpose. Whatever discretion in the implementation of this Directive is left to Zone Commanders will be exercised by the Allied Kommandatura in Berlin.

j) Apart from the categories and sanctions set forth in Part II of this Directive, persons who committed war crimes or crimes against peace or humanity as defined in Control Council Law No. 10 will be dealt with under the provisions and procedures prescribed by that Law.

Part II

Article I

Groups of Persons Responsible

In order to make a just determination of responsibility and to provide for imposition (except in the case of 5. below) of sanctions the following groupings of persons shall be made:

1. Major offenders;

2. Offenders (activists, militarists, and profiteers);

3. Lesser offenders (probationers);

4. Followers;

5. Persons exonerated. (Those included in the above categories who can prove themselves not guilty before a tribunal).

Article II

Major Offenders

Major Offenders are:

1. Anyone who, out of political motives, committed crimes against victims or opponents of national socialism;

2. Anyone who, in Germany or in the occupied areas, treated foreign civilians or prisoners of war contrary to International Law;

3. Anyone who is responsible for outrages, pillaging, deportations, or other acts of brutality, even if committed in fighting against resistance movements;

4. Anyone who was active in a leading position in the NSDAP, one of its formations or affiliated organizations, or in any other national socialist or militaristic organization;

5. Anyone who, in the government of the Reich, the Laender, or in the administration of formerly occupied areas, held a leading position which could have been held only by a leading national socialist or a leading supporter of the national socialist tyranny;

---

i) In Berlin soll die Alliierte Kommandatura für die Durchführung der Grundsätze und Bestimmungen dieser Direktive verantwortlich sein und die zu diesem Zweck erforderlichen Verordnungen und Befehle erlassen. Das in dieser Direktive den Zonenbefehlshabern für die Durchführung eingeräumte freie Ermessen übt für Berlin die Alliierte Kommandatura aus.

j) Abgesehen von den in Abschnitt II dieser Direktive bestimmten Gruppen und Sühnemaßnahmen sollen diejenigen Personen, die Kriegsverbrechen oder Verbrechen gegen den Frieden oder gegen die Menschlichkeit gemäß Kontrollratsgesetz Nr. 10 begangen haben, nach den Bestimmungen und den in Gesetz Nr. 10 vorgeschriebenen Verfahrensregeln behandelt werden.

Abschnitt II

Artikel I

Gruppen der Verantwortlichen

Zur gerechten Beurteilung der Verantwortlichkeit und zur Heranziehung zu Sühnemaßnahmen (ausgenommen in dem unten folgenden Falle 5) werden folgende Gruppen gebildet:

1. Hauptschuldige;

2. Belastete (Aktivisten, Militaristen und Nutznießer);

3. Minderbelastete (Bewährungsgruppe);

4. Mitläufer;

5. Entlastete (Personen der vorstehenden Gruppen, welche vor einer Spruchkammer nachweisen können, daß sie nicht schuldig sind).

Artikel II

Hauptschuldige

Hauptschuldiger ist:

1. Wer aus politischen Beweggründen Verbrechen gegen Opfer oder Gegner des Nationalsozialismus begangen hat.

2. Wer in Deutschland oder in den besetzten Gebieten ausländische Zivilpersonen oder Kriegsgefangene völkerrechtswidrig behandelt hat.

3. Wer für Ausschreitungen, Plünderungen, Verschleppungen oder sonstige Gewalttaten verantwortlich ist, auch wenn diese Akte bei der Bekämpfung von Widerstandsbewegungen begangen worden sind.

4. Wer sich in einer führenden Stellung in der NSDAP, einer ihrer Gliederungen oder angeschlossenen Verbände oder in irgendeiner anderen nationalsozialistischen oder militaristischen Organisation betätigt hat.

5. Wer sich in der Regierung des Reiches, der Länder oder in der Verwaltung der früher besetzten Gebiete in einer führenden Stellung, die nur von führenden Nationalsozialisten oder bedeutenden Anhängern der nationalsozialistischen Gewaltherrschaft bekleidet werden konnte betätigt hat.

6. Anyone who gave major political, economic, propagandist or other support to the national socialistic tyranny, or who, by reason of his relations with the national socialistic tyranny, received very substantial profits for himself or others;

7. Anyone who was actively engaged for the national socialistic tyranny in the Gestapo, the SD, the SS, or the Geheime Feld- or Grenz-Polizei;

8. Anyone who, in any form whatever, participated in killings, tortures, or other cruelties in a concentration camp, a labour camp, or a medical institution or asylum;

9. Anyone who, for personal profit or advantage, actively collaborated with the Gestapo, SD, SS or similar organisations by denouncing or otherwise aiding in the persecution of the opponents of the national socialistic tyranny;

10. Any member of the High Command of the German Armed Forces so specified;

11. In Part I of Appendix "A" a list of categories of persons is given who, because of the character of the crimes allegedly committed by them, shown in paras. 1—10 of this Article, as well as the positions occupied by them, will be carefully investigated and, if the results of the investigation necessitate a trial, must be brought to trial as major offenders and punished if found guilty.

Article III

Offenders

A. Activists.

I. An activist is:

1. Anyone who by way of his position or activity, substantially advanced the national socialistic tyranny;

2. Anyone who exploited his position, his influence or his connections to impose force and utter threats, to act with brutality and to carry out oppressions or otherwise unjust measures;

3. Anyone who manifested himself as an avowed adherent of the national socialistic tyranny, more particularly of its racial creeds.

II. Activists are in particular the following persons, insofar as they are not major offenders:

1. Anyone who substantially contributed to the establishment, consolidation or maintenance of the national socialistic tyranny, by word or deed, especially publicly through speeches or writings or through voluntary donations out of his own or another's property or through using his personal reputation or his position of power in political, economic or cultural life;

2. Anyone who, through national socialistic teachings or education, poisoned the spirit and soul of the youth;

6. Wer der nationalsozialistischen Gewaltherrschaft außerordentliche politische, wirtschaftliche, propagandistische oder sonstige Unterstützung gewährt hat oder wer aus dieser Zusammenarbeit für sich oder andere erheblichen Nutzen gezogen hat.

7. Wer in der Gestapo, dem SD, der SS, der Geheimen Feld- oder Grenzpolizei für die nationalsozialistische Gewaltherrschaft aktiv tätig war.

8. Wer sich in einem Konzentrations-, Arbeits-, Internierungslager, in einer Heil- oder Pflegeanstalt an Tötungen, Folterungen oder sonstigen Grausamkeiten in irgendeiner Form beteiligt hat.

9. Wer aus Eigennutz oder Gewinnsucht aktiv mit der Gestapo, dem SD, der SS oder mit ähnlichen Organisationen zusammengearbeitet hat, indem er Gegner der nationalsozialistischen Gewaltherrschaft denunzierte oder sonst zu ihrer Verfolgung beitrug.

10. Jedes Mitglied des Oberkommandos der deutschen Wehrmacht, als solches gekennzeichnet.

11. In Abschnitt 1 des Anhangs „A" ist ein Verzeichnis der Personengruppen enthalten, welche in Anbetracht der ihnen zur Last gelegten Verbrechen, wie sie in den Ziffern 1 bis 10 dieses Artikels näher bezeichnet sind, und in Anbetracht der von ihnen besetzten Stellen sorgfältig zu prüfen sind, und welche, falls die Ergebnisse der Untersuchung eine Anklage notwendig machen, als Hauptschuldige vor ein Gericht zu stellen und im Falle der Schuld zu bestrafen sind.

Artikel III

Belastete

A. Aktivisten.

I. Aktivist ist:

1. Wer durch seine Stellung oder Tätigkeit die nationalsozialistische Gewaltherrschaft wesentlich gefördert hat;

2. Wer seine Stellung, seinen Einfluß und seine Beziehungen zur Ausübung von Zwang, Drohung, Gewalttätigkeiten, Unterdrückung oder sonst ungerechten Maßnahmen ausgenutzt hat;

3. Wer sich als überzeugter Anhänger der nationalsozialistischen Gewaltherrschaft, insbesondere ihrer Rassenlehre, offen bekannt hat.

II. Aktivist ist insbesondere, soweit er nicht Hauptschuldiger ist:

1. Wer durch Wort oder Tat, insbesondere öffentlich durch Reden oder Schriften oder freiwillige Zuwendungen aus eigenem oder fremden Vermögen oder durch Einsetzen seines persönlichen Ansehens oder seiner Machtstellung im politischen, wirtschaftlichen oder kulturellen Leben wesentlich zur Begründung, Stärkung und Erhaltung der nationalsozialistischen Gewaltherrschaft beigetragen hat;

2. Wer durch nationalsozialistische Lehre oder Erziehung die Jugend an Geist und Seele vergiftet hat;

3. Anyone who, in order to strengthen the national socialistic tyranny, undermined family and marital life disregarding recognised moral principles;

4. Anyone who in the service of national socialism unlawfully interfered in the administration of justice or abused politically his office as judge or public prosecutor;

5. Anyone who in the service of national socialism agitated with incitement or violence against churches, religious communities or ideological associations;

6. Anyone who in the service of national socialism ridiculed, damaged or destroyed values of art or science;

7. Anyone who took a leading or active part in destroying trade unions, suppressing labour, and misappropriating trade union property;

8. Anyone who, as a provocateur, agent or informer, caused or attempted to cause, institution of a proceeding to the detriment of others because of their race, religion or political opposition to national socialism or because of violation of national socialist rules.

9. Anyone who exploited his position or power under the national socialistic tyranny to commit offences, in particular, extortions, embezzlements and frauds;

10. Anyone who by word or deed took an attitude of hatred towards opponents of the NSDAP in Germany or abroad, towards prisoners of war, the population of formerly occupied territories, foreign civilian workers, prisoners or like persons;

11. Anyone who favored transfer to service at the front because of opposition to national socialism.

III. An activist shall also be anyone who after 8 May 1945 has endangered or is likely to endanger the peace of the German people or of the world, through advocating national socialism or militarism or inventing or disseminating malicious rumors.

B. Militarists

I. A Militarist is:

1. Anyone who sought to bring the life of the German people into line with a policy of militaristic force;

2. Anyone who advocated or is responsible for the domination of foreign peoples, their exploitation or displacement; or

3. Anyone who, for these purposes, promoted armament.

II. Militarists are in particular the following persons, insofar as they are not major offenders:

1. Anyone who, by word or deed, established or disseminated militaristic doctrines or programs or was active in any organization (except the Wehrmacht) serving the advancement of militaristic ideas;

2. Anyone who before 1935 organized or participated in the organization of the systematic training of youth for war;

3. Anyone who, exercising the power of command, is responsible for the wanton devastation, after the invasion of Germany, of cities and country places;

4. Anyone without regard to his rank who, as a member of the Armed Forces (Wehrmacht), the Reich Labor Service (Reichsarbeitsdienst), the Organization Todt (OT), or Transport Group Speer, abused his official authority to obtain personal advantages or brutally to mistreat subordinates;

5. Anyone whose past training and activities in the General Staff Corps or otherwise has in the opinion of Zone Commanders contributed towards the promotion of militarism and who the Zone Commanders consider likely to endanger Allied purposes.

C. Profiteers.

I. A profiteer is:

Anyone who, by use of his political position or connections, gained personal or economic advantages for himself or others from the national socialistic tyranny, the rearmament, or the war.

II. Profiteers are in particular the following persons, insofar as they are not major offenders:

1. Anyone who, solely on account of his membership in the NSDAP, obtained an office or a position or was preferentially promoted therein;

2. Anyone who received substantial donations from the NSDAP or its formations or affiliated organizations;

3. Anyone who obtained or strove for advantages for himself or others at the expense of those who were persecuted on political, religious or racial grounds, directly or indirectly, especially in connection with appropriations, forced sales, or similar transactions;

4. Anyone who made disproportionately high profits in armament or war transactions;

5. Anyone who unjustly enriched himself in connection with the administration of formerly occupied territories.

D. In Part II of Appendix "A" a list of categories of persons is given who, because of the character of the crimes allegedly committed by them, shown in this Article, paragraphs A, B and C, will be carefully investigated and, if the results of the investigation necessitate a trial, must be brought to trial as offenders and punished if found guilty.

2. Wer vor 1935 die planmäßige Ausbildung der Jugend für den Krieg organisiert oder an einer solchen Organisation teilgenommen hat;

3. Wer in befehlender Stellung für sinnlose Zerstörungen von Städten und Dörfern nach dem Einmarsch in Deutschland verantwortlich ist;

4. Wer ohne Rücksicht auf seinen Dienstgrad als Angehöriger der Wehrmacht, des Reichsarbeitsdienstes, der Organisation Todt (OT) oder Transportgruppe Speer seine Dienstgewalt dazu mißbraucht hat, persönliche Vorteile zu erlangen oder seine Untergebenen brutal zu mißhandeln;

5. Wer auf Grund seiner Ausbildung und früheren Tätigkeit im Generalstab oder in anderer Weise nach der Ansicht des (zuständigen) Zonenbefehlshabers zur Förderung des Militarismus beigetragen hat und wer von dem Zonenbefehlshaber als möglicherweise den Zielen der Alliierten gefährlich erachtet wird.

C. Nutznießer.

I. Nutznießer ist:

Wer unter Ausnutzung seiner politischen Stellung oder seiner Beziehungen aus der nationalsozialistischen Gewaltherrschaft, der Aufrüstung oder aus dem Kriege für sich selbst oder andere persönliche oder wirtschaftliche Vorteile erlangt oder herausgeschlagen hat.

II. Nutznießer ist insbesondere, soweit er nicht Hauptschuldiger ist:

1. Wer ausschließlich auf Grund seiner Zugehörigkeit zur NSDAP ein Amt oder eine Stellung erhalten hat oder bevorzugt befördert worden ist;

2. Wer erhebliche Zuwendungen von der NSDAP oder von ihren Gliederungen oder angeschlossenen Verbänden erhalten hat;

3. Wer mittelbar oder unmittelbar auf Kosten der politisch, religiös oder rassisch Verfolgten, insbesondere mittels Enteignungen, Zwangsverkäufen und aller sonstigen ähnlichen Rechtsgeschäfte Vorteile für sich selbst oder für andere erlangt oder erstrebt hat;

4. Wer bei der Aufrüstung oder in Kriegsgeschäften unangemessen hohen Gewinn erzielt hat;

5. Wer sich im Zusammenhang mit der Verwaltung ehemals besetzter Gebiete in ungerechtfertigter Weise bereichert hat.

D. In Abschnitt II des Anhangs „A" ist ein Verzeichnis der Personengruppen enthalten, welche in Anbetracht der ihnen zur Last gelegten Verbrechen, wie sie in den Absätzen A, B und C dieses Artikels näher bezeichnet sind, sorgfältig zu prüfen und, falls die Ergebnisse der Untersuchung eine Anklage notwendig machen, als Mitschuldige vor ein Gericht zu stellen und im Falle der Schuld zu bestrafen sind.

Article IV

Lesser Offenders
Probationers

I. A lesser offender is:

1. Anyone including former members of the Armed Forces who otherwise belongs to the groups of offenders but because of special circumstances seems worthy of a milder judgement and can be expected according to his character to fulfil his duties as a citizen of a peaceful democratic state after he has proved himself in a period of probation.

2. Anyone who otherwise belongs to the group of followers but because of his conduct and in view of his character will first have to prove himself.

II. A lesser offender is more particularly:

1. Anyone who, born after the first day of January 1919, does not belong to the group of major offenders, but seems to be an offender, without however having manifested despicable or brutal conduct and who can be expected in view of his character to prove himself;

2. Anyone, not a major offender, who seems to be an offender but withdrew from national socialism and its methods, unqualifiedly and manifestly, at an early time.

3. In Part III of Appendix "A" a list of categories of persons is given who will be carefully investigated and, if there is evidence of guilt in accordance with the provisions of paras. I and II of this Article, will be charged as lesser offenders and punished if found guilty.

Article V

Followers

I. A follower is:

Anyone who was not more than a nominal participant in, or a supporter of, the national socialistic tyranny.

II. Subject to this standard, a follower is more particularly:

1. Anyone who, as a member of the NSDAP or of one of its formations, except the HJ and BDM, did no more than pay membership fees, participate in meetings where attendance was obligatory, or carry out unimportant or purely routine duties such as were directed for all members;

2. Anyone, not a major offender, an offender, or a lesser offender, who was a candidate for membership in the NSDAP but had not yet been finally accepted as a member;

3. Anyone being a former member of the Armed Forces who, in the opinion of the Zone Commander, is liable by his qualification to endanger Allied purposes.

Artikel IV

Minderbelastete
(Bewährungsgruppe)

I. Minderbelastet ist:

1. Wer an sich zur Gruppe der Belasteten gehört, jedoch wegen besonderer Umstände einer milderen Beurteilung würdig erscheint und nach seiner Persönlichkeit erwarten läßt, daß er nach einer Bewährungsfrist, seine Pflichten als Bürger eines friedlichen demokratischen Staates erfüllen wird. Dies bezieht sich auch auf ehemalige Angehörige der Wehrmacht.

2. Wer an sich zur Gruppe der Mitläufer gehört, jedoch wegen seines Verhaltens und seiner Persönlichkeit sich erst bewähren soll.

II. Minderbelastet ist insbesondere:

1. Wer nach dem 1. Januar 1919 geboren ist, nicht zur Gruppe der Hauptschuldigen gehört, jedoch als Belasteter erscheint, ohne aber ein verwerfliches oder brutales Verhalten gezeigt zu haben und nach seiner Persönlichkeit eine Bewährung erwarten läßt.

2. Wer ohne Hauptschuldiger zu sein zwar als Belasteter erscheint, sich aber frühzeitig vom Nationalsozialismus und seinen Methoden unzweideutig und offenkundig abgewandt hat.

3. Im Abschnitt III des Anhanges „A" ist ein Verzeichnis der Personengruppen enthalten, welche sorgfältig zu prüfen und, falls Beweise für ihre Schuld nach den Bestimmungen der Absätze I und II dieses Artikels vorhanden sind, als Mitbelastete anzuklagen und im Falle der Schuld zu bestrafen sind.

Artikel V

Mitläufer

I. Mitläufer ist:

Wer nur als nomineller Parteigänger an der nationalsozialistischen Gewaltherrschaft teilgenommen oder sie unterstützt hat.

II. Demgemäß ist insbesondere als Mitläufer zu betrachten:

1. Wer als Mitglied der NSDAP oder einer ihrer Gliederungen — ausgenommen HJ und BDM — lediglich Mitgliedsbeiträge bezahlt, an Versammlungen, deren Besuch obligatorisch war, teilgenommen oder unbedeutende oder laufende Obliegenheiten, wie sie allen Mitgliedern vorgeschrieben waren, wahrgenommen hat;

2. Wer, ohne Hauptschuldiger, Belasteter oder Minderbelasteter zu sein, Anwärter der NSDAP, aber noch nicht endgültig als Mitglied aufgenommen war;

3. Wer, nach Ansicht des Zonenbefehlshabers, als früherer Angehöriger der Wehrmacht auf Grund seiner Fähigkeiten die Ziele der Alliierten gefährden könnte.

Anlage 13-7

Article VI

Exonerated Persons

An exonerated person is:
Anyone who, in spite of this formal membership or candidacy or any other outward indication, not only showed a passive attitude but also actively resisted the national socialistic tyranny to the extent of his powers and thereby suffered disadvantages.

Article VII

Sanctions

In accordance with the extent of responsibility the sanctions set forth in Art. VIII—XI shall be imposed in just selection and gradation, to accomplish the exclusion of national socialism and militarism from the life of the German people and reparation of the damage caused.

Article VIII

Sanctions against Major Offenders

I. Major Offenders having committed a specific war crime will be liable to the following sanctions:
  a) Death;
  b) Imprisonment for life or for a period of five to fifteen years, with or without hard labour;
  c) In addition, any of the sanctions listed in para. II of this Article may the imposed.

II. The following sanctions may be imposed upon other Major Offenders:
  a) They shall be imprisoned or interned for a period not exceeding 10 years; internment after 8 May 1945 can be taken into account; disabled persons will be required to perform special work in accordance with their capability;
  b) Their property may be confiscated. However, there shall be left to them an amount necessary to cover the bare existence after taking into consideration family conditions and earning power;
  c) They shall be ineligible to hold any public office, including that of notary or attorney;
  d) They shall lose any legal claims to a pension or allowance payable from public funds;
  e) They shall lose the right to vote, the capacity to be elected, and the right to be politically active in any way or to be members of a political party;
  f) They shall not be allowed to be members of a trade union or a business or vocational association;
  g) They shall be prohibited for a period of not less than ten years after their release:
    1) To be active in a profession or, independently, in an enterprise of economic undertaking of any kind, to own a share therein or to supervise or control it;

Artikel VI

Entlastete

Entlasteter ist:
Wer trotz seiner formellen Mitgliedschaft oder Anwartschaft oder eines anderen äußeren Merkmals sich nicht nur passiv verhalten, sondern auch aktiv nach besten Kräften der nationalsozialistischen Gewaltherrschaft Widerstand geleistet und dadurch Nachteile erlitten hat.

Artikel VII

Sühnemaßnahmen

Nach dem Grade der Verantwortlichkeit sind die die Sühnemaßnahmen (Artikel VIII bis XI) in gerechter und billiger Weise zu verhängen, um die Ausschaltung des Nationalsozialismus und Militarismus aus dem Leben des deutschen Volkes und die Wiedergutmachung des verursachten Schadens zu erzielen.

Artikel VIII

Sühnemaßnahmen gegen Hauptschuldige

I. Gegen Hauptschuldige, die bestimmte Kriegsverbrechen begangen haben, sind folgende Sühnemaßnahmen zu verhängen:
  a) Todesstrafe;
  b) Zuchthaus oder Gefängnis auf Lebenszeit oder für die Dauer von 5 bis 15 Jahren;
  c) Zusätzlich können alle im Absatz II dieses Artikels aufgeführten Sühnemaßnahmen verhängt werden.

II. Die folgenden Sühnemaßnahmen können gegen sonstige Hauptschuldige verhängt werden:
  a) Gefängnis oder Internierung bis zu 10 Jahren; Internierung nach dem 8. Mai 1945 kann angerechnet werden; körperlich Behinderte sind entsprechend ihrer Leistungsfähigkeit zu besonderen Arbeiten heranzuziehen;
  b) Ihr Vermögen kann eingezogen werden. Es ist ihnen jedoch der unter Berücksichtigung der Familienverhältnisse und ihrer Erwerbsfähigkeit zum notdürftigen Lebensunterhalt erforderliche Betrag zu belassen;
  c) Unfähigkeit, ein öffentliches Amt einschließlich des Notariats und der Rechtsanwaltschaft zu bekleiden;
  d) Verlust ihrer Rechtsansprüche auf eine aus öffentlichen Mitteln zahlbare Pension oder Zuwendung;
  e) Verlust des aktiven und passiven Wahlrechts und des Rechts, sich irgendwie politisch zu betätigen oder Mitglied einer politischen Partei zu sein;
  f) Verbot der Mitgliedschaft in einer Gewerkschaft oder in einer wirtschaftlichen oder beruflichen Vereinigung;
  g) Verbot auf die Dauer von mindestens 10 Jahren nach ihrer Freilassung:
    1) In einem freien Beruf oder selbständig in irgendeinem gewerblichen Betriebe tätig zu sein, sich an einem solchen zu beteiligen oder dessen Aufsicht oder Kontrolle auszuüben;

Anlage 13-8

2) To be employed in any dependent position, other than ordinary labour;

3) To be active as teacher, preacher, editor, author, or radio commentator;

h) They are subject to restrictions as regards living space and place of residence, and may be enlisted for public works service;

i) They shall lose all licences, concessions and privileges granted them and the right to keep a motor vehicle.

Article IX

Sanctions against Offenders

1. They may be imprisoned or interned for a period up to ten years in order to perform reparation and reconstruction work. Political internment after 8 May 1945 can be taken into account.

2. Their property may be confiscated (as a contribution for reparation), either as a whole or in part. In case the property is confiscated in part, capital goods (Sachwerte) should be preferred. The necessary items for daily use shall be left to them.

3. They shall be ineligible to hold any public office, including that of notary or attorney.

4. They shall lose any legal claims to a pension or allowance payable from public funds.

5. They shall lose the right to vote, the capacity to be elected, and the right to be politically active in any way or to be members of a political party.

6. They shall not be allowed to be members of a trade union or business or vocational association.

7. They shall be prohibited, for a period of not less than five years after their release:

a) To be active in a profession or, independently, in an enterprise or economic undertaking of any kind, to own a share therein or to supervise or control it.

b) To be employed in any dependent position, other than ordinary labour.

c) To be active as a teacher, preacher, editor, author, or radio commentator.

8. They are subject to restriction as regards living space and place of residence.

9. They shall lose all licenses, concessions and privileges granted them and the right to keep a motor vehicle.

10. Within the discretion of Zone Commanders sanctions may be included in zonal laws forbidding offenders to leave a Zone without permission.

Article X

Sanctions against lesser offenders

If the finding of the tribunal places an individual in the category of lesser offenders, he may be placed on probation. The time of probation shall be at least two years but, as a rule, not more than three years. To which group a person responsible

2) In nichtselbständiger Stellung anders als in gewöhnlicher Arbeit beschäftigt zu werden;

3) Als Lehrer, Prediger, Schriftsteller, Redakteur oder Rundfunk-Kommentator tätig zu sein;

h) Sie unterliegen Wohnraum- und Aufenthaltsbeschränkungen und können zu gemeinnützigen Arbeiten herangezogen werden;

i) Sie verlieren alle ihnen erteilten Approbationen, Konzessionen und Vorrechte sowie das Recht, ein Kraftfahrzeug zu halten.

Artikel IX

Sühnemaßnahmen gegen Belastete

1. Sie können auf die Dauer bis zu 10 Jahren in einem Gefängnis oder in einem Lager interniert werden, um Wiedergutmachungs- und Wiederaufbauarbeiten zu verrichten. Internierung aus politischen Gründen nach dem 8. Mai 1945 kann angerechnet werden.

2. Ihr Vermögen kann als Beitrag zur Wiedergutmachung ganz oder teilweise eingezogen werden. Bei teilweiser Einziehung des Vermögens sind insbesondere die Sachwerte einzuziehen. Die notwendigen Gebrauchsgegenstände sind ihnen zu belassen.

3. Sie dürfen kein öffentliches Amt einschließlich Notariat und Anwaltschaft bekleiden.

4. Sie verlieren alle Rechtsansprüche auf eine aus öffentlichen Mitteln zahlbare Pension oder Zuwendung.

5. Sie verlieren das aktive und passive Wahlrecht, das Recht, sich irgendwie politisch zu betätigen oder Mitglied einer politischen Partei zu sein;

6. Sie dürfen weder Mitglieder einer Gewerkschaft noch einer wirtschaftlichen oder beruflichen Vereinigung sein.

7. Es ist ihnen auf die Dauer von mindestens fünf Jahren nach ihrer Freilassung untersagt:

a) In einem freien Beruf oder selbständig in irgendeinem gewerblichen Betriebe tätig zu sein, sich an einem solchen zu beteiligen oder dessen Aufsicht oder Kontrolle auszuüben.

b) In nicht selbständiger Stellung anders als in gewöhnlicher Arbeit beschäftigt zu sein.

c) Als Lehrer, Prediger, Redakteur, Schriftsteller oder Rundfunk-Kommentator tätig zu sein.

8. Sie unterliegen Wohnraum- und Aufenthaltsbeschränkungen.

9. Sie verlieren alle ihnen erteilten Approbationen, Konzessionen und Vorrechte sowie das Recht, ein Kraftfahrzeug zu halten.

10. Nach Ermessen der Zonenbefehlshaber können in die Zonengesetze Sühnemaßnahmen aufgenommen werden, die es den Belasteten untersagen, eine Zone ohne Genehmigung zu verlassen.

Artikel X

Sühnemaßnahmen gegen Minderbelastete

Wer nach dem Spruch einer Kammer in die Gruppe der Minderbelasteten einzureihen ist, kann einer Bewährungszeit unterworfen werden. Diese Bewährungszeit soll mindestens zwei und in der Regel nicht mehr als drei Jahre betragen. Von dem

hereunder will be finally allocated will depend on his conduct during the period of probation. While on probation, the following sanctions will apply:

1. They shall be prohibited, during the period of probation:

  a) To operate an enterprise as owner, partner, manager or executive, supervise or control an enterprise or to acquire any enterprise in whole or in part, or any interest or share therein, in whole or in part;

  b) To be active as teacher, preacher, author, editor or radio commentator.

2. In the event the lesser offender is the owner of an independent enterprise, or any share therein, at the time of his classification, his interest in such enterprise may be blocked.

3. The term enterprise as used in paragraph 1 a) and 2 of this Article need not include small undertakings of craftsmen, retail shops, farms and like undertakings, having less than 20 employees.

4. Property values, acquisition of which rested upon use of political connections or special national socialistic measures such as aryanization and armament shall be confiscated.

5. For the period of probation additional sanctions, taken from those set forth in Article XI hereof may be imposed, with just selection and modification, more particularly:

  a) Restrictions in the exercise of an independent profession, and prohibition to train apprentices;

  b) In respect of civil servants: reduction of retirement pay, retirement or transfer to an office with lesser rank or to another position with reduction of compensation, rescission of promotion, transfer from the civil service relationship into that of a contractual employee.

6. Internment in a labor camp or confiscation of the whole property may not be ordered.

7. Within the discretion of Zone Commanders sanctions may be included in zonal laws forbidding the lesser offenders to leave a Zone without permission.

8. Within the discretion of Zone Commanders sanctions may be included in zonal laws denying them the capacity to be elected and the right to be politically active in any way or to be members of a political party. They may also be denied the right to vote.

9. They may be required to report periodically to the police in the place of their residence.

Verhalten während der Bewährungszeit hängt es ab, welcher Gruppe der Betroffene endgültig zugewiesen wird. Während der Bewährungszeit sind die folgenden Sühnemaßnahmen anwendbar:

1. Es ist den Minderbelasteten während der Bewährungszeit untersagt:

  a) Ein Unternehmen als Inhaber, Beteiligter, Leiter oder Bevollmächtigter zu führen oder es zu beaufsichtigen oder zu kontrollieren, ein Unternehmen oder eine Beteiligung daran ganz oder teilweise zu erwerben;

  b) Als Lehrer, Prediger, Redakteur, Schriftsteller oder Rundfunk-Kommentator tätig zu sein.

2. Ist der Minderbelastete zur Zeit der Einreihung in die Bewährungsgruppe an einem Unternehmen als Inhaber oder Gesellschafter beteiligt, so kann seine Beteiligung an dem Unternehmen gesperrt werden.

3. Der Begriff „Unternehmen" im Sinne der Paragraphen 1 (a) und 2 dieses Artikels umfaßt nicht notwendigerweise Kleinbetriebe, insbesondere Handwerksbetriebe, Einzelhandelsgeschäfte, Bauernhöfe und ähnliche Betriebe mit weniger als 20 Arbeitnehmern.

4. Vermögenswerte, deren Erwerb auf Ausnutzung politischer Beziehungen oder besonderer nationalsozialistischer Maßnahmen wie Arisierung und Aufrüstung beruhen, sind einzuziehen.

5. Für die Dauer der Bewährung können zusätzlich einzelne der im Artikel XI bezeichneten Sühnemaßnahmen in gerechter Auswahl und Anpassung verhängt werden, insbesondere:

  a) Beschränkungen in der Ausübung eines freien Berufes und Verbot der Ausbildung von Lehrlingen;

  b) Bei Beamten: Kürzung des Ruhegehalts, Versetzung in den Ruhestand oder in ein Amt mit geringerem Rang oder in eine andere Dienststelle unter Kürzung der Bezüge, Rückgängigmachung einer Beförderung, Überführung aus dem Beamtenverhältnis in ein Angestelltenverhältnis.

6. Internierung in einem Arbeitslager oder Einziehung des gesamten Vermögens sind nicht anzuordnen.

7. Nach dem Ermessen der Zonenbefehlshaber können in die Zonengesetze Sühnemaßnahmen aufgenommen werden, die es den Minderbelasteten untersagen, eine Zone ohne Genehmigung zu verlassen.

8. Nach dem Ermessen der Zonenbefehlshaber können Sühnemaßnahmen in die Zonengesetze aufgenommen werden, welche den Minderbelasteten die Wählbarkeit und das Recht zu politischer Betätigung jeglicher Art sowie das Recht, Mitglieder von politischen Parteien zu sein, absprechen; auch kann ihnen das Wahlrecht entzogen werden.

9. Sie können angehalten werden, sich an ihrem Wohnort regelmäßig bei der Polizei zu melden.

Article XI

Sanctions against followers

The following sanctions against followers may be applied at the discretion of the Zone Commanders:

1. They may be required to report periodically to the police in the place of their residence;
2. They will not be permitted to leave a Zone or Germany without permission;
3. Civilian members in this category may not stand for election at any level but may vote.
4. In addition, in the case of civil servants, retirement or transfer to an office with lesser rank or to another position, possibly with reduction of compensation or rescission of a promotion instituted while the person belonged to the NSDAP, may be ordered. Corresponding measures may be ordered against persons in economic enterprises including agriculture and forestry.
5. They may be ordered to pay single or recurrent contributions to funds for reparations. When determining contributions, the follower's period of membership, the fees and contributions paid by him, his wealth and income, his family conditions and other relevant factors shall be taken into consideration.

Article XII

Exonerated Persons

No sanction will be applied against persons declared to be exonerated by a tribunal.

Article XIII

Persons in the categories defined in Articles II to VI above who are guilty of specific war crimes or other offences may be prosecuted regardless of their classification under this Directive. Imposing of Sanctions under this Directive shall not bar criminal prosecutions for the same offence.

Done at Berlin on the 12th day of Oktober 1946.

R. NOIRET,
Général de Division

P. A. KUROCHKIN,
Colonel General

LUCIUS D. CLAY,
Lieutenant General

G. W. E. J. ERSKINE,
Major General
for B. H. ROBERTSON,
Lieutenant General

Artikel XI

Sühnemaßnahmen gegen Mitläufer

Die folgenden Sühnemaßnahmen gegen Mitläufer können nach dem Ermessen der Zonenbefehlshaber verhängt werden:

1. Sie können angehalten werden, sich an ihrem Wohnort regelmäßig bei der Polizei zu melden;
2. Sie dürfen weder eine Zone noch Deutschland ohne Genehmigung verlassen;
3. Zivilpersonen dieser Gruppe sind bei keiner Wahl wählbar, sie können aber wählen.
4. Bei Beamten kann zusätzlich Versetzung in den Ruhestand oder in ein Amt mit geringerem Rang oder an eine andere Dienststelle, gegebenenfalls unter Kürzung der Bezüge oder Rückgängigmachung einer während der Zugehörigkeit zur NSDAP erlangten Beförderung, angeordnet werden. Bei Personen der Wirtschaft einschließlich Land- und Forstwirtschaft können entsprechende Maßnahmen angeordnet werden.
5. Mitläufern kann die Zahlung einmaliger oder laufender Beiträge zu einem Wiedergutmachungsfond auferlegt werden. Bei der Bemessung sind die Dauer der Mitgliedschaft, die Höhe der Beiträge und sonstigen Zuwendungen sowie die Vermögens-, Erwerbs- und Familienverhältnisse und andere wichtige Umstände zu berücksichtigen.

Artikel XII

Entlastete Personen

Gegen Personen, welche von einer Kammer als entlastet erklärt werden, dürfen keine Sühnemaßnahmen verhängt werden.

Artikel XIII

Personen der vorstehend in Artikel II bis VI bezeichneten Gruppen, welche bestimmter Kriegsverbrechen oder sonstiger Vergehen schuldig sind, können ungeachtet ihrer gemäß dieser Direktive vorgenommenen Eingruppierung strafrechtlich verfolgt werden. Die Verhängung von Sühnemaßnahmen auf Grund dieser Direktive schließt eine strafrechtliche Verfolgung wegen des gleichen Vergehens nicht aus.

Ausgefertigt in Berlin am 12. Oktober 1946.

(Die in den drei offiziellen Sprachen abgefaßten Originaltexte dieser Direktive sind von R. Noiret, Divisionsgeneral, P. A. Kurochkin, Generaloberst, Lucius D. Clay, Generalleutnant, und G. W. E. J. Erskine, Generalmajor, unterzeichnet.)

Anlage 13-11

Appendix "A"
Part I

The following is a list of categories of persons who, because of the character of the crimes allegedly committed by them, shown in paras 1—10 of Article II of Part II of this Directive, as well as the positions occupied by them, will be carefully investigated and, if the results of the investigation necessitate a trial, must be brought to trial as major offenders and punished if found guilty.

A. The German Secret Service including Abwehrämter (military intelligence offices):

1. All executive officials of the Reichssicherheitshauptamt (RSHA or National Department of Security), its organizations and offices directly supervised by RSHA.

2. All officials of the Geheime Feldpolizei (GFP) down to and including the rank of Feld-Polizeidirektor.

3. All executive officials of the Research Office of the Reich Air Ministry.

B. The Security Police (SIPO):

1. All members of the Geheime Staatspolizei (Gestapo).

2. Executive officials of the Grenzpolizei-Kommissariate (Greko).

3. All executives of the Main Offices (Leitstellen) and Offices (Stellen) of the Criminal Police (Kriminalpolizei).

C. The Ordnungspolizei (ORPO).

All officials of the following branches of police since 1935 down to and including the rank of colonel or equivalent:

a) Schutzpolizei (SCHUPO);
b) Gendarmerie (GEND);
c) Wasserschutzpolizei (SW);
d) Luftschutzpolizei (L.SCHUPO);
e) Technische Nothilfe (TENO).

D. The NSDAP:

1. All office holders of the NSDAP down to and including the office of Amtsleiter of the Kreisleitung.

2. All members of the Corps of Political Leaders of the Party down to and including the rank of political Einlatzleiter and all members of the training staffs of the Ordensburgen, Schulungsburgen, Adolf-Hitler-Schulen und Nationalpolitische Erziehungsanstalten.

3. All members of the Reichstagsfraktion of the NSDAP before 30 January 1933.

4. The following office holders of the Reich Food Estate (Reichsnährstand):

   a) all Landesbauernführer and their deputies;

   b) all leaders of the Hauptvereinigungen and Wirtschaftsverbände;

   c) all Kreisbauernführer;

   d) all leaders of the Landesforstämter.

5. Officials of the Gauwirtschaftskammern who were charged with political coordination on behalf of the Party.

6. Gauwirtschaftsberater.

E. The Organizations of the NSDAP:

1. The Waffen-SS — All officers down to and including the rank of Sturmbannführer (Major) all members of the Totenkopfverbände and all SS-Helferinnen and SS-Kriegshelferinnen in Konzentrationslagern (SS Women auxiliaries and SS women auxiliaries of war in concentration camps)

2. Allgemeine SS — All officers down to and including the rank of Untersturmführer.

3. SA — All officers down to and including the rank of Sturmbannführer.

4. HJ — All officers down to and including the rank of Bannführer and equivalents in the BDM and all members of the „Schnellkommandos" (HJ-Streifendienst) under the control of the SS, who were born prior to 1 January 1919).

5. NSKK — All officers down to and including the rank of Standartenführer.

6. NSFK — All officers down to and including the rank of Standartenführer.

7. NS-Deutscher Studentenbund — All executive office holders of the Reichsstudentenführung and the Gaustudentenführungen.

8. NS-Dozentenbund — All executive office holders at Reich and Gau levels.

9. NS-Frauenschaft — All executive office holders at Reich and Gau levels.

3. Alle Mitglieder vor dem 30. Januar 1933 der Reichstagsfraktion der NSDAP.

4. Die nachstehenden Amtsträger des Reichsnährstandes:

   a) alle Landesbauernführer und ihre Stellvertreter,

   b) alle Leiter der Hauptvereinigungen und Wirtschaftsverbände,

   c) alle Kreisbauernführer,

   d) alle Leiter der Landesforstämter.

5. Beamte der Gauwirtschaftskammern, die mit der parteipolitischen Ausrichtung beauftragt waren.

6. Gauwirtschaftsberater.

E. Die NSDAP-Gliederungen:

1. Die Waffen-SS:

Alle Offiziere bis herunter und einschließlich Sturmbannführer (Major), alle Mitglieder der Totenkopfverbände, alle SS-Helferinnen. SS-Kriegshelferinnen der Konzentrationslager

2. Allgemeine SS:

Alle Offiziere abwärts bis und einschließlich Untersturmführer.

3. SA:

Alle Führer abwärts bis und einschließlich Sturmbannführer.

4. HJ:

Alle Führer abwärts bis und einschließlich Bannführer; alle entsprechenden Führerinnen im BDM und alle vor dem 1. Januar 1919 geborenen Mitglieder der der SS unterstellten Schnellkommandos (HJ-Streifendienst).

5. NSKK:

Alle Führer abwärts bis und einschließlich Standartenführer.

6. NSFK:

Alle Führer abwärts bis und einschließlich Standartenführer.

7. NS-Deutscher Studentenbund:

Alle leitenden Amtsträger der Reichsstudentenführung und der Gaustudentenführungen.

8. NS-Dozentenbund:

Alle leitenden Amtsträger in der Reichs- und Gaustufe.

9. NS-Frauenschaft:

Alle leitenden Amtsträger in der Reichs- und Gaustufe.

F. Affiliated Organizations of the NSDAP:

1. Deutsche Arbeitsfront:

   a) All executive officials of the DAF in the Central Office of the DAF;

   b) All executive officials of the DAF in the Kriegshauptarbeitsgebieten I, II, III and IV;

   c) All members of the Oberster Ehren- und Disziplinarhof;

   d) All executive officials of the DAF-Gauverwaltung Auslandsorganisation.

2. NS-Volkswohlfahrt — All executive office holders down to and including the Department Heads at Reich level.

3. NS-Kriegsopferversorgung — All office holders down to and including the Department Heads at Reich level.

4. NS-Bund Deutscher Technik — All office holders down to and including the Department Heads at Reich level.

5. Reichsbund der Deutschen Beamten — All office holders down to and including the Department Heads at Reich and Gau levels.

6. NS-Deutscher Ärztebund — All office holders down to and including the Department Heads at Reich and Gau levels.

7. NS-Lehrerbund — All office holders down to and including Department Heads at Reich and Gau levels.

8. NS-Rechtswahrerbund — All office holders down to and including Department Heads at Reich and Gau levels.

G. Supervised Organizations of the NSDAP:

1. NS-Altherrenbund — All members of the Führerkreis down to Gau level.

2. Reichsbund Deutsche Familie — All executive office holders at Reich level.

3. Deutscher Gemeindetag — Executive office holders of the Deutscher Gemeindetag.

4. NS-Reichsbund für Leibesübungen — Reichssportführer and all Sportbereichsführer.

F. Der NSDAP angeschlossene Verbände:

1. Deutsche Arbeitsfront (DAF):

   a) alle leitenden Beamten der DAF im Zentralbüro der DAF,

   b) alle leitenden Beamten der DAF in den Kriegshauptarbeitsgebieten I, II, III und IV.

   c) alle Mitglieder des obersten Ehren- und Disziplinarhofes,

   d) alle leitenden Beamten der DAF-Gauwaltungs-Auslandsorganisation.

2. NS-Volkswohlfahrt (NSV):
Alle leitenden Amtsträger abwärts bis und einschließlich Reichsabteilungsleiter.

3. NS-Kriegsopferversorgung:
Alle Amtsträger abwärts bis und einschließlich Reichsabteilungsleiter.

4. NS-Bund Deutscher Technik:
Alle Amtsträger abwärts bis und einschließlich Reichsabteilungsleiter.

5. Reichsbund der Deutschen Beamten (RDB)
Alle Amtsträger abwärts bis und einschließlich des Abteilungsleiters in der Reichs- und Gaustufe.

6. NS-Deutscher Ärztebund:
Alle Amtsträger abwärts bis und einschließlich des Abteilungsleiters in der Reichs- und Gaustufe.

7. NS-Lehrerbund (NSLB):
Alle Amtsträger bis und einschließlich Abteilungsleiter in der Reichs- und Gaustufe.

8. NS-Rechtswahrerbund:
Alle Amtsträger abwärts bis und einschließlich Abteilungsleiter in der Reichs- und Gaustufe.

G. Von der NSDAP betreute Organisationen:

1. NS-Altherrenbund:
Alle Angehörigen des Führerkreises herunter bis zur Gaustufe.

2. Reichsbund Deutscher Familie (RDF):
Alle leitenden Amtsträger in der Reichsstufe.

3. Deutscher Gemeindetag (DGT):
Alle leitenden Amtsträger des Deutschen Gemeindetags.

4. NS-Reichsbund für Leibesübungen (NSRL):
Reichssportführer und alle Sportbereichsführer.

Anlage 13-14

H. Other Nazi Organizations:

1. Reichsarbeitsdienst (RAD) — All offices down to and including the rank of Oberstarbeitsführer as far as men are concerned, and down to and including the rank of Stabsoberführerin as far as women are concerned.

2. Reichskolonialbund — All executive officials of the Colonial Political Office in the Reichsleitung of the NSDAP.

3. Volksbund für das Deutschtum im Ausland (VDA) — All officials in Reich and Gau Offices since 1935 within Germany and all Volksgruppenführer and Landesgruppenführer outside Germany.

4. NS-Reichskriegerbund (Kyffhäuserbund) — All officials down to and including the Gaukriegerführer.

5. Reichskulturkammern — All presidents, vice-presidents and managers. All members of the Reichskulturrat, of the Reichskultursenat and Präsidialräte.

6. Deutscher Fichtebund — All executive officials.

7. Reichssicherheitsdienst — All officials down to and including the rank of Dienststellenleiter.

I-J The Nazi Party Decorations:

1. NS-Blutorden — (Of 9 November 1923) — All holders.

2. Badge of honor for members under Number 100 000 (Golden Party Badge) — All holders.

3. NSDAP — Service-Medals — All holders of Class I (25 years of service).

K. Government Officials:

Note: The classifications indicated apply only to those persons who were appointed to any of the positions listed after 30 January 1933, or who were incumbents in such positions on that date who survived the successive Nazi purges which followed.

1. All political officials including Reichsminister, Staatsminister, Staatssekretäre, Reichsstatthalter and Oberpräsidenten and officials, leaders, deputies or commissioners of a corresponding rank.

2. All former German ambassadors since 30 January 1933.

H. Andere nationalsozialistische Organisationen:

1. Reichsarbeitsdienst (RAD):
Alle Offiziere herunter bis zum Rang eines Oberstarbeitsführers bei Männern und einer Stabsoberführerin bei den Frauen einschließlich.

2. Reichskolonialbund:
Alle leitenden Beamten des Kolonialpolitischen Amtes in der Reichsleitung der NSDAP.

3. Volksbund für das Deutschtum im Ausland (VDA):
Alle Beamten in Reichs- und Gauämtern seit 1935 innerhalb Deutschlands und alle Volks- und Landesgruppenführer außerhalb Deutschlands.

4. NS-Reichskriegerbund (Kyffhäuserbund):
Alle Beamten herunter bis zum Gaukriegerführer einschließlich.

5. Reichskulturkammern:
Alle Präsidenten, Vizepräsidenten und Geschäftsführer. Alle Mitglieder des Reichskulturrates, des Reichskultursenats und die Präsidialräte.

6. Deutscher Fichtebund:
Alle leitenden Beamten.

7. Reichssicherheitsdienst:
Alle Beamten herunter bis zur Stellung eines Dienststellenleiters einschließlich.

I-J. Auszeichnungen der NSDAP:

1. NS-Blutorden (vom 9. November 1923)
Alle Inhaber.

2. Ehrenzeichen für Mitglieder unter Nr. 100 000 (Goldenes Parteiabzeichen):
Alle Inhaber.

3. NSDAP-Dienstauszeichnungen:
Alle Inhaber der Klasse I (25 Jahre Dienst).

K. Regierungsbeamte:

Bemerkung: Die angegebene Klassifizierung bezieht sich nur auf diejenigen Personen, die zu einer der in der Liste aufgeführten Stellungen nach dem 30. Januar 1933 ernannt worden sind, oder die eine solche Stellung bereits innehatten und sie trotz wiederholter nationalsozialistischer Säuberungsaktionen beibehalten haben.

1. Alle politischen Beamten einschließlich Reichsminister, Staatsminister, Staatssekretäre, Reichsstatthalter, Oberpräsidenten und Beamten, Amtsträger, Beauftragte oder Kommissare von entsprechendem Rang.

2. Alle früheren deutschen Botschafter und Gesandten seit dem 30. Januar 1933.

Anlage 13-15

3. All officials down to and including the rank of Ministerialdirektor in Reich offices or of an equally high rank in Government offices which existed before 30 January 1933; all officials down to and including Ministerialrat in Reich or Government offices which were created after 30 January 1933 for the fulfilment of new tasks and also in those which had been established in countries and territories formerly occupied or ruled by Germany.

4. All officials who occupied one of the following positions since 1934.

    a) Reichsbevollmächtigter, Sonderbevollmächtigter,

    b) Reichskommissar,

    c) Generalkommissar,

    d) Generalinspekteur,

    e) Beauftragter and Wehrkreisbeauftragter,

    f) Reichstreuhänder der Arbeit, Sondertreuhänder der Arbeit,

    g) Generalreferenten.

L. The German Armed Forces and Militarists:

1. NS-Führungsoffiziere — All full-time NS-Führungsoffiziere down to and including division in the OKW, OKH, OKM and OKL.

2. General Staff Officers — All officers of the German General Staff who since 4 February 1938 belonged to the Wehrmachtführungstab of the OKW, OKH, OKM, or OKL.

3. Heads and Deputy Heads of Military and Civil Administration of countries and territories formerly occupied by Germany.

4. All former officers of the Freikorps „Schwarze Reichswehr".

M. Private Business and Professions:

1. Wehrwirtschaftsführer — All "Wehrwirtschaftsführer" who were appointed after 1 January 1942.

2. Wirtschaftskammern (Economic Chambers) — All executives and deputy executives of Reichs- and Gauwirtschaftskammern.

3. Reichsgruppen der gewerblichen Wirtschaft (Reich Groups of Trade and Industry) — All chairmen, presidents and deputy executives.

4. Reichsverkehrsgruppen (Reich Traffic Groups) — All chairmen, presidents and deputy executives.

5. Wirtschaftsgruppen (Economic Groups) — All chairmen, presidents and deputy executives at Reich level.

3. Alle Beamten abwärts bis Ministerialdirektor einschließlich in Reichsbehörden oder in einem gleich hohen Range in Reichsbehörden oder in einem gleich hohen Range in Regierungsbehörden, die vor dem 30. Januar 1933 bestanden haben; alle Beamten abwärts bis Ministerialrat einschließlich in Reichs- oder Regierungsbehörden, die nach dem 30. Januar 1933 zur Erfüllung neuer Aufgaben geschaffen wurden und ebenso in solchen, die in Ländern und Gebieten eingerichtet wurden, die früher von Deutschland besetzt oder beherrscht waren.

4. Alle Beamten, welche seit 1934 eine der folgenden Stellungen innehatten:

    a) Reichsbevollmächtigter, Sonderbevollmächtigter,

    b) Reichskommissar,

    c) Generalkommissar,

    d) Generalinspekteur,

    e) Beauftragter, ebenso Wehrkreisbeauftragter,

    f) Reichstreuhänder der Arbeit und Sondertreuhänder der Arbeit,

    g) Generalreferenten.

L. Deutsche Wehrmacht und Militärpersonen:

1. NS-Führungsoffiziere:
Alle hauptamtlichen NS-Führungsoffiziere bis und einschließlich Division im OKW, OKH, OKM, OKL.

2. Generalstabsoffiziere:
Alle Offiziere des Deutschen Generalstabs, die seit 4. Februar 1938 dem Wehrmachtsführungsstab zum OKW, OKM, OKH oder OKL angehörten.

3. Alle Leiter und stellvertretenden Leiter von Militär- und Zivilverwaltungen in Ländern und Gebieten, die früher von Deutschland besetzt waren.

4. Alle früheren Offiziere des Freikorps „Schwarze Reichswehr".

M. Wirtschaft und freie Berufe

1. Wehrwirtschaftsführer:
Alle Wehrwirtschaftsführer, die seit dem 1. Januar 1942 ernannt wurden.

2. Wirtschaftskammern:
Alle Leiter und stellvertretenden Leiter von Reichs- und Gauwirtschaftskammern.

3. Reichsgruppen der Gewerblichen Wirtschaft:
Alle Präsidenten, Direktoren und stellvertretenden Leiter.

4. Reichsverkehrsgruppen:
Alle Präsidenten, Direktoren und stellvertretenden Leiter.

5. Wirtschaftsgruppen:
Alle Präsidenten, Direktoren und stellvertretenden Leiter in der Reichsstufe.

6. Reichsvereinigungen (Reich Associations) — All chairmen, presidents and deputy executives.

7. Werberat der Deutschen Wirtschaft (Advertising Council of German Economy) — All presidents and managing directors.

8. Reichskommissare (Reich Commissioners) — All those responsible for raw material and industrial supply.

N. Jurists:

1. President and Vicepresident of the Academy of German Law.

2. Commanders and all fulltime executives of the Gemeinschaftslager Hanns Kerrl.

3. All judges, the Oberreichsanwalt and all public prosecutors as well as the office manager of the Volksgerichtshof.

4. All judges, public prosecutors and officials of the Party, SS and SA courts.

5. President and Vicepresident of the Reichsjustizprüfungsamt.

6. Presidents of the
   a) Reichsgerichte,
   b) Reichsarbeitsgerichte,
   c) Reichserbhofgerichte,
   d) Reichserbgesundheitsgerichte,
   e) Reichsfinanzhof,
   f) Reichsverwaltungsgerichte,
   g) Reichsehrengerichtshof,
   h) Reichsrechtsanwaltskammer,
   i) Reichsnotarkammer,
   j) Reichspatentanwaltskammer,
   k) Reichskammer der Wirtschaftsprüfer.

7. Presidents of the Oberlandesgerichte who were appointed after 31 December 1938.

8. Oberreichsanwälte, Reichsanwälte and Generalstaatsanwälte, of the Oberlandesgerichte appointed after 31 March 1933.

9. Vicepresidents of the
   a) Reichsarbeitsgericht,
   b) Reichserbhofgericht,
   c) Reichserbgesundheitsgericht,
   d) Reichsverwaltungsgericht.

10. Chairmen:
    a) of the Sondersenat of the Reichsgericht,
    b) Personalreferenten of the Reichsjustizministerium.

6. Reichsvereinigungen:

Alle Präsidenten, Direktoren und stellvertretenden Leiter.

7. Werberat der deutschen Wirtschaft:

Alle Präsidenten und geschäftsführenden Direktoren.

8. Reichskommissare:

Alle für die Beschaffung von Rohstoffen und Industrieprodukten verantwortlichen Personen.

N. Juristen:

1. Präsident und Vizepräsident der Akademie für Deutsches Recht.

2. Kommandanten und alle hauptamtlichen Leiter des Gemeinschaftslagers Hanns Kerrl.

3. Alle Richter, der Oberreichsanwalt und alle Staatsanwälte sowie der Direktor der Geschäftsstelle des Volksgerichtshofes.

4. Alle Richter, Staatsanwälte und Beamte der Partei-, SS- und SA-Gerichte.

5. Präsident und Vizepräsident des Reichsjustizprüfungsamtes.

6. Präsidenten:
   a) des Reichsgerichts,
   b) des Reichsarbeitsgerichts,
   c) des Reichserbhofgerichts,
   d) des Reichserbgesundheitsgerichts,
   e) des Reichsfinanzhofs,
   f) des Reichsverwaltungsgerichts,
   g) des Reichsehrengerichtshofs,
   h) der Reichsrechtsanwaltskammer,
   i) der Reichsnotarkammer,
   j) der Reichspatentanwaltskammer,
   k) der Reichskammer der Wirtschaftsprüfer.

7. Präsidenten der Oberlandesgerichte, die seit dem 31. Dezember 1938 hierzu ernannt wurden.

8. Oberreichsanwälte, Reichsanwälte und Generalstaatsanwälte bei den Oberlandesgerichten, soweit sie nach dem 31. März 1933 ernannt wurden.

9. Vizepräsidenten:
   a) des Reichsarbeitsgerichts,
   b) des Reichserbhofgerichts,
   c) des Reichserbgesundheitsgerichts,
   d) des Reichsverwaltungsgerichts.

10. Vorsitzende:
    a) des Sondersenats beim Reichsgericht,
    b) Personalreferenten des Reichsjustizministeriums.

Anlage 13-17

O. Other Groups of Persons:

1. War Criminals.

2. All persons who have denounced opponents of National Socialism or who have in any way contributed to their arrest or who have induced or used force against political or religious opponents of the National Socialistic tyranny.

3. Commissioned officers of Stoßtrupps and Werkscharen within business establishments.

4. Rectors of universities and chairmen of the board of curators, heads of teacher's training colleges and heads of institutions of university level since 1934 insofar as they have been members of the NSDAP or its formations and all such persons appointed since 1938 irrespective of Party affiliation.

Part II

The following is a list of categories of persons who, because of the character of the crimes allegedly committed by them, shown in Article 3, paragraphs A, B and C, of Part II of this Directive, will be carefully investigated and, if the results of the investigation necessitate a trial, must be brought to trial as offenders and punished if found guilty.

A. The German Secret Service including Abwehrämter (military intelligence offices):

1. All officers and other personnel of the RSHA, its organizations and offices directly supervised by RSHA, if not included in the category of Major Offender.

2. All officials of the Geheime Feldpolizei who are not included in the category of Major Offender.

3. All persons who since 30 January 1933 were engaged in their countries by the German Secret Service including Abwehr or any other organization or branch under the control or supervision of the German Secret Service.

B. The Security Police (SIPO):

1. All persons who have been members of the Grenzpolizei since 1. June 1937, if not included in the category of Major Offender.

2. All officials of the Criminal Police down to and including the rank of the Kriminalkommissar if not included in the category of Major Offender.

3. All executive officials of the Mail Censor Offices (Briefprüfungsstellen) if not included in the category of Major Offender.

C. The Ordnungspolizei (ORPO):

1. All commissioned police officers (Schutzpolizei, Gendarmerie, Wasserschutzpolizei, Luftschutzpolizei, Technische Nothilfe, Feuerschutzpolizei, Verwaltungspolizei, Kolonialpolizei, Sonderpolizei, Hilfspolizei) who were promoted after 30 January

O. Sonstige Personengruppen:

1. Kriegsverbrecher.

2. Alle Personen, die Gegner des Nationalsozialismus denunziert oder sonst zu ihrer Verhaftung beigetragen oder die Zwang gegen politische oder religiöse Gegner der nationalsozialistischen Gewaltherrschaft verursacht oder veranlaßt haben.

3. Führer von betrieblichen Stoßtrupps und Werkscharen.

4. Rektoren von Universitäten und Vorsitzende von Kuratorien, Leiter von Lehrerseminaren und von Institutionen im Universitätsrang seit 1934, wenn sie Mitglieder der NSDAP oder einer ihrer Gliederungen waren, und alle seit 1938 ernannten Personen ohne Rücksicht auf Parteizugehörigkeit.

Abschnitt II

Die folgende Liste führt Personengruppen auf, die wegen der Art der ihnen zur Last gelegten Verbrechen, wie sie im Artikel 3 § A, B und C des Abschnitts II dieser Direktive aufgeführt sind, sorgfältig zu prüfen sind; wenn die Ergebnisse der Untersuchung eine Anklage notwendig machen, sind diese Personen zur Aburteilung als Belastete zu bringen und falls für schuldig befunden, zu bestrafen.

A. Deutscher Geheimdienst einschließlich Abwehrämter:

1. Alle leitenden Beamten und sonstigen Personen des RSHA, dessen Organisationen und Dienststellen, die dem Reichssicherheitshauptamt direkt unterstellt waren, soweit sie nicht unter die Gruppe der Hauptschuldigen fallen.

2. Alle Beamten der Geheimen Feldpolizei, die nicht unter die Gruppe der Hauptschuldigen fallen.

3. Alle Personen, die seit dem 30. Januar 1933 in ihrem Lande für den Deutschen Geheimdienst einschließlich Abwehr oder für irgendeine Organisation oder Abteilung, welche der Kontrolle oder Aufsicht des deutschen Geheimdienstes unterstellt war, tätig waren.

B. Sicherheitspolizei (SIPO):

1. Alle Personen, die Mitglieder der Grenzpolizei seit dem 1. Juni 1937 waren, soweit sie nicht unter die Gruppe der Hauptschuldigen fallen.

2. Alle Beamten der Kriminalpolizei bis herunter und einschließlich des Ranges eines Kriminalkommissars, soweit sie nicht unter die Gruppe der Hauptschuldigen fallen.

3. Alle leitenden Beamten der Briefprüfungsstellen, soweit sie nicht unter die Gruppe der Hauptschuldigen fallen.

C. Ordnungspolizei (ORPO):

1. Alle Polizeioffiziere (Schutzpolizei, Gendarmerie, Wasserschutzpolizei, Luftschutzpolizei, Technische Nothilfe, Feuerschutzpolizei, Verwaltungspolizei, Kolonialpolizei, Sonderpolizei, Hilfspolizei), die nach dem 30. Januar 1933 zum Offizier ernannt worden sind, oder ohne Rücksicht auf den Zeitpunkt

1933 or who, whether promoted or not, remained in office after 31 December 1937 in spite of successive purges.

2. All commissioned police officers who have served as such at any time in one of the territories formerly occupied by Germany in any fighting formation (Einsatzgruppe or Einsatzkommando) or the Sipo or the SD.

3. All members of the Verwaltungspolizei who had been assigned to Gestapo and SD.

D. The NSDAP:

1. All office holders and officials of the NSDAP (salaried and honorary posts) down to the lowest rank in the party offices (main and subordinate offices) as well as institutions and academies which were founded by the NSDAP.

2. All members of the Corps of Political Leaders who are not included in the category of Major Offender.

3. All members of the "Reichstagsfraktion" of the NSDAP who are not included in the category of Major Offender.

4. All members of the NSDAP who joined prior to 1 May 1937.

5. All members of the NSDAP who after 4 years of service with the "Hitler-Jugend" and after having reached the age of 18 had been selected for admission into the Party.

6. All members of the NSDAP regardless of the entrance date who were members of the following organizations:

a) Reichspressekammer

b) Reichsrundfunkkammer

c) Deutsche Akademie München

d) Deutsche Christenbewegung

e) Deutsche Glaubensbewegung

f) Institut zur Erforschung der Judenfrage

g) Kameradschaft USA.

h) Osteuropäisches Institut (seit 1935)

i) Staatsakademie für Rassen- und Gesundheitspflege.

7. All regular officers of the "Wehrmacht" who became members of the NSDAP including such officers who were members of the NSDAP before entering the Wehrmacht but who did not thereafter sever their connections with the NSDAP.

8. All executive officials of the Reich Food Estate (Reichsnährstand) who are not included in the category of Major Offender, and executives of its "Regierungsforstämter".

der Ernennung nach dem 31. Dezember 1937 trotz der wiederholt vorgenommenen Reinigungsaktionen im Amt verblieben sind.

2. Alle Polizeioffiziere, die zu irgend einer Zeit in dieser Eigenschaft in einem der früher von Deutschland besetzten Gebiete bei einer Einsatzgruppe oder einem Einsatzkommando, der Sipo oder dem SD Dienst getan haben.

3. Alle Angehörigen der Verwaltungspolizei, die der Gestapo und dem SD zugeteilt waren.

D. Die NSDAP:

1. Alle ehrenamtlichen und besoldeten Beamten und Amtsträger der NSDAP bis herunter zur untersten Stufe der Parteiämter (Haupt- und Nebenämter) sowie der Anstalten und Akademien, die von der NSDAP gegründet wurden.

2. Alle Mitglieder des Korps der Politischen Leiter, die nicht unter die Gruppe der Hauptschuldigen fallen.

3. Alle Mitglieder der Reichstagsfraktion der NSDAP, die nicht unter die Gruppe der Hauptschuldigen fallen.

4. Alle Mitglieder der NSDAP vor dem 1. Mai 1937.

5. Alle Mitglieder der NSDAP, die nach vierjähriger Dienstzeit in der Hitlerjugend nach Erreichen des 18. Lebensjahres in die Partei aufgenommen wurden.

6. Alle Mitglieder der NSDAP ohne Rücksicht auf den Zeitpunkt des Eintritts, sofern sie einer der nachstehenden Organisationen angehörten:

a) Reichspressekammer,

b) Reichsrundfunkkammer,

c) Deutsche Akademie München,

d) Deutsche Christenbewegung,

e) Deutsche Glaubensbewegung,

f) Institut zur Erforschung der Judenfrage,

g) Kameradschaft USA,

h) Osteuropäisches Institut (seit 1935),

i) Staatsakademie für Rassen- und Gesundheitspflege.

7. Alle aktiven Offiziere der Wehrmacht, die Mitglieder der NSDAP wurden und solche Offiziere, die vor Eintritt in die Wehrmacht Mitglieder der NSDAP waren und nach dem Eintritt ihre Verbindung mit der NSDAP nicht gelöst haben.

8. Alle leitenden Beamten des Reichsnährstandes, die nicht unter die Gruppe der Hauptschuldigen fallen, und die leitenden Beamten der Regierungsforstämter.

Anlage 13-19

E. The Organisation of the NSDAP

1. Waffen SS — All members not included in the category of Major Offender (except those who were conscripted into this organisation unless they were promoted to Unteroffizier after their induction); the personnel of the concentration camps insofar as they are not included in the category of Major Offender.

2. Allgemeine SS and its other Organisations — All members not included in the category of Major Offender, including sponsoring members (fördernde Mitglieder) who joined as such after 31 December 1938, or who in case of prior joining paid fees of more than RM 10,— per month or who made any other substantial contribution to the SS.

3. SA — All officers down to and including the rank of Unteroffizier insofar as they have served in the SA in this capacity, if not included in the category of Major Offender, as well as members who joined the SA before 1 April 1933.

4. HJ and BDM — All officers not included in the category of Major Offender down to and including confirmed full-time non-commissioned officers. All officers of the HJ and the Deutsches Jungvolk in the field of education and information and all members of the "Schnellkommandos" (HJ-Streifendienst) under the control of the SS, who were born after 1 January 1919.

Note: See Appendix "A", Part I, Section E para 4) regarding major offenders for comparison with this section regarding offenders.

5. NSKK — All officers down to and including the rank of Sturmführer, if not included in the category of Major Offender

6. NSFK — All officers down to and including the rank of Sturmführer, if not included in the category of Major Offender.

7. NS-Deutscher Studentenbund — All office holders, if not included in the category of Major Offender.

8. NS-Dozentenbund — All office holders, if not included in the category of Major Offender.

9. NS-Frauenschaft — All office holders down to and including Block-Frauenschaftsleiterin, if not included in the category of Major Offender.

E. Die NSDAP-Gliederungen

1. Die Waffen-SS:

Alle Angehörigen, die nicht unter die Gruppe der Hauptschuldigen fallen (mit Ausnahme derjenigen, die zu dieser Organisation eingezogen wurden, es sei denn, daß sie nach ihrer Einziehung zum Unteroffizier befördert wurden); das gesamte Personal der Konzentrationslager, soweit es nicht unter die Gruppe der Hauptschuldigen fällt.

2. Allgemeine SS und ihre sonstigen Gliederungen:

Alle Angehörigen, die nicht unter die Gruppe der Hauptschuldigen fallen, einschließlich fördernder Mitglieder, die nach dem 31. Dezember 1938 als solche beigetreten sind oder bei früherem Beitritt mehr als 10 RM monatlichen Beitrag gezahlt oder sonst eine erhebliche Zuwendung an die SS gemacht haben.

3. SA:

Alle Führer bis herunter zum Rang eines Scharführers einschließlich, soweit sie als solche in der SA Dienst getan haben und nicht unter die Gruppe der Hauptschuldigen fallen, sowie Mitglieder, die der SA vor dem 1. April 1933 beitraten.

4. HJ und BDM:

Alle nicht unter die Gruppe der Hauptschuldigen fallenden Führer bis herunter und einschließlich der bestätigten hauptamtlichen Scharführer(innen). Alle Führer der HJ und des Deutschen Jungvolks auf dem Gebiet der Erziehung und des Nachrichtendienstes und alle Mitglieder des der SS unterstellten Schnellkommandos' (HJ Streifendienst), soweit sie nach dem 1. Januar 1919 geboren sind.

Anmerkung: Siehe Anhang „A", Abschnitt I, Absatz E, § 4 betreffend die Hauptschuldigen zum Vergleich mit diesem Abschnitt bezüglich Belasteter.

5. NSKK:

Alle Führer bis zum Sturmführer einschließlich, soweit sie nicht unter die Gruppe der Hauptschuldigen fallen.

6. NSFK:

Alle Führer bis zum Sturmführer einschließlich, soweit sie nicht unter die Gruppe der Hauptschuldigen fallen.

7. NS-Deutscher Studentenbund:

Alle Amtsleiter, soweit sie nicht unter die Gruppe der Hauptschuldigen fallen.

8. NS-Dozentenbund:

Alle Amtsleiter, soweit sie nicht unter die Gruppe der Hauptschuldigen fallen.

9. NS-Frauenschaft:

Alle Amtsleiter bis zur Block-Frauenschaftsleiterin einschließlich, soweit sie nicht unter die Gruppe der Hauptschuldigen fallen.

F. Affiliated Organizations of the NSDAP:

1. Deutsche Arbeitsfront including "Kraft durch Freude".
   a) All office holders not included in the category of Major Offender
   b) All executive office holders of the Arbeitswissenschaftliches Institut
   c) All Betriebsobmänner, Betriebswarte and Betriebswalter in enterprises of the DAF.

2. NS-Volkswohlfahrt — All office holders not included in the category of Major Offender.

3. NS-Kriegsopferversorgung — All office holders not included in the category of Major Offender.

4. NS-Bund Deutscher Technik — All office holders not included in the category of Major Offender.

5. Reichsbund der Deutschen Beamten — All office holders not included in the category of Major Offender.

6. NS-Deutscher Ärztebund — All office holders not included in the category of Major Offender.

7. Reichsbund Deutscher Schwestern — NS-Schwestern (brown nurses). All office holders.

8. NS-Lehrerbund — All office holders not included in the category of Major Offender.

9. NS-Rechtswahrerbund — All office holders not included in the category of Major Offender.

G. Supervised Organizations of the NSDAP:

1. NS-Altherrenbund — All office holders not included in the category of Major Offender.

2. Reichsbund Deutsche Familie — All office holders not included in the category of Major Offender.

3. Deutscher Gemeindetag — All office holders not included in the category of Major Offender.

4. NS-Reichsbund für Leibesübungen — All office holders not included in the category of Major Offender.

5. All office holders of the following organizations:
   a) Deutsches Frauenwerk
   b) Deutsche Studentenschaft
   c) Deutscher Dozentenbund
   d) Reichsdozentenschaft
   e) Deutsche Jägerschaft.

F. Der NSDAP angeschlossene Verbände:

1. Deutsche Arbeitsfront einschließlich „Kraft durch Freude":
   a) alle Amtsträger, die nicht unter die Gruppe der Hauptschuldigen fallen,
   b) alle leitenden Amtsträger des Arbeitswissenschaftlichen Instituts,
   c) alle Betriebsobmänner, Betriebswarte und Betriebswalter in der Betrieben der DAF.

2. NS-Volkswohlfahrt (NSV):
   Alle Amtsträger, soweit sie nicht unter die Gruppe der Hauptschuldigen fallen.

3. NS-Kriegsopferversorgung:
   Alle Amtsträger, soweit sie nicht unter die Gruppe der Hauptschuldigen fallen.

4. NS-Bund Deutscher Technik:
   Alle Amtsträger, soweit sie nicht unter die Gruppe der Hauptschuldigen fallen.

5. Reichsbund der Deutschen Beamten:
   Alle Amtsträger, soweit sie nicht unter die Gruppe der Hauptschuldigen fallen.

6. NS-Deutscher Ärztebund:
   Alle Amtsträger, soweit sie nicht unter die Gruppe der Hauptschuldigen fallen.

7. Reichsbund Deutscher Schwestern:
   NS-Schwestern.
   Alle Amtsträger.

8. NS-Lehrerbund:
   Alle Amtsträger, soweit sie nicht unter die Gruppe der Hauptschuldigen fallen.

9. NS-Rechtswahrerbund:
   Alle Amtsträger, soweit sie nicht unter die Gruppe der Hauptschuldigen fallen.

G. Von der NSDAP betreute Organisationen:

1 NS-Altherrenbund:
   Alle Amtsträger, soweit sie nicht unter die Gruppe der Hauptschuldigen fallen.

2. Reichsbund Deutscher Familie:
   Alle Amtsträger, soweit sie nicht unter die Gruppe der Hauptschuldigen fallen.

3. Deutscher Gemeindetag:
   Alle Amtsträger, soweit sie nicht unter die Gruppe der Hauptschuldigen fallen.

4. NS-Reichsbund für Leibesübungen:
   Alle Amtsträger, soweit sie nicht unter die Gruppe der Hauptschuldigen fallen.

5. Alle Amtsträger der folgenden Organisationen:
   a) Deutsches Frauenwerk,
   b) Deutsche Studentenschaft,
   c) Deutscher Dozentenbund,
   d) Reichsdozentenschaft,
   e) Deutsche Jägerschaft.

Anlage 13-21

H. Other Nazi Organizations

1. Reichsarbeitsdienst (RAD) — All officers down to and including the rank of "Feldmeister" of the male unit and "Maidenführerin" of the female unit insofar as they are not included in the category of Major Offender.

2. Reichskolonialbund — All office holders since 1 January 1935 if not included in the category of Major Offender.

3. Volksbund für das Deutschtum im Ausland — All office holders appointed since 1 January 1935 if not included in the category of Major Offender.

4. NS-Reichskriegerbund (Kyffhäuserbund) — All executive officials down to and including the Kreis level.

5. Reichskulturkammern etc. and subordinate offices and branches (Reichsschrifttumskammern, Reichspressekammer, Reichsrundfunkkammer). All office holders if not included in the category of Major Offender.

6. Deutscher Fichtebund — All members if not included in the category of Major Offender.

7. Reichssicherheitsdienst — All members if not included in the category of Major Offender.

8. All office holders of the following institutes:

a) Institut zur Erforschung der Judenfrage

b) Weltdienst

c) Deutsche Akademie München

d) Staatsakademie für Rassen- und Gesundheitspflege

e) Amerika-Institut

f) Osteuropäisches Institut

g) Ibero-Amerikanisches Institut

h) Deutsches Auslands-Institut.

I-J. The Nazi Party Decorations

1. Coburg Badge — All holders.

2. Nuremberg Party Meeting Badge of 1929 — All holders.

3. Badge of the SA-Meeting Braunschweig of 1931 — All holders.

4. Golden HJ Badge (Golden Hitler Youth Badge) — All holders.

5. NSDAP Service Medals — All holders if not included in the category of Major Offender.

6. Gau-Ehrenzeichen of the NSDAP (The Gau Badges of honour) — All holders.

H. Andere Nationalsozialistische Organisationen:

1. Reichsarbeitsdienst (RAD):
Alle Offiziere herunter bis zum Feldmeister bei den Männern und Maidenführerinnen bei den Frauen einschließlich, soweit sie nicht unter die Gruppe der Hauptschuldigen fallen.

2. Reichskolonialbund:
Alle Amtsträger, die nach dem 1. Januar 1935 Amtsträger wurden, soweit sie nicht unter die Gruppe der Hauptschuldigen fallen.

3. Volksbund für das Deutschtum im Ausland:
Alle nach dem 1. Januar 1935 ernannten Amtsträger, soweit sie nicht unter die Gruppe der Hauptschuldigen fallen.

4. NS-Reichskriegerbund (Kyffhäuserbund):
Alle leitenden Beamten bis herunter zur Kreisstufe einschließlich.

5. Reichskulturkammern usw. und Hilfs- und Zweigstellen (Reichsschrifttumskammern, Reichspressekammer, Reichsrundfunkkammer):
Alle Amtsträger, soweit sie nicht unter die Gruppe der Hauptschuldigen fallen.

6. Deutscher Fichtebund:
Alle Mitglieder, soweit sie nicht unter die Gruppe der Hauptschuldigen fallen.

7. Reichssicherheitsdienst:
Alle Mitglieder, soweit sie nicht unter die Gruppe der Hauptschuldigen fallen.

8. Alle Amtsträger der folgenden Institute:

a) Institut zur Erforschung der Judenfrage,

b) Weltdienst,

c) Deutsche Akademie München,

d) Staatsakademie für Rassen- und Gesundheitspflege,

e) Amerika-Institut,

f) Osteuropäisches Institut,

g) Ibero-Amerikanisches Institut,

h) Deutsches Auslands-Institut.

I-J. Auszeichnungen der NSDAP

Alle Inhaber der nachstehend aufgeführten Auszeichnungen:

1. Coburger Abzeichen;

2. Nürnberger Parteitag Abzeichen von 1929;

3. Abzeichen vom SA-Treffen Braunschweig 1931;

4. Goldenes HJ-Abzeichen;

5. NSDAP Dienstauszeichnungen:
Alle Inhaber, soweit sie nicht unter die Gruppe

6. Gau-Ehrenzeichen der NSDAP
der Hauptschuldigen fallen;

K. Government officials:

1. All officials of the Foreign Office (Embassies, Legations, General Consulates, Consulates and Missions) in the rank of a Ministerialrat or in the position of an attache.

2. All officials in higher positions who had been promoted to such offices otherwise than by normal advancement after 1 April 1933 and without having professional qualifications.

3. All officials who occupied the following positions since 1934:
   a) Bevollmächtigter;
   b) Inspekteur;
   c) Trustees of Labor and of other fields and their deputies;
   d) Kommissar;
   e) Deputies of the holders of titles and positions included in the category of Major Offender;
   f) Reichseinsatzingenieure and Arbeitseinsatzingenieure;
   g) Obmann including Rüstungsobmann.

4. All members of the German Reichstag or of the Prussian Staatsrat since 1 January 1934.

5. All officials of the Reichsministerium for Public Information and Propaganda and executives of its Regional offices and auxiliary offices down to and including Kreis level, as well as all employees of Nazi offices who participated in political propaganda in word or script.

6. The officials in the Höhere Dienst of the Reichsministerium for Armament and war production, Kirchenministerium, the Gauwohnungskommissare and their deputies.

7. Oberfinanzpräsidenten.

8. Regierungspräsidenten, Landräte und Bürgermeister.

L. The German Armed Forces and Militarists:

1. NS-Führungsoffiziere — All officers, regardless of whether they were professional or reserve officers, not included in the category of Major Offender.

2. General Staff Officers — All officers serving as General Staff Officers since 4 February 1938 not included in the category of Major Offender.

K. Regierungsbeamte:

1. Alle Beamten des Auswärtigen Dienstes (Botschaften, Gesandtschaften, Generalkonsulate, Konsulate und Missionen) im Rang eines Ministerialrats oder in der Stellung eines Attachés.

2. Alle Beamten des höheren Dienstes, die nach dem 1. April 1933 außerplanmäßig und außer der Reihe und ohne die fachliche Eignung zu besitzen in den höheren Dienst befördert wurden.

3. Alle Beamten, die folgende Stellungen seit 1934 innehatten:
   a) Bevollmächtigter,
   b) Inspektor,
   c) Treuhänder der Arbeit und Treuhänder in sonstigen Gebieten und ihre Beauftragten,
   d) Kommissar,
   e) Stellvertreter von Inhabern von Titeln und Stellungen, die unter die Gruppe der Hauptschuldigen fallen,
   f) Reichseinsatzingenieure und Arbeitseinsatzingenieure,
   g) Obmann einschließlich Rüstungsobmann.

4. Alle Mitglieder des Deutschen Reichstags oder des Preußischen Staatsrats seit 1. Januar 1934.

5. Alle Beamten des Reichsministeriums für Volksaufklärung und Propaganda und Leiter seiner Bezirksämter und Nebenämter herunter bis zum Kreis einschließlich, außerdem alle Angestellten von NSDAP-Dienststellen, die sich mit der politischen Ausrichtung in Wort und Schrift befaßt haben.

6. Die Beamten des höheren Dienstes im Reichsministerium für Rüstung und Kriegsproduktion, im Kirchenministerium, die Gauwohnungskommissare und ihre Stellvertreter.

7. Oberfinanzpräsidenten.

8. Regierungspräsidenten, Landräte und Bürgermeister.

L. Deutsche Wehrmacht und Militärpersonen:

1. NS-Führungsoffiziere:
Alle Offiziere, gleichgültig, ob sie Berufs- oder Reserveoffiziere waren, die nicht unter die Gruppe der Hauptschuldigen fallen.

2. Generalstabsoffiziere:
Alle Offiziere, die dem Generalstab seit dem 4. Februar 1938 angehörten und nicht unter die Gruppe der Hauptschuldigen fallen.

Anlage 13-23

3. All military and civilian officials with special authority, including heads and deputies of any functional or regional divisions in the military or civil administration of occupied countries and territories, as well as executive officials of RUK (Armament and war production) except those included in the category of Major Offender.

4. All officials of the Raw Material Trade Association (Rohstoffhandelsgesellschaft).

5. Military Commanders and their deputies in cities and townships.

6. Die Wehrmacht — All regular officers of the Deutsche Wehrmacht down to and including the rank of Generalmajor or equivalent rank, provided they were promoted to this rank after 1 June 1936, and all Wehrmacht officials down to the professional rank of Oberst.

7. Organisation Todt (OT). Transportgruppe Speer — All officers down to and including the rank of Einsatzleiter.

8. All members of the training staffs and executive officials of the War academies and Kadettenanstalten.

9. All professors, speakers and authors in the field of military science since 1933.

10. All members of the Schwarze Reichswehr and all members auf the Freikorps who became members of the NSDAP insofar as they are not included in the category of Major Offender.

M. Private Business and Professions:

1. Wehrwirtschaftsführer — All Wehrwirtschaftsführer appointed by the Ministry of Economics not included in the category of Major Offender.

2. Wirtschaftskammern — All executive officials of Economic Chambers not included in the category of Major Offender.

3. Reichsgruppen der gewerblichen Wirtschaft — All executive officials of the groups, main committees, special committees, main rings and special rings.

4. Reichsverkehrsgruppen — All executive officials of Transportation Groups.

5. Wirtschaftsgruppen — All executive officials of Economic Groups.

6. Reichsvereinigungen (Reich Associations) — All executive officials of the Reichsvereinigungen, including department heads and chairmen, deputies, managers of the main committees, special committees, main rings and special rings.

7. Werberat der Deutschen Wirtschaft (Advertising Council of German Economy) — All executive officials not included in the category of Major Offender.

3. Alle Militär- und Zivilbeamten mit besonderen Befugnissen einschließlich Leiter und stellvertretende Leiter bei einer Sach- oder Betriebsabteilung der Militär- oder Zivilverwaltung von besetzten Ländern oder Gebieten sowie leitende Beamte des RuK (Rüstung und Kriegsproduktion), außer denen, die unter die Gruppe der Hauptschuldigen fallen.

4. Alle Beamten der Rohstoffhandelsgesellschaft.

5. Militärkommandanten von Städten und Gemeinden und ihre Stellvertreter.

6. Die Wehrmacht:

Alle Berufsoffiziere der deutschen Wehrmacht bis zu und einschließlich des Ranges eines Generalmajors oder eines entsprechenden Ranges, wenn sie diesen Rang nach dem 1. Juni 1936 erreichten, ebenso alle Wehrmachtsbeamten bis zu Beamten im Range eines Oberst einschließlich.

7. Organisation Todt (OT); Transportgruppe Speer:

Alle Offiziere bis herunter und einschließlich des Ranges eines Einsatzleiters.

8. Alle Angehörigen der Ausbildungsstäbe und leitenden Beamten der Kriegsakademien und Kadettenanstalten.

9. Alle Lehrpersonen, Redner und Schriftsteller auf dem Gebiete der Militärwissenschaft seit 1933.

10. Alle Angehörigen der Schwarzen Reichswehr und alle Angehörigen der Freikorps, soweit sie Mitglieder der NSDAP geworden sind und nicht unter die Gruppe der Hauptschuldigen fallen.

M. Wirtschaft und freie Berufe

1. Wehrwirtschaftsführer:

Alle Wehrwirtschaftsführer, die vom Wirtschaftsministerium bestellt wurden, soweit sie nicht unter die Gruppe der Hauptschuldigen fallen.

2. Wirtschaftskammern:

Alle leitenden Beamten von Wirtschaftskammern, soweit sie nicht unter die Gruppe der Hauptschuldigen fallen.

3. Reichsgruppen der gewerblichen Wirtschaft:

Alle leitenden Beamten der Gruppen, Hauptausschüsse, Sonderausschüsse, Hauptringe und Sonderringe.

4. Reichsverkehrsgruppen:

Alle leitenden Beamten der Verkehrsgruppen.

5. Wirtschaftsgruppen:

Alle leitenden Beamten der Wirtschaftsgruppen.

6. Reichsvereinigungen:

Alle leitenden Beamten der Reichsvereinigungen einschließlich Abteilungsleiter und Vorsitzende, Stellvertreter, Geschäftsführer der Hauptausschüsse, Sonderausschüsse, Hauptringe und Sonderringe.

7. Werberat der deutschen Wirtschaft:

Alle leitenden Beamten, soweit sie nicht unter die Gruppe der Hauptschuldigen fallen.

8. Policy making officials of the Reich Allocation Offices (Reichsstellen) and subordinate allocation offices (Bewirtschaftungsstellen).

9. Business enterprises including financial institutions in which the Reich, the NSDAP, or any of its formations or affiliated organizations had at any time since 1 April 1933 an interest representing actual or working control — All presidents, members of the boards of supervisors or directors, managing directors and managers.

10. I. Private enterprises in industry, trade, commerce, handicraft, agriculture and forestry, banking, insurance, transportation, etc.: enterprises which because of capital invested, the number of their employees, the kind of production, or for any other reason are, of themselves, important and essential:

All proprietors, owners and leaseholders, partners, including shareholders holding a share of more than 25 %, chairmen of the executive or supervisory boards, or other persons having a decisive influence on the management, insofar as such persons were members of the NSDAP or of any of its formations, or, without having been members, owed their position to their connections with the NSDAP.

II. Non profit enterprises and charitable institutions:

Enterprises which are of great importance because of their size of activity:

All executives, business managers, members of boards of directors and of boards of supervisors, advisers and other persons who have a decisive influence on the business management or perform any supervisory function, insofar as they were members of the NSDAP or of any of its formations, or, without having been members, owed their position to their connections with the NSDAP.

11. Professions (Physicians, lawyers, pharmacists, architects, engineers, artists, authors, journalists and so on):

a) All executives, members of boards of directors, business managers, executive employees and members of the chambers of professional and social agencies including the court of honor, and all councillors admitted to practice before the Party courts, SA or SS courts;

b) Other members of professions who by reason of their membership in the NSDAP or of any of its formations derived special advantages.

8. Weisunggebende Beamte der Reichsstellen und Bewirtschaftungsstellen.

9. Geschäftsunternehmungen einschließlich der Geldinstitute, bei denen das Reich, die NSDAP, ihre Gliederungen oder angeschlossenen Verbände an der tatsächlichen oder interessengemeinschaftlichen Betriebsführung zu irgend einer Zeit seit dem 1. April 1933 beteiligt waren. Alle Präsidenten, Mitglieder des Aufsichtsrats oder des Vorstandes und leitende Direktoren und Abteilungsleiter.

10. I. Geschäftsunternehmen der freien Wirtschaft in Industrie, Handel, Gewerbe, Handwerk, Land- und Forstwirtschaft, Banken, Versicherungen, Verkehr u. dgl. Unternehmungen, die wegen des investierten Gesellschaftskapitals, der Anzahl der Beschäftigten, der Art der Produktion oder aus einem sonstigen Grunde an sich bedeutend und wichtig sind:

Alle Inhaber, Eigentümer und Pächter, Gesellschafter, einschließlich Aktionäre mit einer Beteiligung von mehr als 25 Prozent, Vorsitzende des Vorstandes oder Aufsichtsrats oder sonstige Personen, die auf die Geschäftsleitung maßgebenden Einfluß haben, soweit diese Personen Mitglieder der NSDAP oder einer ihrer Gliederungen waren oder, ohne Mitglieder zu sein, ihre Stellung ihren Beziehungen zur NSDAP verdankten.

II. Gemeinützige Unternehmungen und Wohlfahrtseinrichtungen:

Unternehmungen, die wegen ihres Umfangs oder ihrer Tätigkeit bedeutend oder wichtig sind:

Alle Leiter, Geschäftsführer, Vorsitzende des Vorstands und Aufsichtsrats, Beiräte und sonstige Personen, die auf die Geschäftsleitung einen maßgebenden Einfluß haben oder eine beaufsichtigende Tätigkeit ausüben, soweit diese Personen Mitglieder der NSDAP oder einer ihrer Gliederungen waren oder, ohne Mitglieder zu sein, ihre Stellung ihren Beziehungen zur NSDAP verdankten.

11. Freie Berufe (Ärzte, Anwälte, Apotheker, Architekten, Ingenieure, Künstler, Schriftsteller, Journalisten u. dgl.):

a) alle Leiter, Vorstandsmitglieder, Geschäftsführer, leitende Angestellte und Vorstandsmitglieder der Standesvertretungen einschließlich der Ehrengerichte, ferner alle von den Partei-, SA- oder SS-Gerichten zugelassenen Rechtsbeistände,

b) alle anderen Angehörigen der freien Berufe, die auf Grund ihrer Mitgliedschaft in der NSDAP oder einer ihrer Gliederungen besondere Vorteile hatten.

N. Jurists:

1. Managers and Treasurers of the Akademie für Deutsches Recht (Academy for German Law).

2. Chairmen, other regular judges and the regular executives of the public prosecutors office of special courts.

3. Chairmen, judges and public prosecutors of military courts (Standgerichte).

4. Presidents and Vicepresidents·

a) of the Reichspatentamt;

b) of the Reichsversicherungsamt and the Reichsversorgungsgericht;

c) of the Landeserbhofgericht in Celle.

5. Vicepresidents and Senatspresidents of the Reichsgericht who were appointed after 31 December 1938, and regular members of the Oberster Dienststrafsenat of the Reichsgericht.

6. Vicepresidents:

a) of the Reichserbgesundheitsgericht;

b) of the Reichsfinanzhof;

c) of the Reichsrechtsanwaltskammer;

d) of the Reichsnotarkammer;

e) of the Reichspatentanwaltskammer;

f) of the Reichskammer für Wirtschaftsprüfer;

and all regular members of the Oberste Ehrengerichtshöfe for lawyers, patent attorneys, notaries and Wirtschaftsprüfer.

7. Presidents of the Oberlandesgerichte and Generalstaatsanwälte if not included in the category of Major Offender and Vicepresidents of the Oberlandesgerichte.

8. Presidents of the Dienststrafkammern for judical officials.

9. Presidents of the Landesgerichte.

10. Oberstaatsanwälte of the Landgerichte.

11. Personalreferenten of the courts.

12. Full-time executives and regular members of the Prüfungsstellen of the Reichsjustizprüfungsamt.

13. President of the Rechtsanwaltskammer, Notarkammer and Patentanwaltskammer in the districts of the Oberlandesgerichte.

N. Juristen:

1. Direktoren und Schatzmeister der Akademie für Deutsches Recht.

2. Vorsitzende, sonstige ständige Richter und die ständigen Leiter der Anklagebehörden der Sondergerichte.

3. Vorsitzende, Richter und Staatsanwälte der Standgerichte.

4. Präsidenten und Vizepräsidenten:

a) des Reichspatentamts,

b) des Reichsversicherungsamts und Reichsversorgungsgerichts,

c) des Landeserbhofgerichts in Celle.

5. Senatspräsidenten und Vizepräsidenten beim Reichsgericht, die seit dem 31. Dezember 1933 hierzu ernannt wurden, ferner die ständigen Mitglieder des obersten Dienststrafsenats beim Reichsgericht.

6. Vizepräsidenten:

a) des Reichserbgesundheitsgerichtes,

b) des Reichsfinanzhofs,

c) der Reichsrechtsanwaltskammer,

d) der Reichsnotarkammer,

e) der Reichspatentanwaltskammer,

f) der Reichskammer für Wirtschaftsprüfer, ferner alle ständigen Mitglieder der obersten Ehrengerichtshöfe für Rechtsanwälte, Patentanwälte, Notare und Wirtschaftsprüfer.

7. Präsidenten der Oberlandesgerichte und Generalstaatsanwälte, soweit sie nicht unter die Gruppe der Hauptschuldigen fallen, sowie die Vizepräsidenten der Oberlandesgerichte.

8. Präsidenten der Dienststrafkammern für richterliche Beamte.

9. Präsidenten der Landgerichte.

10. Oberstaatsanwälte bei den Landgerichten.

11. Personalreferenten der Gerichte.

12. Hauptamtliche Leiter und ständige Mitglieder der Prüfungsstellen des Reichsjustizprüfungsamts.

13. Präsidenten der Rechtsanwaltskammern, Notarkammern und Patentanwaltskammern in den Oberlandesgerichtsbezirken.

Anlage 13-26

14. Presidents and Vicepresidents:

a) of the Fideikommißgericht;

b) of the Schiffahrtsobergericht:

c) of the Oberprisenhof.

15. Presidents and Vicepresidents and regular members of the Courts of Honour of the free professions at Reich and Gau level.

O. Other Groups of Persons:

1. NCO's of Stoßtrupps and Werkscharen within business establishments.

2. Persons who held the office of Vertrauenslehrer or Jugendwalter in any type of school.

3. Rectors of universities and chairmen of the board of curators, heads of teacher's training colleges and heads of institutions of university level appointed since 1934 if not included in the category of Major Offender.

4. All other persons who have propagated the National Socialistic or Fascistic "world philosophy".

5. Persons who after 1 April 1933 have applied for or adopted German nationality or acquired same in a way other than by annexation laws or by marriage or adoption.

Part III

The following is a list of categories of persons who will be carefully investigated and, if there is evidence of guilt in accordance with the provisions of paragraphs I and II of Article 4 of this Directive, will be charged as lesser offenders and punished if found guilty:

1. Applicants for membership in the SS or its formations.

2. Members of SA after 1 April 1933.

3. Members of HJ or BDM prior to 25 March 1939.

4. NCO's of RAD of a rank below Feldmeister or Maidenführerin.

5. Members of NSDAP after 1 May 1937 and all Applicants for membership in the NSDAP.

6. Persons who were officials in the field of education or press who received extraordinarily rapid promotion after 1 May 1933.

14. Präsidenten und Vizepräsidenten:

a) des obersten Fideikommißgerichts,

b) des Schiffahrtsobergerichts.

c) des Oberprisenhofs.

15. Präsidenten, Vizepräsidenten und die ständigen Mitglieder der Ehrengerichte der freien Berufe in der Reichs- und Gaustufe.

O. Sonstige Personengruppen:

1. Unterführer von betrieblichen Stoßtrupps oder Werkscharen.

2. Personen, die das Amt eines Vertrauenslehrers oder Jugendlehrers oder Jugendwalters in irgendeiner Schule innehatten.

3. Rektoren von Universitäten und Vorstände von Kuratorien, Leiter von Lehrerseminaren und Leiter von Institutionen im Universitätsrang, die seit 1934 ernannt wurden, soweit sie nicht unter die Gruppe der Hauptschuldigen fallen.

4. Alle sonstigen Personen, die die nationalsozialistische oder faschistische Weltanschauung verbreitet haben

5. Personen, die nach dem 1. April 1933 die deutsche Staatsangehörigkeit nachgesucht, angenommen oder anders als durch Eingliederungsgesetze, Heirat oder Annahme an Kindes Statt erworben haben.

Abschnitt III

Die folgende Liste führt Personengruppen auf, die sorgfältig zu prüfen und, falls Beweise ihrer Schuld gemäß den Bestimmungen der Paragraphen I und II des Artikels 4 des Abschnittes II dieser Direktive vorliegen, als Minderbelastete anzuklagen und, wenn schuldig, zu bestrafen sind:

1. Anwärter der SS oder ihrer Gliederungen.

2. Mitglieder der SA nach dem 1. April 1933.

3. Mitglieder der HJ oder des BDM vor dem 25. März 1939.

4. Unteroffiziere des RAD mit einem Dienstgrad geringer als Feldmeister oder Maidenführerin.

5. Mitglieder der NSDAP nach dem 1. Mai 1937 sowie alle Mitgliedschaftsanwärter der NSDAP

6. Personen, die als Beamte im Erziehungswesen oder in der Presse nach dem 1. Mai 1933 außergewöhnlich schnell befördert wurden.

Anlage 13-27

7. Persons who have profited by acceptance or transfer of property incidental to the spoliation of formerly occupied territories, "Aryanizing" or confiscation of property on political, religious or racial grounds.

8. Persons who have been employed in policy-making or executive positions in the Military or civilian administration of formerly occupied areas.

9. Persons who have made substantial contributions to the Party.

10. Members of political parties or organizations in Germany which supported the seizure of power by the NSDAP, such as the Tannenbergbund, Alldeutscher Verband.

11. Leading officials of the German Red Cross, particularly those who were appointed after 1 January 1933.

12. Members of the Deutsche Christenbewegung and Deutsche Glaubensbewegung.

13. Members of the NSKK, NSFK, NSDStB, NSDOE, and NSF.

14. Holders of the Spanish Cross, of the Austrian, the Sudetendeutsche and the Memel Commemoration Medal, of the Danzig Cross, of the SA-Wehrsportabzeichen, of the Merit Medal of RAD.

15. Parents or guardians who expressed consent for the education of their children in Nationalpolitische Erziehungsanstalten, Adolf-Hitler-Schulen and Ordensschulen.

16. Persons who gained financial advantages through the NSDAP.

17. Persons who due to National Socialistic influence escaped military service or active combat duty.

18. Employees of important enterprises in trade, industry, agriculture or finance with the title Generaldirektor, Direktor, President, Vicepresident, Geschäftsführer, Betriebsleiter, and all members of the Board of Directors, the chairmen and deputy chairmen of the Board of Supervision, Chief engineers and Oberingenieure in so far as they were policy-making technical personnel, and all persons with power to hire and fire employees.

7. Alle Personen, die Nutzen gezogen haben aus der Annahme oder Übertragung von Vermögen, das durch Ausbeutung der ehemals besetzten Gebiete, Arisierung oder Konfiszierung aus politischen, religiösen oder rassischen Gründen angefallen ist.

8. Personen, die in der Militär- oder Zivilverwaltung der ehemals besetzten Gebiete beschäftigt waren, soweit sie über die Grundsätze der Verwaltung bestimmt haben oder sonst in leitender Stellung waren.

9. Personen, die wesentliche Zuwendungen an die Partei gemacht haben.

10. Mitglieder von politischen Parteien oder Organisationen in Deutschland, die zur Machtergreifung durch die NSDAP beigetragen haben, z. B. Tannenbergbund, Alldeutscher Verband.

11. Leitende Angestellte beim Deutschen Roten Kreuz, insbesondere solche, die nach dem 1. Januar 1933 bestellt wurden.

12. Mitglieder der Deutschen Christenbewegung und der Deutschen Glaubensbewegung.

13. Mitglieder des NSKK, des NSFK, des NSDSTB, des NSDOB, des NSF.

14. Inhaber des Spanienkreuzes, der österreichischen, sudetendeutschen oder Memel-Erinnerungsmedaille, des Danziger Kreuzes, des SA-Wehrsportabzeichens, der Verdienstauszeichnung des RAD.

15. Eltern und Vormünder, die ausdrücklich ihre Genehmigung zur Ausbildung ihrer Kinder in nationalpolitischen Erziehungsanstalten, Adolf-Hitler-Schulen und Ordensschulen erteilt haben.

16. Personen, die finanzielle Vorteile durch die NSDAP erhalten haben.

17. Personen, die infolge nationalsozialistischen Einflusses sich dem Militärdienst oder Frontdienst entzogen haben.

18. Angestellte bedeutender industrieller, landwirtschaftlicher oder Handelsbetriebe oder Geldinstitute mit dem Titel Generaldirektor, Direktor, Präsident, Vizepräsident, Geschäftsführer, Betriebsleiter, ferner alle Mitglieder des Vorstandes, der Vorsitzende, der stellvertretende Vorsitzende des Aufsichtsrats, ferner Chefingenieure, Oberingenieure, soweit sie die technische Richtung des Betriebs bestimmten. Alle Personen mit der Befugnis zur Einstellung oder Entlassung des Personals.

Der Rektor
der Technischen Hochschule
Hannover

Hannover 1 W, den 28. Juli 1947
Am Welfengarten 1
Fernruf: 5 18 11

Nr. 1164

Niedersächsisches Kultusministerium
Eing. 2 9. JULI 1947
4 Anlagen

Betr.: Politische Überprüfung der Hochschulangehörigen.
Bezug: Erlaß K I Nr. 2572/47 vom 18. Juli 1947.

Nr. im Bezugerlaß: →	1	2			3
Art:	Am 1.5.45 im Amt:	Davon (von Sp.1) sind			Nach dem 1.5.45 neu berufen oder eingestellt (nach politischer Überprüfung u. Genehmigung durch die Militärregierung
		noch im Entnazifizierungsverfahren	entlassen	nach erfolgreichem Einspruch wieder eingest.	
A) beamtete ord. u. ausserord. Professoren	28	3	12	1	-
B) Wiss. Assistenten, Dozenten usw.	154	84	16	1	7
C) Hochschulbeamte (Verwaltung)	22	2	3	-	-
D) Angestellte u. Arbeiter	170	145	7	-	7
Zusammen A-D:	374	234	38	2	14

Kramer

An den
Herrn Niedersächsischen Kultusminister,
H a n n o v e r.

Anlage 14

[Seite 2.]

Lfd. Nr.	Name und Amtsbezeichnung des Beamten	Die Jahresbruttoeinnahme aus ärztlicher Nebentätigkeit betrug			Von der Einnahme Sp. 3c sind abgeführt			
		für die persönliche Behandlung der Patienten I. u. II. Klasse der Universitätskliniken einschl. der Sprechstundenpraxis in der Universitätsklinik RM	aus der sonstigen ärztlichen Nebentätigkeit außerhalb der Universitätsklinik RM	insgesamt RM	an die Staats- (Stadt-)Kasse				an die Assistenten RM
					5 v. H. von dem Unterschiedsbetrag zwischen 30 000 und 50 000 RM RM	10 v. H. von der 50 000 RM übersteigenden Einnahme RM	insgesamt RM	
1	2	3 a	3 b	3 c	4 a	4 b	4 c	4 d

[Seite 3.]

Name der in Sp. 4 d bedachten Assistenten	Sonstige genehmigte Nebentätigkeiten außerhalb des öffentlichen Dienstes			Bemerkungen
	Natürliche oder juristische Person, welche die Nebenvergütung gewährt	Art der Nebenbeschäftigung	Höhe der Einnahmen RM	
5	6 a	6 b	6 c	7

256. Zulassung zum Studium ohne Reifezeugnis, Sonderreifeprüfungen.

Durch Runderlaß vom 8. August 1938 — W J 2670 (b) E III, E IV, E V — (RMinAmtsbl. DtschWiss. S. 365) habe ich die Verschiedenheit der Bestimmungen über die Zulassung zum Hochschulstudium ohne ordentliche Reifeprüfung durch reichseinheitliche Ordnungen über die Zulassung zum Studium ohne Reifezeugnis und über die Ablegung der Sonderreifeprüfungen für die Zulassung zum Studium der Wirtschaftswissenschaft, der Landwirtschaft, der Forstwirtschaft, des Gartenbaues, des Brauerei- und Brennereiwesens, des Zuckerfabrikwesens und für die Zulassung zum Studium an den Technischen Hochschulen und Bergakademien mit Wirkung vom 1. September 1938 ab beseitigt. Die durch die Wiedervereinigung Österreichs und der sudetendeutschen Gebiete mit dem Deutschen Reich eingetretenen Verhältnisse machen nunmehr eine Erweiterung des örtlichen Geltungsbereichs der genannten Prüfungsordnungen erforderlich. Darüber hinaus will ich besonders befähigten Fachschulabsolventen bestimmter Fachrichtungen, insbesondere angesichts des weiteren Ausbaues der technischen Fachschulen des Bau- und Maschinenwesens, die Möglichkeit geben, auch ohne Sonderreifeprüfung zum Hochschulstudium zu gelangen. Ich bestimme deshalb in Ergänzung meines Runderlasses vom 8. August 1938 — W J 2670 E III, E IV, E V (b)/38 — folgendes:

I. Geltungsbereich der Prüfungsordnungen.

Die Ordnungen

a) der Prüfung für die Zulassung zum Studium ohne Reifezeugnis an den deutschen Hochschulen,

b) der Sonderreifeprüfungen für die Zulassung zum Studium der Wirtschaftswissenschaft, der Landwirtschaft, der Forstwissenschaft, des Gartenbaues, des Brauerei- und Brennereiwesens, des Zuckerfabrikwesens sowie zum Studium an den Technischen Hochschulen und Bergakademien

Anlage 15-1

vom 8. August 1938 — W J 2670 E III, E IV, E V — gelten mit sofortiger Wirkung auch für die Ostmark und die sudetendeutschen Gebiete und damit für das gesamte deutsche Reichsgebiet.

II. Studium an den Technischen Hochschulen und Bergakademien.

1. Absolventen solcher technischer Fachschulen des Bau- und Maschinenwesens mit mindestens fünfsemestrigen Ausbildungsgängen, welche die Reichsgrundsätze in vollem Umfange durchführen, werden ohne Sonderreifeprüfung zum Studium ihrer Fachrichtung an den Technischen Hochschulen und Bergakademien zugelassen, wenn sie

a) Ostern 1940 und später die Abschlußprüfung mindestens mit gut bestehen,

b) deutschen oder artverwandten Blutes sind,

c) die Gewähr dafür bieten, daß sie jederzeit für den nationalsozialistischen Staat eintreten,

d) das 21. Lebensjahr vollendet haben.

2. Absolventen der höheren Abteilungen für das Bau- und Maschinenwesen an den Staatsgewerbeschulen in der Ostmark und im Sudetenland und der Bauschulen für Wasserwirtschaft und Kulturtechnik, welche die Abschlußprüfung mindestens mit gut bestanden haben oder bestehen und im übrigen die Voraussetzungen unter II 1 b-d dieses Runderlasses erfüllen, sind ab sofort ohne Sonderreifeprüfung zum Studium ihrer Fachrichtung an den Technischen Hochschulen und Bergakademien zuzulassen.

3. Absolventen der Akademie für Technik in Chemnitz werden ohne Sonderreifeprüfung zum Studium an den Technischen Hochschulen und Bergakademien zugelassen, wenn sie deutschen oder artverwandten Blutes sind und die Gewähr dafür bieten, daß sie jederzeit für den nationalsozialistischen Staat eintreten.

4. Absolventen der unter II 1 und 2 genannten Fachschulen, welche die Abschlußprüfung nicht mit gut bestanden haben oder bestehen, Absolventen solcher technischen Fachschulen des Bau- und Maschinenwesens, welche die Reichsgrundsätze nicht oder nicht in vollem Umfange durchführen, und Absolventen der Vermessungsabteilungen an den Staatsbauschulen werden erst nach Ablegung der Sonderreifeprüfung zum Hochschulstudium einer bestimmten Fachrichtung zugelassen.

5. Absolventen der technischen Fachschulen des Maschinenwesens und der Hoch- und Tiefbauabteilungen bautechnischer Fachschulen mit weniger als fünfsemestrigen Ausbildungslehrgängen können zur Sonderreifeprüfung nicht zugelassen werden.

III. Studium der Landwirtschaft, der Forstwissenschaft und des Gartenbaues.

Absolventen der höheren Landbauschulen und der Deutschen Kolonialschule in Witzenhausen und der höheren Gärtnerlehranstalten, welche die Abschlußprüfung mindestens mit gut bestanden haben oder bestehen, deutschen oder artverwandten Blutes sind, die Gewähr dafür bieten, daß sie jederzeit für den nationalsozialistischen Staat eintreten, und das 21. Lebensjahr vollendet haben, werden ohne Sonderreifeprüfung zum Studium der Landwirtschaft oder des Gartenbaues zugelassen; im übrigen (also auch für die Absolventen der Forstschulen) ist die Zulassung zum Hochschulstudium erst nach Ablegung der Sonderreifeprüfung möglich.

IV. Anrechnung von Fachschulsemestern auf das Hochschulstudium.

Fachschulsemester können grundsätzlich nicht als ordentliche Semester auf das nach den Prüfungs- und Promotionsordnungen vorgeschriebene Studium angerechnet werden. Ich ermächtige jedoch die mir unterstehenden Vorsitzer der Prüfungsausschüsse sowie die Dekane der Fakultäten (Abteilungen), solchen Absolventen von Ingenieur- und Bauschulen, der Dt. Kolonialschule und der höheren Gärtnerlehranstalten (also nicht die der höheren Landbauschulen), die auf Grund gut bestandener Abschlußprüfung oder mit Sonderreifeprüfung zum Hochschulstudium zugelassen worden sind, das Fachschulstudium bis zu höchstens drei Semestern auf die nach den Prüfungs- und Promotionsordnungen vorgeschriebene Studienzeit anzurechnen. Eine derartige Anrechnung ist jedoch davon abhängig, daß die Antragsteller alle sonstigen Bedingungen für die Zulassung zur Prüfung erfüllt haben und dies durch entsprechende Zeugnisse nachzuweisen vermögen.

V. Verzeichnis der anerkannten Fachschulen.

Ein vorläufiges Verzeichnis derjenigen technischen Fachschulen des Bau- und Maschinenwesens, welche die Reichsgrundsätze in vollem Umfange durchführen, der Bauschulen für Wasserwirtschaft und Kulturtechnik, der höheren Landbauschulen, der Dt. Kolonialschule und der höheren Gärtnerlehranstalten ist in der Anlage beigefügt. Ein vollständiges Verzeichnis der im Sinne der Sonderreifeprüfungsordnung vom 8. August 1938 anerkannten Fachschulen, also auch derjenigen, welche die Reichsgrundsätze nicht in vollem Umfange durchführen, wird in Kürze veröffentlicht werden.

VI.

Soweit in einzelnen Ländern die Einhaltung besonderer Formvorschriften nach Landesrecht erforderlich sein sollte, ersuche ich unter Bezugnahme auf § 4 der Ersten Verordnung über den Neuaufbau des Reichs vom 2. Februar 1934 (RGBl. I S. 81) das zur Durchführung dieses Runderlasses Erforderliche zu veranlassen.

Berlin, den 29. April 1939.

Der Reichsminister
für Wissenschaft, Erziehung und Volksbildung.

In Vertretung: Zschintzsch.

An die Herren Vorsteher der nachgeordneten Dienststellen der Preußischen Wissenschaftsverwaltung, die Herren Oberpräsidenten (Abteilung für höheres Schulwesen) in Preußen, den Herrn Stadtpräsidenten der Reichshauptstadt Berlin (Abteilung für höheres Schulwesen) in Berlin und die Unterrichtsverwaltungen der Länder mit Hochschulen (einschl. Österreich und Tetschen-Liebwerd). — W J 1480 E III e, E IV, E V (a).

(RMinAmtsblDtschWiss. 1939 S. 285.)

*

Anlage.

Verzeichnis
der technischen Fachschulen des Bau- und Maschinenwesens, welche die Reichsgrundsätze in vollem Umfange durchführen, der Bauschulen für Wasserwirtschaft und Kulturtechnik, der höheren Landbauschulen, der Kolonialschulen und der höheren Gärtnerlehranstalten.

I. Ingenieurschulen.

1. Heeresfeuerwerkerschule in Berlin-Lichterfelde.
2. Höhere Technische Lehranstalt der Heeresnachrichtenschule in Halle a./S.
3. Höhere Technische Lehranstalt der Panzertruppenschule in Wünsdorf.
4. Höhere Technische Lehranstalt der Pionierschule II in Rehagen-Klausdorf.
5. Ingenieurschule der Marinefachschule für Technik in Kiel.
6. Ingenieurschule der Marinefachschule für Technik in Wilhelmshaven.
7. Höhere Technische Lehranstalt der Luftnachrichtenschule in Halle a./S.
8. Staatliche Ingenieurschule in Aachen.
9. Staatliche Ingenieurschule in Breslau.
10. Staatliche Ingenieurschule in Dortmund.
11. Staatliche Ingenieurschule in Duisburg.
12. Staatliche Ingenieurschule in Essen.
13. Staatliche Ingenieurschule in Frankfurt a. M.
14. Staatliche Ingenieurschule in Gleiwitz.
15. Staatliche Ingenieurschule in Görlitz.
16. Staatliche Ingenieurschule in Gumbinnen.
17. Staatliche Ingenieurschule in Hagen.
18. Staatliche Ingenieurschule in Kiel.
19. Staatliche Ingenieurschule in Köln.
20. Staatliche Ingenieurschule in Magdeburg.
21. Staatliche Ingenieurschule in Stettin.
22. Staatliche Ingenieurschule in Wuppertal-Elberfeld.
23. Staatliche Ingenieurschule in Kaiserslautern.
24. Staatliche Ingenieurschule in Nürnberg (Ohm-Polytechnikum).
25. Staatliche Ingenieurschule in Würzburg.
26. Staatliche Ingenieurschule in Chemnitz.
27. Staatliche Akademie für Technik in Chemnitz.
28. Staatliche Ingenieurschule in Eßlingen.
29. Staatliche Ingenieurschule in Karlsruhe (Staatstechnikum).
30. Staatliche Ingenieurschule in Hildburghausen.
31. Staatliche Ingenieurschule in Bremen.
32. Höhere Staatsgewerbeschule (Abt. Ingenieurschule) in Graz-Gösting.
33. Höhere Staatsgewerbeschule (Abt. Ingenieurschule) in Innsbruck.
34. Höhere Staatsgewerbeschule (Abt. Ingenieurschule) in Klagenfurt.
35. Höhere Staatsgewerbeschule (Abt. Ingenieurschule) in Linz.
36. Höhere Staatsgewerbeschule (Abt. Ingenieurschule) in Salzburg.
37. Höhere Staatsgewerbeschule (Abt. Ingenieurschule) in Wien 1.
38. Höhere Staatsgewerbeschule (Abt. Ingenieurschule) in Wien 9.
39. Höhere Staatsgewerbeschule (Abt. Ingenieurschule) in Wien 10.
40. Höhere Staatsgewerbeschule (Abt. Ingenieurschule) in Wien 24.
41. Höhere Staatsgewerbeschule (Abt. Ingenieurschule) in Wiener-Neustadt.
42. Höhere Staatsgewerbeschule (Abt. Ingenieurschule) in Mährisch-Schönberg.
43. Höhere Staatsgewerbeschule (Abt. Ingenieurschule) in Reichenberg.
44. Höhere Staatsgewerbeschule (Abt. Ingenieurschule) in Aussig.
45. Höhere Staatsgewerbeschule (Abt. Ingenieurschule) in Komotau.
46. Städtische Ingenieurschule in Berlin (Beuthschule).
47. Städtische Ingenieurschule in Berlin (Gaußschule).
48. Städtische Ingenieurschule in Hannover.
49. Städtische Ingenieurschule in Augsburg.
50. Städtische Ingenieurschule in München.
51. Städtische Ingenieurschule in Leipzig.
52. Städtische Ingenieurschule in Dresden.
53. Städtische Ingenieurschule in Darmstadt.
54. Städtische Ingenieurschule in Hamburg.

II. Bauschulen.

1. Festungspionierlehrgänge der Pionierschule I in Berlin-Karlshorst.
2. Höhere Heereslehranstalt für Hoch- und Tiefbau in Hannover.
3. Staatsbauschule in Aachen.
4. Staatsbauschule in Berlin-Neukölln.
5. Staatsbauschule in Beuthen OS.
6. Staatsbauschule in Breslau.
7. Staatsbauschule in Buxtehude.
8. Staatsbauschule in Deutsch-Krone.
9. Staatsbauschule in Eckernförde.

> Am 13. Mai 1942 verstarb unerwartet
>
> ## Amtsrat Walter Winterstein
>
> nach einer zweiundvierzigjährigen, von besonderer Pflichttreue und Schaffensfreude erfüllten Dienstzeit. Sein erfolgreiches Wirken, seine charaktervolle Haltung, seine stete Hilfsbereitschaft und Kameradschaftlichkeit haben ihm bei seinen Mitarbeitern ein allzeit ehrendes Andenken gesichert.
>
> Berlin, den 18. Mai 1942.
>
> Der Reichsminister für Wissenschaft, Erziehung und Volksbildung.
> In Vertretung: Zschintzsch.

Amtlicher Teil

Personalnachrichten

(Veröffentlichungen im Sinne der Verordnung vom 7. September 1939 — RGBl. I S. 1701 —.)

Es sind ernannt worden:

zum Studienrat auf Lebenszeit der Studienrat Volkmar Denckmann,
zum Studienrat an der Lehrerbildungsanstalt Burg (Dithm.) der komm. Dozent Dr. Berthold Peters,
zum Studienrat der komm. Dozent Dr. Wolfgang Roehder,
zum Studienrat im höheren Schuldienst der Stadt Halle der Studienassessor Herbert Schmidt,
zum Studienrat an der Oberschule für Jungen in Ratingen der Studienassessor Rudolf Tisken unter Berufung in das Beamtenverhältnis auf Lebenszeit,
zum außerplanmäßigen Professor der Dozent Dr. phil. habil. Ferdinand Trusheim in Würzburg,
zum Bezirksschulrat der Rektor Johannes Döring in Dresden,
zum Regierungs- und Gewerbeschulrat der Präsidialrat Johann Binder in Wien,
zum Dozenten für das Fach Innere Medizin an der Universität Kiel der Dr. med. habil. Hilmar Wilmanns,
zum Kustos bei dem Kunsthistorischen Museum in Wien der wissenschaftliche Angestellte Dr. Fritz Manns.

Es ist übertragen worden:

dem außerplanmäßigen Professor Dr. Kurt Borries unter Ernennung zum außerordentlichen Professor in der Philosophischen Fakultät der Universität Gießen der Lehrstuhl für Neuere Geschichte,
dem außerplanmäßigen Professor Dr. Wilhelm Edler von Marinelli unter Ernennung zum außerordentlichen Professor in der Philologischen Fakultät der Universität Wien der Lehrstuhl für Zoologische Morphologie.

Amtliche Erlasse

* Der Stern bedeutet, daß der Erlaß nur in Deutsch.Wiss. Erziehg.Volksbildg. veröffentlicht wird.

258.* Anrechnung von Dienstzeiten bei Verleihung von Auszeichnungen.

RdErl. d. RMfWEV. v. 12. 5. 1942 — Z I b 613 —.

Der Reichsminister des Innern.
I c 375/42 – 4708.   Berlin, den 23. 4. 1942.

Auf Grund von § 8 der Verordnung zur Einführung von Vorschriften über Orden und Ehrenzeichen in den Alpen- und Donau-Reichsgauen und im Reichsgau Sudetenland vom 5. Mai 1941 (RGBl. I S. 242) bestimme ich im Einvernehmen mit dem Staatsminister und Chef der Präsidialkanzlei des Führers und Reichskanzlers in Ergänzung des § 4 dieser Verordnung, daß Volksdeutschen, die als österreichische Staatsangehörige im Gebiete der ehemaligen österreichisch-ungarischen Monarchie oder als tschechoslowakische Staatsangehörige im Gebiete des ehemaligen tschechoslowakischen Staates außerhalb des früheren Landes Österreich oder der sudetendeutschen Gebiete gleichartige Dienste geleistet haben, dieser Teil der Dienstzeit für den Erwerb der Ehrenzeichen (Dienstauszeichnungen) gleichfalls angerechnet werden kann.

* * *

Abschrift zur Kenntnis und Beachtung.

An die Unterrichtsverwaltungen der Länder (außer Preußen), die Herren Reichsstatthalter in den Reichsgauen und die Herren Vorsteher der nachgeordneten Reichs- und preußischen Dienststellen.

(Deutsch.Wiss. Erziehg.Volksbildg. 1942 S. 180.)

259. Richtlinien über die Behandlung von Kriegsschäden nichtdeutscher Personen.

Bek. d. RMfWEV. v. 19. 5. 1942 — Z III a 1154/42 —.

Auf den im RMBliV. 1942 Seite 809 veröffentlichten Runderlaß des Reichsministers des Innern vom 30. April 1942 — I Ra 11725/42 – 241 i — mache ich aufmerksam.

(Deutsch.Wiss. Erziehg.Volksbildg. 1942 S. 180.)

260. Sicherstellung von Wohnungen für Personen des öffentlichen Dienstes; hier: Anzeige freiwerdender Wohnungen.

Bek. d. RMfWEV. v. 21. 5. 1942 — Z I b 634/42 —.

Die Runderlasse des Reichsministers der Finanzen vom 18. Oktober 1938 (RBesBl. S. 325) und des Preußischen Finanzministers vom 21. November 1938 (Pr. BesBl. S. 384), die infolge der Kriegsverhältnisse wegen der Anzeige freiwerdender Wohnungen von erhöhter Bedeutung sind, bringe ich hiermit in Erinnerung.

(Deutsch.Wiss. Erziehg.Volksbildg. 1942 S. 180.)

261. Langemarck-Studium.

RdErl. d. RMfWEV. v. 2. 4. 1942
— W J 3880/41 E II, E IV, E V, Z I, Z II (a) —.

Das Langemarck-Studium ist aus dem an der deutschen Hochschule lebendigen Willen entstanden, den überdurchschnittlich begabten Nachwuchskräften aus den breiten Schichten des Volkes, die zu einer höheren

Bildung und zu den führenden Berufen drängen und die ihrer Leistungsmöglichkeit nach dahin gehören, aus dem Arbeitsleben und aus der politischen Bewährung heraus einen organischen und erfolgversprechenden Zugang zum Studium zu verschaffen. In sechsjähriger Arbeit sind nunmehr durch die Reichsstudentenführung im Zusammenwirken von Partei und Staat erzieherische und schulische Leistungen nachgewiesen worden, die schon der Zahl der erfaßten Teilnehmer nach beweisen, daß es sich dabei nicht um künstlich hochgezüchtete Einzelfälle handelt, sondern um eine Bildungsmöglichkeit, die einem größeren Kreis offenstehen muß. Dabei wird durch die Art der Auslese und Erziehung der einzelne seinem bisherigen Lebens- und Berufskreis nicht etwa entfremdet, sondern gerade im Rahmen seines Eignungsbereichs zur höchsten Leistungsmöglichkeit gesteigert und damit einer vollen Erfüllung seiner vorhandenen Fähigkeiten zugeführt. Insbesondere werden dadurch die fähigen Nachwuchskräfte der Landjugend in den Stand gesetzt, als Diplomlandwirte und Diplomforstwirte den großen Aufgaben zu dienen, die die kulturelle und technische Aufrüstung des deutschen Dorfes stellt.

Der deutschen Schulerziehung ist durch das Langemarck-Studium damit ein wichtiger Baustein eingefügt worden. Es erfaßt die Hochleistungsfähigen unseres Volkes, die nicht auf dem Wege der Höheren Schule in die akademischen Berufe einziehen, sondern — geprägt und ausgelesen durch den täglichen Leistungswettkampf des beruflichen Lebens — in reiferen Jahren die Begabung zum Studium und akademischen Beruf erkennen lassen. Während nämlich die Hauptschule oder Aufbauschule im 10. bzw. 12. Lebensjahr eine Begabungslenkung vorsieht, erfaßt das Langemarck-Studium vornehmlich spätreifende Menschen (im Alter von 18 bis 25 Jahren), die gerade im nordisch bestimmten deutschen Volk besonders zahlreich und wertvoll sind. Auf dem Grundsatz strengster Auslese aufbauend, wird in der Vorstudienausbildung des Langemarck-Studiums, die mit der Zulassung zum Hochschulstudium abschließt, eine Erziehung verwirklicht, die den Grundsätzen echter Bildung und nationalsozialistischer Menschenführung entspricht. Nach Punkt 20 des Parteiprogramms ist es für das Langemarck-Studium als eine Ausleseschule selbstverständlich, daß die Erziehung sowohl in der Vorstudienausbildung als auch in der Hochschule kostenlos ist.

Auf Grund dieser Leistungen und nach der Bestellung des Inspekteurs des Langemarck-Studiums durch meinen Erlaß vom 14. Januar 1941 ist eine enge Zusammenarbeit zwischen der allgemeinen Schulwesen und dem Langemarck-Studium notwendig. Diese Zusammenarbeit wird sich in den verschiedenen Schulformen verschiedenartig auswirken. Auf dem Gebiet der Volks-, Haupt- und Mittelschule ebenso wie bei den Berufsschulen und landwirtschaftlichen Schulen wird eine erfolgreiche Beteiligung am Vorschlagrecht zum Langemarck-Studium möglich sein, während im höheren Schulwesen eine tätige Mitarbeit in bezug auf Lehreraustausch und -abstellung, Zurverfügungstellung von Hilfsmitteln und Einrichtungen usw. geboten ist. Eine solche Mitarbeit der Schulen am Auslese- und Erziehungswerk des Langemarck-Studiums hat sich in einzelnen Bereichen und Gebieten schon entwickelt; sie soll nunmehr überall durchgeführt werden.

A. Volksschule, Hauptschule, Mittelschule.

Für die Mitarbeit der Volks-, Haupt- und Mittelschule bei der Erfassung und beim Vorschlag für das Langemarck-Studium ist es wichtig zu wissen, daß der Erziehungsgedanke des Langemarck-Studiums auf der organischen Weiterführung und Steigerung des Bewerbers auf der Basis seiner Arbeits- und Lebenserfahrung aufbaut. Offen stehen für den künftigen Langemarck-Studenten sämtliche Hochschulen und sämtliche Studienzweige. Die Forderung, daß das Studium sich als eine Leistungserhöhung an die bisherige Berufsarbeit anschließt, ist vor allem auf den technischen und verwandten Bereichen notwendig (Schlosser, Mechaniker – Ingenieure; landwirtschaftlicher Gehilfe – Dipl.-Landwirt), ist aber auf den sonstigen Gebieten nicht unbedingt Voraussetzung. So kommt es häufig vor, daß Bewerber, die einen beliebigen Beruf erlernt haben, auf Grund ihrer HJ-Führertätigkeit Erzieher werden wollen, oder daß Bewerber aus verschiedensten Berufsbereichen zum Arztstudium hineinragen und sich später als geeignet dafür erweisen. Grundregel ist jedoch, daß der Absolvent der Volks-, Haupt- und Mittelschule zuerst einen Beruf richtig erlernt und sich darin bewährt.

Im einzelnen ergibt sich folgender Weg:

1. Volksschule.

Die Mehrzahl der Bewerber für das Langemarck-Studium kommt schulmäßig gesehen aus der Volksschule. Nach den Jahren der Berufsausbildung und Bewährung kann vom 17. Lebensjahr ab ein Vorschlag für das Langemarck-Studium eingereicht werden. Die Leiter der Schulen, vor allem der Landschulen, werden darauf aufmerksam gemacht, daß sie die Möglichkeit haben, ihre fähigsten Schüler beim Abgang von der Volksschule auf die spätere Möglichkeit des Langemarck-Studiums bereits hinzuweisen und sie bei der Wahl des Berufes entsprechend zu beraten. Dabei ist besonders darauf hinzuweisen, daß der Weg in den handwerklich-praktischen Beruf weder eine Sackgasse noch einen Beweis minderer Begabung darstellt, sondern in vielen Fällen der organische Weg der Berufsausbildung ist, von dem aus bei entsprechender beruflicher Leistung durch das Langemarck-Studium der Übergang in die Hochschule offensteht. Bei der engen Lebensgemeinschaft besonders auf dem Lande behält der Lehrer seine Schüler auch nach der Entlassung aus der Schule im Auge, so daß er bei entsprechender weiterer Bewährung seinen früheren Schüler über den zuständigen Hoheitsträger der NSDAP zum Langemarck-Studium vorschlagen kann.

2. Hauptschule.

Nach dem Aufbau der Hauptschule wird das Langemarck-Studium immer stärker seine besten Kräfte aus den Reihen der Absolventen der Hauptschule erhalten. Im Anschluß an die Berufsausbildung, die der Hauptschule in der Regel folgen wird, und auf Grund der dabei und im politischen Dienst nachgewiesenen Bewährung wird ein organischer Zugang zum Langemarck-Studium möglich sein. Es ist bereits beim Aufbau der Hauptschule notwendig, daß dieser Bildungsweg für die begabtesten Angehörigen der Hauptschule klar gesehen wird: Volksschule — Hauptschule — Berufsausbildung und Berufsbewährung — Langemarck-Studium. So besteht für die begabtesten Absolventen der Hauptschule die Möglichkeit, nach den Jahren der Berufsausbildung noch rechtzeitig zu einer vollen höheren Ausbildung und zum Studium zu kommen. An den Leitern und Lehrern der Hauptschule wird es vor allem liegen, daß sie diese Möglichkeiten und Notwendigkeiten ergreifen und verwirklichen.

3. Mittelschule.

Ein Teil der Langemarck-Studenten stammt aus den Mittelschulen. Hier besteht wie bei der Volksschule und Hauptschule dieselbe Möglichkeit, daß die Schulleiter ihre besten Absolventen darauf hinweisen, daß sie nach der Berufsausbildung die Möglichkeit besitzen, bei besonderer Begabung zu einer weiteren Ausbildung und zum Studium auf dem Weg über das Langemarck-Studium zu gelangen.

B. Berufsschulen (gewerbliche und landwirtschaftliche).

Für die Berufsschulen wird eine ganz besonders enge Zusammenarbeit mit dem Langemarck-Studium möglich sein; sie hat sich in einzelnen Ländern und Gauen des Reiches schon heute praktisch bewährt. Da der junge werktätige Mensch in der Berufsschule mit am besten auf seine Leistungen hin erkannt wird und entsprechend gefördert werden kann, wird den Leitern und Lehrern der Berufsschulen vom Langemarck-Studium aus ein eigenes Vorschlagrecht von fähigen und begabten Nachwuchskräften eingeräumt. Beim Aufbau von Förderklassen und bei der Einrichtung von Sonderausbildungskursen für begabte Angehörige nicht landwirtschaftlicher oder nicht gartenbaulicher Berufe soll bereits im voraus auf die Möglichkeit hingewiesen werden, daß die Teilnehmer an diesen Kursen besonders für das Langemarck-Studium vorgeschlagen werden können. Dabei ist zu beachten, daß ein Teilnehmer mit ausgesprochen wissenschaftlich-forschungsmäßiger Begabung durch das Langemarck-Studium am besten gefördert wird, während der berufspraktische Typ seinen Weg am zweckmäßigsten über Fachschulen nimmt, die den Übergang zur Hochschule ermöglichen.

C. Landwirtschaftsschulen, Garten-, Gemüse-, Obst- und Weinbauschulen (einjährige Fachschulen).

Für diese Schulen gilt das unter B Gesagte sinngemäß.

Ich ordne deshalb folgendes an:

1. a) Die Leiter der Volks-, Haupt- und Mittelschulen beraten die in Frage kommenden Schüler ihrer letzten Klasse an Hand beiliegender Unterlagen persönlich über das Langemarck-Studium und seine Möglichkeiten.

b) Eine Liste der in dieser Weise beratenen Schüler ist an den Inspekteur des Langemarck-Studiums im Reichserziehungsministerium auf dem Dienstwege einzureichen. Durchschrift dieser Liste ist an den örtlich zuständigen Lehrgang des Langemarck-Studiums zu übersenden. Außerdem wird den Schulleitern nahegelegt, in Verhältnissen, wo sie mit Schülern auch nach der Schulzeit in Verbindung bleiben — vor allem in Landschulen —, Leistung und Haltung des Schülers weiterhin zu beobachten und gegebenenfalls darüber zu berichten.

c) Bei dieser ganzen Erfassungsaktion sollen die Schulleiter mit dem für sie zuständigen Lehrgang des Langemarck-Studiums zusammenarbeiten. Die tatsächliche Erfassung und Auslese vom 18. Lebensjahr ab erfolgt über den zuständigen Hoheitsträger bzw. beim Arbeitsdienst über den Arbeitsgau.

2. Die Schulleiter der Berufsschulen, der Landwirtschaftsschulen und der Garten-, Gemüse-, Obst- und Weinbauschulen (Fachschulen) melden die geeigneten Angehörigen ihrer Schule an den zuständigen Kreisleiter der NSDAP, der die Vorschläge dem zuständigen Lehrgang weiterreicht. Eine ständige Fühlungnahme der Leiter der Berufsschulen und landwirtschaftlichen Schulen mit den Lehrgangsleitern des Langemarck-Studiums ist dringend erforderlich.

Ich erwarte von allen Lehrern und Schulleitern der genannten Schularten, daß sie überall für das Langemarck-Studium eintreten und sich die Pflege und Förderung dieser vorbildlichen nationalsozialistischen Erziehungseinrichtung ganz besonders angedeihen lassen.

Rust.

An die Unterrichtsverwaltungen der Länder (außer Preußen), die Herren Reichsstatthalter in den Reichs-gauen und in Hamburg, die Herren Regierungspräsidenten in den Reichsgauen Sudetenland, Danzig-Westpreußen und Wartheland (durch die Herren Reichsstatthalter), die Herren Vorsteher der nachgeordneten Behörden der Preußischen Schulverwaltung (Volks-, Haupt- und Mittelschulen, Berufs-, Berufsfach- und Fachschulen; ohne die Ingenieurschulen, die bergmännischen Schulen, die Volkspflegeschulen, die Höheren Land- und Gartenbauschulen, die Bauschulen für Wasserwirtschaft und Kulturtechnik und die Kolonialschule Witzenhausen), die Partei-Kanzlei in München, die Reichsstudentenführung in München und die Reichsstudentenführung — Langemarck-Studium — in Berlin-Charlottenburg.

(Deutsch.Wiss. Erziehg.Volksbildg. 1942 S. 180.)

*

Anlage.

Langemarck-Studium der Reichsstudentenführung.

Merkblatt.

I. Aufgabe des Langemarck-Studiums

ist es, aus allen Schichten, Ständen und Berufen unseres Volkes die Begabtesten und Tüchtigsten auszulesen und sie über den Weg der Erziehung und Ausbildung an der deutschen Hochschule der Bewegung und dem Staate als wertvolle Mitarbeiter zur Verfügung zu stellen, d. h. jedem begabten, politisch einwandfreien und körperlich gesunden Volksgenossen den Weg zu den verantwortungsvollsten Stellen im Leben unseres Volkes ohne Rücksicht auf Beruf, Stand und Herkunft und Vermögen frei zu machen.

II. Träger des Langemarck-Studiums

ist die Reichsstudentenführung. Die Durchführung erfolgt zugleich im Auftrag des Reichserziehungsministeriums und in Zusammenarbeit mit den Hochschulen und dem Reichsstudentenwerk.

III. Voraussetzung für die Aufnahme in das Langemarck-Studium.

In das Langemarck-Studium kann jeder deutsche Volksgenosse im Alter von 17 bis 24 Jahren aufgenommen werden, der Volks- oder Mittelschulbildung besitzt, oder der aus zwingenden Gründen das Reifezeugnis nicht erlangen konnte.

Folgende Voraussetzungen müssen erfüllt sein:
1. überdurchschnittliche geistige Begabung,
2. hervorragende Leistung und Bewährung in Berufsausbildung und Beruf, Klarheit über das erstrebte Studium und Berufsziel, das sich im allgemeinen aus der bisherigen Beschäftigung ergeben muß,
3. tadellose charakterliche Haltung,
4. besondere politische und weltanschauliche Bewährung in der NSDAP und ihren Gliederungen,
5. volle körperliche Gesundheit und Leistungsfähigkeit,
6. bei Aufnahme: Verpflichtung auf die Gesetze des Langemarck-Studiums.

Hieraus geht hervor, daß Schüler höherer Lehranstalten im allgemeinen und Abiturienten überhaupt n i c h t in das Langemarck-Studium aufgenommen werden können.

Die Meldung von Mädchen ist in Anbetracht der besonderen Struktur des Langemarck-Studiums nicht möglich.

Nach Möglichkeit muß der Arbeitsdienst- und Wehrpflicht vor Aufnahme in das Langemarck-Studium erfüllt sein.

IV. Die Ausbildung des Langemarck-Studiums

zerfällt in zwei Teile:

1. Die Vorstudienausbildung.

Sie erfolgt in einem Lehrgang von $1^{1}/_{2}$- bis zweijähriger Dauer. Die aufgenommenen Bewerber werden in diesem Lehrgang (Internat) als Mannschaft erzogen. Nach einjähriger Ausbildung erfolgt eine Zwischenprüfung, der sich später die zum Studium berechtigende Abschlußprüfung anschließt.

Die Kosten des Lehrganges (Unterkunft, Unterricht und Verpflegung) werden im Falle völliger Mittellosigkeit des Bewerbers getragen. Eltern und Erziehungsberechtigte sind jedoch zu einer angemessenen Beteiligung an den Kosten verpflichtet. Im allgemeinen kann mindestens die Zahlung des Taschengeldes erwartet werden.

2. Das Hochschulstudium.

Es schließt sich an die Vorstudienausbildung im Lehrgang an. Gegebenenfalls ist vor Beginn des Hochschulstudiums die Arbeitsdienst- und Wehrpflicht zu erfüllen. Die Kosten für das Studium werden in voller Höhe getragen.

V. Bewerbung.

1. Die Nationalsozialistische Deutsche Arbeiterpartei, ihre Gliederungen (HJ, SA, ⸸, NSKK, NSFK), die angeschlossenen Verbände, die DAF, die Wehrmacht, der Reichsarbeitsdienst schlagen gegebenenfalls im Einvernehmen mit dem Betriebsführer diejenigen ihrer Angehörigen, die die oben erwähnten Voraussetzungen erfüllen, der Reichsstudentenführung für die Aufnahme in das Langemarck-Studium vor. Eine persönliche Bewerbung ist nur in besonderen Ausnahmefällen möglich.

2. Mit dem Vorschlag sind folgende Unterlagen einzureichen:
a) Bewerbung,
b) ausführlicher Lebenslauf in Hand- und Maschinenschrift, aus dem der bisherige Gang der Ausbildung in Schule und Beruf, die bisherige politische Laufbahn und die zukünftigen beruflichen Ziele des Bewerbers genau zu erkennen sind,
c) letztes Schulzeugnis (Volksschulentlassungszeugnis und gegebenenfalls letztes Zeugnis einer mittleren oder höheren Schule),
d) berufliche Zeugnisse,
e) ausführliches Gutachten des Reichsarbeitsdienstes und der Wehrmacht,
f) ausführliches Gutachten über die politische Tätigkeit (Dienstleistungszeugnis),
g) 2 Lichtbilder,
h) Einverständniserklärung des Vaters oder des sonstigen Erziehungsberechtigten,
i) behördlicher Vermögens- und Einkommensnachweis des Vaters oder des sonstigen Unterhaltspflichtigen,
k) Erklärung des Vaters bzw. des sonstigen Unterhaltspflichtigen, ob und in welcher Höhe er in der Lage ist, Zuschüsse zu der Ausbildung zu leisten.

3. Der Vorschlag der Dienststelle erfolgt auf einem besonderen Formblatt. Hierbei ist eine eingehende Begründung und Erklärung über die Eignung des Bewerbers zum Hochschulstudium erforderlich.

Eine Bewerbung kann nur im Falle der Vollständigkeit bearbeitet werden.

4. Während des Krieges kommen für die Aufnahme in einen Lehrgang nur Bewerber in Frage, die nicht wehrpflichtig sind. In Ausnahmefällen (vor allem für versehrte Soldaten, soweit sie allgemeinen Anforderungen entsprechen) kann mit Genehmigung des Leiters des Langemarck-Studiums, die über den Lehrgang einzuholen ist, eine abweichende Regelung getroffen werden.

Für Kriegsteilnehmer gelten nach Kriegsende hinsichtlich Auslese, Aufnahme und Dauer des Lehrganges besondere Bestimmungen.

In ein Auslesekager (siehe unter VI) können auch Soldaten einberufen werden, soweit ihnen der notwendige kurze Urlaub von ihrer Dienststelle gewährt wird.

VI. Auslese und Aufnahme.

Vorschläge können jederzeit eingereicht werden. Geeignet erscheinende Bewerber werden in der Zeit von Januar bis September jedes Jahres in ein Auslesekager einberufen. Hier wird über die Aufnahme in das Langemarck-Studium bzw. über anderweitige Förderung entschieden. Die Entscheidung wird von einem Beauftragten des Reichsstudentenführers gefällt und ist endgültig.

Die Lehrgänge beginnen am 1. November jeden Jahres. Bewerber, die nach dem 15. August vorgeschlagen werden, können nicht mehr damit rechnen, in demselben Jahr in das Auslesekager bzw. in einen Lehrgang einberufen zu werden. Im Interesse des Bewerbers empfiehlt sich daher eine möglichst zeitige Einreichung des Vorschlages.

Die Vorschläge sind zu richten an den dem Wohnort des Bewerbers nächstgelegenen Lehrgang. Die Lehrgänge haben folgende Anschriften:

1. Lehrgang Heidelberg, Heidelberg, Marstallhof 5.
2. Lehrgang Königsberg, Schloß Bledau über Königsberg i. Pr. 5.
3. Lehrgang Hannover, Hannover, Wilhelm-Busch-Straße 7a.
4. Lehrgang Stuttgart, Stuttgart, Cäsar-Flaischlen-Straße 40.
5. Lehrgang Rostock, Rostock, Schwaansche Straße 2.
6. Lehrgang Halle, Halle a./S., Universitätsring 5.
7. Lehrgang Dresden, Dresden-A. 24, Mommsenstraße 13.
8. Lehrgang Jena, Jena, Hufelandweg 1.
9. Lehrgang Wien, Wien IX, Kolingasse 19.
10. Lehrgang Berlin, Berlin SW 68, Sebastianstraße 25.

VII. Auskunft

erteilen die genannten Lehrgänge, in grundsätzlichen Fragen der Leiter des Langemarck-Studiums, Berlin-Charlottenburg 2, Hardenbergstraße 34.

262. Vereinfachung der Verwaltung.
RdErl. d. RMfWEV. v. 27. 4. 1942
— W A 636 W E, E VII —.

Der Führer hat die obersten Reichsbehörden mit neuen Weisungen über die Vereinfachung der Verwaltung versehen. Indem ich die genaueste Beachtung der für den Bereich der Wissenschaftsverwaltung durch Runderlaß vom 21. Oktober 1941 — WA 1990 WJ, WS, Z II a — mitgeteilten Vereinfachungsmaßnahmen in Erinnerung bringe, bestimme ich ergänzend folgendes:

1. Prüfungsämter und Prüfungsausschüsse.

Die Amtsdauer der von mir ernannten Vorsitzer und Mitglieder von Prüfungsämtern und Ausschüssen wird bis auf weiteres verlängert. Die Vorsitzer der Prüfungsämter bzw. Prüfungsausschüsse ermächtige ich, an Stelle von ausscheidenden oder anderweitig verhinderten Mitgliedern Vertreter zu bestellen. Einer Anzeige eintretender Veränderungen an mich bedarf es nicht.

2. Befreiung von Ausländern von der Zahlung von Prüfungs- und Promotionsgebühren.

Über Anträge von Ausländern, die zum Studium und zu akademischen Prüfungen zugelassen sind, auf Befreiung und Ermäßigung von Prüfungs- oder Promotionsgebühren entscheiden bis auf weiteres die nach meinem Runderlaß vom 3. Juni 1939 — WA 1365 — (Deutsch. Wiss. Erziehg.Volksbildg. S. 347) für Inländer zuständigen Stellen.

3. Begabtenprüfung für Kriegsteilnehmer.

Ich ermächtige die Oberpräsidenten, den Stadtpräsidenten der Reichshauptstadt Berlin (Abteilung für höheres Schulwesen), die Unterrichtsverwaltungen der außerpreußischen Länder, die Reichsstatthalter in den Reichsgauen, Anträge von Kriegsteilnehmern auf Zulassung zur Begabtenprüfung gemäß Ziffer 2 meines Runderlasses vom 5. März 1941 — WJ 800 — abzulehnen, falls der Bewerber auf Grund der eingereichten Unterlagen oder nach dem Ergebnis einer kurzen mündlichen Prüfung seinen persönlichen und seinen geistigen Fähigkeiten nach für ein wisensnchaftliches Studium nicht besonders geeignet erscheint.

An die Unterrichtsverwaltungen der Länder mit Hochschulen (außer Preußen), die Herren Vorsteher der Reichs- und preußischen Dienststellen der Wissenschaftsverwaltung, die Herren Reichsstatthalter in den Reichsgauen und die Herren Oberpräsidenten (Abteilung für höheres Schulwesen) in Preußen.

(Deutsch.Wiss. Erziehg.Volksbildg. 1942 S. 183.)

Langemarckstudium der
Reichsstudentenführung,
Lehrgang Hannover,
Hannover, Wilh.-Busch-Str. 7A

<u>Meldung von Bewerbern zum Langemarckstudium,
Lehrgang Hannover 1941.</u>

A. <u>Sinn und Aufgabe des Langemarckstudiums.</u>

1.) Erziehungsauftrag der NSDAP.

Das Langemarckstudium wurde vom Nationalsozialistischen deutschen Studentenbund eingerichtet. Es wird durchgeführt im Auftrage der NSDAP. Damit ist von vornherein festgelegt, daß die Gesamterziehung im Langemarckstudium eine vorwiegend weltanschaulich-politische Ausrichtung auf breiter allgemein wissenschaftlicher Grundlage zum Ziel hat. Es liegt zugleich ein Erziehungsauftrag des Staates, nämlich des Reichserziehungsministers vor, der sich vor allem auf die staatlichen Aufgaben im Rahmen des Langemarckstudiums bezieht, wie Prüfungen u.a.m.

2.) Entwicklung des Langemarckstudiums.

Das Langemarckstudium wurde eingerichtet, um den Punkt 20 des Parteiprogramms erfüllen zu helfen. Hier ist die Forderung erhoben, daß jeder begabte junge Deutsche unabhängig von den finanziellen Mitteln der Eltern an jeder Ausbildung teilnehmen können soll, der er gewachsen ist. Es handelt sich also in erster Linie um eine soziale Maßnahme. In den letzten Jahren wuchs das Langemarckstudium zu einer neuen und völlig selbständigen Erziehungsstätte heran. Es gehört heute mit zu den grundlegenden Einrichtungen für den Aufbau eines sozialen Arbeitsstaates. Nach einer gleichen und gemeinsamen Ausbildung der Jugendlichen in Volks- und Mittelschule (in Zukunft in wesentlichen Hauptschule), erfolgt der mehrjährige praktische Arbeitseinsatz im Beruf mit dem Ziel der Erreichung einer abgeschlossenen Berufslehre. Aus dieser schulischen und beruflichen Bewährungszeit heraus sollen diejenigen, die das Zeug zu einem Hochschulstudium in sich haben, über die 1½jährige Ausbildung im Langemarckstudium einem solchen Hochschulstudium zugeführt werden.

3.) Ziel der Ausbildung im Langemarckstudium.

Das Langemarckstudium baut zwar auf einer vorherigen Berufspraxis auf und führt auch wieder zu einem beruflich klar begrenzten Ausbildungsabschnitt an der Hochschule, will aber in der 1½jährigen Vorbereitung auf das Hochschulstudium bewußt eine umfassende Allgemeinbildung vermitteln. Das Schwergewicht der Erziehung liegt deshalb bei der körperlichen und wehrsportlichen Ertüchtigung einerseits und bei den weltbildlichen Fächern Deutsch, Geschichte, Rassenkunde, Erdkunde andererseits. Selbstverständlich gehört auch eine umfassende Schulung in den naturwissenschaftlichen Fächern zur Formung einer umfassenden Allgemeinbildung. Über allem steht der Wille und die Pflicht, später als politischer Soldat mit einer hervorragenden fachlichen Ausbildung im Dienste von Partei und Staat tätig zu sein.

B. Schulischer Aufbau des Langemarckstudiums.

1.) Schulische Voraussetzungen.

Bewerber, die ins Langemarckstudium aufgenommen werden wollen, müssen eine abgeschlossene Volksschul- oder Mittelschulbildung besitzen. Schüler der höheren Schule können dann berücksichtigt werden, wenn sie aus besonderen Gründen, etwa wirtschaftlichen, die höhere Schule vor Ablegung des Abiturs verlassen haben. Ein direkter Übergang von der höheren Schule in das Langemarckstudium ist nicht möglich. Bei wirklich begabten Schülern der höheren Schule ist es Pflicht und Aufgabe dieser höheren Schule, ihnen den weiteren Schulbesuch durch Unterstützung zu ermöglichen.

2.) Berufliche Voraussetzungen.

Das Langemarckstudium setzt bei den zu berücksichtigenden Bewerbern eine abgeschlossene Berufslehre, bzw. bei Mittelschülern eine abgeschlossene Praktikantenzeit von 2 Jahren voraus. Im allgemeinen muß erwartet werden, daß das spätere Berufsziel mit der bisherigen Berufsausbildung in Einklang steht, das also etwa ein Maschinenschlosser Maschinenbauingenieur oder ein Rechtsanwalts- und Notariatsgehilfe Rechtswahrer (Jurist) werden will. Selbstverständlich gibt es auch Studiengebiete, wo es keine eigentliche berufspraktische Lehrzeit für Volksschüler gibt, wie etwa der Arzt- oder Lehrerberuf. Aber auch hier muß aus der bisherigen Betätigung, etwa in der HJ-Arbeit oder in der Freizeit eine gewisse Verbindung mit dem späteren Berufsziel bestehen.

3.) Die Altersgrenzen.

Es können grundsätzlich Bewerber zwischen dem 17. und 24. Lebensjahr berücksichtigt werden. Eine Überschreitung dieser Altersgrenzen ist nicht möglich, da jeder begabte und politisch zuverlässige Volksgenosse sich mit Erreichung des 25. Lebensjahres zur Ablegung des sogenannten Begabten-Abiturs melden kann. Desgleichen können verheiratete Bewerber nicht berücksichtigt werden, weil für die Dauer der Ausbildung im Langemarckstudium eine feste mannschaftsmäßige Zusammenfassung aller Männer des Langemarckstudiums erfolgt.

4.) Die Ausbildungszeit.

Die Ausbildung im Langemarckstudium umfaßt 3 Halbjahre. Am Ende jedes Halbjahres werden Prüfungen abgelegt, die zur Zulassung zum nächsten Halbjahr oder zum Ausscheiden aus dem Lehrgang führen. Vom 2. Halbjahr ab erfolgt in der schulischen Ausbildung des Lehrgangs eine Aufteilung in einen geisteswissenschaftlichen und in einen naturwissenschaftlichen Zweig. Die Naturwissenschaftler erhalten zusätzlichen Unterricht in Physik, Mathematik, um auch den Anforderungen einer technischen Hochschule eindeutig gerecht zu werden. Erst im letzten Halbjahr wird eine Einführung in das spätere Berufsstudium in Form von Arbeitsgemeinschaften vorgenommen. Der Kern der Ausbildung bleibt also die allgemeine, für alle verbindliche Schulung. Neben dem Unterricht läuft eine planmäßige politisch-weltanschauliche und musische Erziehung (politische Abende, Vorträge, Lehrfahrten, Theater und Konzertbesuche).

5.) Abschlußprüfung und Studium.

Nach dem 3.Halbjahr erfolgt eine Abschlußprüfung, deren Bestehen zum Besuch einer deutschen Hochschule berechtigt, aber auch den Übergang in die Offizierslaufbahn bei Wehrmacht und Polizei möglich macht. Das Studium wird dort durchgeführt, wo sich Lehrgänge des Langemarckstudiums befinden, bis jetzt in: Hannover, Heidelberg, Königsberg, Berlin, Rostock, Halle, Jena, Dresden, Stuttgart und Wien.

6.) Übergang in den Beruf.

Nach Abschluß des Hochschulstudiums gehen die Langemarckstudenten in den Beruf über. Es besteht keine Verpflichtung zur Übernahme vorher bestimmter Aufgaben, sondern jeder kann sich frei seine künftige Arbeitsstätte wählen. Wichtig ist allein, daß er sich dort, wo er steht, als Nationalsozialist bewährt.

C. Der Weg ins Langemarckstudium.

1.) Das Vorschlagsrecht.

Da das Langemarckstudium eine Einrichtung der nationalsozialistischen Bewegung ist, liegt das Vorschlagsrecht selbstverständlich in erster Linie bei der NSDAP selbst, ihren Gliederungen und angeschlossenen Verbänden. Es ist besondere Aufgabe aller Dienststellen, von sich aus die geeigneten Bewerber ausfindig zu machen und zur Erstellung einer Bewerbung aufzufordern.

2.) Die Bewerbung.

Der vorzuschlagende Bewerber muß folgende Unterlagen über seine vorgesetzte Dienststelle einreichen:

a) Bewerbung,
b) ausführlicher Lebenslauf in Hand- und Maschinenschrift, aus dem der bisherige Bildungsgang, die bisherige politische Laufbahn und die zukünftigen beruflichen Ziele des Bewerbers genau zu erkennen sind,
c) letztes Zeugnis der Volks- oder Mittelschule (beglaubigte Abschrift!),
d) etwaige berufliche Zeugnisse (beglaubigte Abschrift),
e) ausführliches Gutachten des Reichsarbeitsdienstes und der Wehrmacht,
f) ausführliches Gutachten über die politische Tätigkeit,
g) 2 Lichtbilder (Paßformat),
h) Einverständniserklärung des Vaters oder des sonstigen Erziehungsberechtigten,
i) behördlicher Vermögens- und Einkommensnachweis des Vaters oder sonstigen Unterhaltspflichtigen,
k) Erklärung des Vaters bzw. Unterhaltspflichtigen, ob er in der Lage ist, zu der Ausbildung Zuschüsse zu leisten.

Zusätzlich zu dieser Bewerbung muß die vorschlagende Dienststelle auf einem von den Lehrgängen neu eingeführten Vorschlagsbogen eine genaue Beurteilung des Bewerbers abgeben. Derartige Vorschlagsbogen müssen in der erforderlichen Anzahl jeweils beim Lehrgang Hannover, Wilh.-Busch-Str.7A, angefordert werden. Nach Eingang der Bewerbung erhält der Bewerber noch einen Vordruck für die Aufstellung der Ahnen und einen Fragebogen über die Erbgesundheit der Sippe.

175 3.) Die Vorauslese.

Nach Eingang und Durchsicht der Bewerbungsunterlagen werden die einzelnen Bewerber zu einer kurzen Vorauslese durchweg in die nächste größere Stadt einbestellt. Die Vorauslese hat die Aufgabe, eine Überprüfung der bisherigen Berufsausbildung und des künftigen Berufszieles vorzunehmen, sowie einen Gesamteindruck von der Persönlichkeit des Bewerbers zu verschaffen. Gegebenenfalls erfolgt schon hier eine Berufsberatung und Berufslenkung, die nicht über ein Hochschulstudium führt.

4.) Das Ausleselager.

Die Bewerber, die durch die Vorauslese gehen und für die Teilnahme am Langemarckstudium geeignet erscheinen, werden jeweils in einem 4-5tägigen Ausleselager zusammengefaßt. Hier findet eine ärztliche Untersuchung, sportliche und wissenschaftliche (mündlich und schriftlich) Prüfung des Bewerbers statt. Eine Vorbereitung auf eine derartige Prüfung in einem Ausleselager ist weder erforderlich noch möglich. Entscheidend ist allein, was der einzelne Bewerber bisher in seiner gesamten Ausbildung geleistet und erarbeitet hat und was für ein Kerl er ist. Anständiger Charakter, körperliche Tüchtigkeit, geistige Beweglichkeit und Aufgeschlossenheit für politische und weltanschauliche Fragen aus Vergangenheit und Gegenwart sind Grunderfordernisse. Im Ausleselager wird anhand der vorgenommenen Prüfung und auf Grund des gewonnenen Eindrucks von der Gesamtpersönlichkeit des Bewerbers eine den Leistungen und Begabungen entsprechende Berufslenkung vorgenommen, (Langemarckstudium, Fachschule, gesteigerte Berufsausbildung).

D. <u>Die Bedeutung der Auslese für das Langemarckstudium.</u>

1.) Wesen der Auslese.

Der nationalsozialistische Staat sucht nicht nur für die führenden Stellungen in Partei und Staat die besten und fähigsten Volksgenossen auszulesen und auszubilden, sondern will grundsätzlich auf allen Lebensgebieten eine Auslese und Begabtenförderung, die allein von den nachweislichen Leistungen und Fähigkeiten des einzelnen Volksgenossen abhängig ist. Es genügt nicht, wenn finanziell entsprechend gut gestellte Eltern ihren Kindern eine langwierige und kostspielige Ausbildung vermitteln, die zur Übernahme schwieriger und verantwortlicher Arbeitsplätze in der deutschen Volksgemeinschaft berechtigt, sondern in der für alle gleichen Ausbildung in HJ, Schule und Beruf sollen diejenigen ermittelt werden, die für eine zusätzliche theoretische und praktische Ausbildung die Voraussetzungen in sich tragen. Wer hier bedeutend Überdurchschnittliches leistet, hat das Recht und die Pflicht zu einer weiteren Ausbildung seiner Kräfte und zu einer zusätzlichen Erziehung an einer nationalsozialistischen Erziehungsstätte. Daraus ergibt sich, daß die vorschlagenden Stellen eine gewissenhafte Überprüfung der in Vorschlag gebrachten Bewerber vorgenommen haben müssen, denn z.B. politischer Einsatzwille, charakterliche Haltung, usw., können weniger leicht in einem kurzen Ausleselager festgestellt werden als durch eine Beurteilung der bisherigen Gesamtleistung und Gesamthaltung des einzelnen Bewerbers.

2.) Die Anforderungen für das Langemarckstudium.

a) Jeder Bewerber muß deutschblütig sein. Entscheidend ist nicht die Staatszugehörigkeit, sondern Rasseneinheit und Volkszugehörigkeit.
b) Voraussetzung für die Zulassung als Bewerber ist eine aktive und einsatzfreudige politische Dienstleistung: Keine Mitläufer, sondern überzeugte Träger der nationalsozialistischen Ideen und Grunderkenntnisse.

c) Die Bewerber müssen charakterlich einwandfrei sein, vor allem mutig, offen, ehrlich und treu. Hier ist besonders darauf zu achten, daß wir keine Duckmäuser, die vielleicht hochintelligent sind, gebrauchen können.

d) Wegen der großen Anforderungen im Langemarckstudium muß volle Gesundheit und körperliche Leistungsfähigkeit der Bewerber vorausgesetzt werden.

e) Fachlich und in der Allgemeinbildung müssen die Bewerber erheblich überdurchschnittlich begabt und bewandert sein. Allerdings ist nicht die Wissensmenge entscheidend, sondern wichtig sind ein klares Urteil und gute Denkfähigkeit.

E. Die Ausbildungskosten.

1.) Die Kosten der Ausbildung im Langemarckstudium.

Die Aufnahme geeigneter Bewerber in das Langemarckstudium erfolgt grundsätzlich unabhängig von den finanziellen Verhältnissen der Eltern bzw. der Unterhaltsverpflichteten. Daß ein Vater mit verhältnismäßig hohem Einkommen und vielleicht nur ein oder zwei Kindern einen Zuschuß für Wäsche, Kleidung, Taschen- und Reisegeld geben muß ist ebenso klar wie die Befreiung mittelloser Eltern von jeglichen Zuschüssen für die gesamte Lebenshaltung des aufgenommenen Bewerbers. Die Höhe der gegebenenfalls zu erwartenden Zuschüsse wird dem Leistungsvermögen der Eltern entsprechend zwischen diesen und dem Lehrgang festgesetzt.

2.) Die Kosten des Hochschulstudiums.

Nach bestandenem Abschlußexamen im Langemarckstudium wird der Langemarckstudent für die Dauer seines Hochschulstudiums in die Förderung des Reichsstudentenwerks übernommen, wo ihm alle Mittel bewilligt werden, die seine Eltern auf Grund ihrer wirtschaftlichen Lage für ein Studium nicht geben können. Gegebenenfalls ist also auch das Hochschulstudium völlig kostenlos. Zulässig sind alle Berufsrichtungen, die eine Ausbildung an der Hochschule erforderlich machen, mit Ausnahme der evangelischen und katholischen Theologie.

F. Einschränkungen während des Krieges.

1.) Begrenzung der zugelassenen Jahrgänge.

Das Langemarckstudium wird mit allen Kräften auch im Kriege weitergeführt, da gerade für die Zeit nach dem Kriege der Nachwuchs an gut ausgebildeten Fachkräften dringend benötigt werden wird. Da es aber erste Pflicht ist, seinen Dienst im Rahmen der Wehrmacht zu tun, können auch in diesem Jahr nur 17 und 18jährige Bewerber berücksichtigt werden. Ausgenommen davon sind lediglich solche Bewerber älterer Jahrgänge, die wegen einer im Dienste von Partei und Wehrmacht erhaltenen Verwundung nicht mehr einsatzfähig sind. Hier werden auch im gewissen Rahmen Ausnahmen in Bezug auf die volle körperliche Leistungsfähigkeit gemacht.

2.) Vorbereitung der Friedensarbeit.

Um nach Beendigung des Krieges sofort alle in Frage kommenden Bewerber in die Auslese nehmen zu können, ist es zweckmäßig, noch während des Krieges die Bewerbungsunterlagen von solchen Bewerbern einzusenden, die beim Reichsarbeitsdienst oder bei der Wehrmacht stehen oder wegen ihrer beruflichen Tätigkeit u.k. gestellt sind.

Der Lehrgangsleiter

Hannover, den 1.4.1941

DENTENWERK HANNOVER Hannover, den 18. Dezember 1939
atorium für das
gemarckstudium
chäftsführung.

Bericht

über das Langemarckstudium, Lehrgang Hannover.

I. Ausbildung,

Im November 1938 wurde das im Auftrage des Reichsministeriums für Wissenschaft, Erziehung und Volksbildung von der Reichsstudentenführung geführte Langemarckstudium mit einem ersten Kursus von 24 Teilnehmern in Hannover eröffnet. Bei der ersten internen Zwischenprüfung im März 1939 konnten alle aufgenommenen Bewerber den gestellten Anforderungen gerecht werden und damit die Prüfung bestehen. Neben intensiver wissenschaftlicher Arbeit bot naturgemäß das Sommerhalbjahr die beste Gelegenheit zu einer besonderen Körperschulung. Ein dauerhaftes Erlebnis für die Lehrgangsteilnehmer war die Teilnahme an einem 10-tägigen Lager aller Langemarcklehrgänge anläßlich des Großdeutschen Studententages in Würzburg.

a) bei Ausbruch des Krieges. Bald nach den Sommerferien, die von den einzelnen Männern teils zur Wiederholung des bereits durchgenommenen Stoffes, teils zur praktischen Arbeit in ihren früheren Betrieben verwertet wurden, erhielt die Arbeit durch den Ausbruch des Krieges eine kurzfristige Unterbrechung. Von 24 Teilnehmern wurden 10 zur Wehrmacht einberufen. Die restlichen 14 wurden vorübergehend im Kriegshilfsdienst eingesetzt. Schon ab 20. September konnte der Lehrbetrieb in vollem Umfange wieder aufgenommen werden; die eingezogenen Lehrer wurden durch neue Fachkräfte ersetzt. Durch die vorübergehende Schließung einiger Lehrgänge wurden Königsberg und Hannover zunächst als einzigste Lehrgangsorte vom Reichsstudentenführer bestimmt. Der Lehrgang Hannover übernahm 25 Lehrgangsteilnehmer aus Heidelberg, für die ebenfalls am 20. September der Unterricht begann. Die für den Herbst ds.Js. vorgesehene offizielle Zwischenprüfung nach 1-jähriger Lehrgangsdauer mußte wegen des Kriegsausbruches verschoben werden, sie

findet

findet nunmehr in den letzten Tagen vor den Weihnachtsferien statt. Diese offizielle Zwischenprüfung bedeutet im wesentlichen eine Prüfung über die Zulassung zum Abschlußexamen und damit zur Erwerbung der Hochschulreife.

b) **im 1. Hochschul-Trimester.** Da es sich bei den Männern des Lehrganges Hannover im wesentlichen um zukünftige Ingenieur handelt, die nach der Einführung der Trimester nach ihrer Abschlußprüfung im Langemarckstudium (Ostern 1940) nicht mit dem Studium beginnen können, ist folgendes geplant: Im 1. Trimester 1940, das als erster Semester gelesen wird, sollen die Lehrgangsteilnehmer neben der Ausbildung im Langemarckstudium als Gasthörer der Technischen Hochschule Hannover an den Vorlesungen und Übungen teilnehmen. Dies ist nur ein Ausnahmefall, um die Kontinuität des anschließenden ordentlichen Hochschulstudiums zu gewährleisten. Normalerweise beginnen die Lehrgangsteilnehmer ihr Hochschulstudium erst nach abgeschlossenem Langemarckstudium.

II. **Ausleseabeit.** Die Sommermonate 1939 standen ganz im Zeichen der Vorbereitung des 2. Kursus. Bis Ende Juni (Meldeschluß) lagen insgesamt 340 Bewerbungen vor. Durch die Vorauslese, die aus einer persönlichen Rücksprache besteht, wurden 41 Bewerber ausgeschieden. 229 Bewerber nahmen an 5 Ausleselagern, die in Hannover und Nienstedt (Deister) stattfanden, teil. Vorschlagende Dienststellen dieser 229 Bewerber waren:

```
NSDAP mit Gliederungen u.angeschlossenen Verbänden    95
Industrie                                             20
Behörden                                              12
Wehrmacht                                             15
Reichsarbeitsdienst                                   11
Selbstbewerber                                        76.
```

Die restlichen 70 Bewerber konnten nicht in die Auslese einbezogen werden, da sie von der Wehrmacht nicht freigestellt wurden. Sie werden bis zum Frühjahr 1940 zurückgestellt.

Von den 229 Teilnehmern an den Ausleselagern konnten insgesamt 60 Bewerber in das Langemarckstudium aufgenommen werden, während weitere 30 Bewerber durch Gewährung einer Fachschulförderung durch das Reichsstudentenwerk der kostenlose Besuch einer Ingenieurschule ermöglicht wird.

Die aufgenommenen 60 Bewerber verteilen sich folgendermaßen auf

die

die einzelnen Berufsarten: 32 Bewerber –das sind über 50%– stehen bereits in einer handwerklichen Ausbildung und wollen Ingenieur werden. Die restlichen 28 verteilen sich auf natur-, geistes- und wirtschaftswissenschaftliche Fächer. Da aus räumlichen und finanziellen Gründen nicht alle aufgenommenen Bewerber in den Lehrgang Hannover berufen werden konnten, mußten 35 Bewerber anderen Lehrgängen zugewiesen werden. Der Lehrgang Hannover begann am 2.12.1939 mit 25 neu aufgenommenen Bewerbern den 2. Kursus

III. **Wirtschaftliche Betreuung.** Die Finanzierung des 1. Kursus war durch die Zeichnung von 24 Patenschaften mit einem Gesamtbetrag von RM 73.800,-- sichergestellt. Die Patenschaftsbeträge wurden laufend bis zum September 1939 eingezahlt. Die erste Zwischenabrechnung zum 31.3.1939 ergab einen Ausgabenbetrag von RM 17416,8 Die zweite Überschlagsrechnung für die Zeit vom 1.4. - 30.11.1939 ergibt einen Ausgabenbetrag von RM 26.160,--. Insgesamt sind an Unkosten bisher RM 43.576,86 entstanden. Hierin sind alle Kosten für die Durchführung des Lehrganges (Gehälter, Löhne, Hauskosten, Lehrgangswechsel, Lehrmittel, Kleidung usw.) enthalten. Für den 1. Kursus steht somit noch ein Betrag von rd. RM 30.200,-- bis zum Abschluß des Lehrganges (Ostern 1940) zur Verfügung. Da zur Zeit der 1. Kursus nur noch 14 Lehrgangsteilnehmer zählt, werden die Ausgaben des letzten Halbjahres geringer. Jedoch bleibt zu beachten, daß für die im Felde stehenden Männer die Ausbildung sicher gestellt werden muß, und dafür Rücklagen zu machen sind. Es ist beabsichtigt, alle zur Zeit Heeresverpflichteten nach Beendigung des Krieges in einem Sonderlehrgang zusammenzufassen.

Die Vorarbeiten für den Ausbau des Langemarckstudiums in Hannover wurden bereits im März ds.Js. aufgenommen. Durch die Initiative des im Polenfeldzug gefallenen Rektors der Techn. Hochschule Hannover gelang es bereits, im Juni ds.Js. die Finanzierung des 2. Kursus durch fast ausschließliche Zusagen der Industrie sicher zu stellen. Stärkste Unterstützung fanden die örtlichen Bemühungen durch den Herrn Regierungspräsident von Hannover, der die Restfinanzierung und die Unterbringung des Lehrganges sicherstellte. Die letzten Unterbringungsschwierigkeiten wurden als vorläufige Lösung durch den Herrn Oberbürgermeister der Hauptstadt Hannover

Hannover beseitigt. Im Hause Straße der SA 25 mietete die Stadtverwaltung zunächst 2 Etagen an, deren Um- und Ausbaukosten das Studentenwerk Hannover übernahm. Als endgültige Lösung ist der Erwerb des Hauses und die alleinige Benutzung durch das Langemarckstudium als Lehrgangshaus anzustreben. Die Einrichtungskosten wurden mit RM 10.000,-- veranschlagt und vom Reichsstudentenwerk garantiert. Patenschaftsbeträge sind für den 2. Kursus gezeichnet worden von:

Gauleiterstellvertreter Schmalz, Hannover	RM 3.000,--
Dt. Schiff- u.Maschinenbau A.G.	" 15.000,--
Industrie- u.Handelskammer, Hildesheim	" 15.000,--
Siemens & Halske A.G., Siemensstadt Berlin	" 12.000,--
H. Bahlsen, Keksfabrik A.G., Hannover	" 6.000,--
Dt.Hochseefischerei "Nordsee" A.G. Wesermünde	" 3.000,--
Überlandwerke u.Straßenbahnen A.G. Hannover	" 3.000,--
Prof.Dr.Ing. H. Focke, Delmenhorst	" 3.000,--
Günther Wagner, Hannover	" 3.000,--
Vereinigte Dt.Metallwerke A.G. Hildesheim	" 3.000,--
Fachgruppe Baumwollspinnerei Berlin	" 3.000,--
Wirtschaftsgruppe Bauindustrie, Berlin	" 2.000,--
H. Wohlenberg K.G. Hannover	" 500,--
Dr. Erich F. Huth GmbH. Berlin	" 500,--
Vermögensverwaltung der Dt.Studentensch.Berlin"	3.000,--

Mit einem Gesamtaufkommen von RM 75.000,-- sind die Ausbildungskosten des 2. 1½-jährigen Kursus gedeckt. Die Kosten des anschließenden Hochschulstudiums trägt in voller Höhe das Reichsstudentenwerk.

Schließlich bleibt noch die Finanzierung der Ausleselager zu erwähnen, die ebenfalls das Reichsstudentenwerk übernommen hat. Die über 3 Monate dauernde Auslesearbeit des Sommers 1939 hat einen Betrag von rd. RM 4.000,-- verursacht.

Insgesamt ergibt sich also aus der Arbeit des Lehrganges Hannover, daß das unter dem Vorsitz des Rektors der Technischen Hochschule Hannover entstandene junge Gemeinschaftswerk ein wesentlicher Faktor für die Verbreiterung der Nachwuchsbasis und die Erschließung neuer Zufuhrquellen für die akademischen Berufe darstellt. Die Auslesearbeit des Sommers 1939 hat gezeigt, daß im niedersächsischen Raum durchaus die erforderliche Anzahl wirklich befähigter Volksgenossen vorhanden sind, die einerseits auf Grund ihrer Leistungen und Fähigkeiten eines Studiums würdig sind und andererseits dringend ausgebildet werden müssen, wenn wir die so brennende Nachwuchsfrage sowohl unter dem Gesichtpunkt der Qualität als auch der Quantität lösen wollen.

Abschrift.

Der Reichsminister
für Wissenschaft, Erziehung und   Berlin W 8, den 4. Januar 1940.
Volksbildung   Unter den Linden 69
W J Nr. 4887/39

Auf die Vorlage vom 21. Dezember 1939 - Nr. 5721 -.

    Aus grundsätzlichen Erwägungen heraus bin ich zu meinem Bedauern nicht in der Lage, dem dortigen Antrag und dem Gesuch des Lehrgangsleiters Hannover des Langemarckstudiums in vollem Umfange zu entsprechen. Die Vorstudienausbildung des Langemarckstudiums soll junge begabte Volksgenossen ohne Rücksicht auf ihre bisherige Vorbildung in einem insgesamt 1 1/2-jährigen Lehrgang, der mit der Begabtenprüfung abgeschlossen wird, zur Hochschule führen. In diesen 1 1/2 Jahren soll damit ein Stoff verarbeitet und verwertet werden, der von der höheren Schule in 8 Jahren erarbeitet wird. Dies ist auch für besonders ausgesuchte Teilnehmer nur dann möglich, wenn in dieser Zeit außerordentlich eifrig und fleißig gearbeitet wird. Nur in diesem Fall wird der Teilnehmer der Vorstudienausbildung des Langemarckstudiums sich das Wissen erarbeiten können, das ihn zum erfolgreichen Besuch der Hochschule befähigt. Aus diesem Grunde kommt auch eine Abkürzung des Ausbildungsganges nicht in Betracht. Erst nach Ablegung der Begabtenprüfung als des Schlußpunktes der Ausbildung kann und soll der Teilnehmer der Vorstudienausbildung -dann aber als ordentlicher Studierender- zum Studium des besonderen Fachgebietes an der Hochschule zugelassen werden. Eine Zulassung vor dieser Prüfung ist deshalb nicht möglich, auch wenn sie nur in der Form einer Zulassung als Hörer erfolgt. Wenn damit eine Zulassung als Hörer bereits zu Beginn dieses ersten Trimesters 1940 mit späterer Anrechnungsmöglichkeit ausscheiden muß, so habe ich keine Bedenken dagegen, daß die Teilnehmer in diesem Trimester 1940 an einzelnen Vorlesungen als Gäste teilnehmen. Eine Anrechnung dieser gastweisen Teilnahme auf ein späteres Vollstudium kommt aber nicht in Betracht.

                                   Im Auftrage
                                   gez. Huber

An den Herrn Rektor der Technischen Hochschule in H a n n o v e r.

Anlage 19

Zum 125 jährigen Bestehen

der

K l o s t e r k a m m e r .

Ansprache des Präsidenten der Staatlichen
Kulturfondsverwaltung Hannover Stalmann
in der Festsitzung am 8. Mai 1943.

für das Schulungslager in Rittmarshausen 25 000 RM,
für das Institut für Sonnenforschung..... 30 000 RM,
für das Anatomische Institut . . . . . . .25 000 ",
für das Versuchsgut Friedland . . . . . . 22 000 ",
für die Forstliche Fakultät . . . . 15 000 ",
an Freitischgelder . . . . 30 000 ",
und an verschiedenen Beihilfen Beträge in
Höhe von . . . . 188 500 ".

Z.Zt. läuft noch ein Antrag auf Bewilligung einer Beihilfe von 108 000 RM zum käuflichen Erwerb des Versuchsgutes Friedland für Tierzucht, das noch im Eigentum der früheren Landwirtschaftskammer Hannover, also jetzt des Reichsnährstandes steht.

Die Technische Hochschule Hannover hat an Beihilfen erhalten insgesamt 349 000 RM, und zwar:

Das Institut für elektr. Hochspannungsleitung . . . . 150 000 RM,
das Landwirtschaftliche Institut . . . . 30 000 ",
zur Beschaffung von Maschinen und Geräten . . . . 46 000 ",
zur Ergänzung der Bibliothek . . . . . . 30 000 ",
für das Elektrotechnische Institut . . . 18 000 ",
für das Chemische Institut . . . . 12 000 ",
für die Hanns Simons-Stiftung . . . . . 10 000 ",
für das Langemarck-Studium . . . . 10 000 ",
für verschiedene Zwecke . . . . 43 000 ".

Die Tierärztliche Hochschule Hannover hat Beihilfen erhalten in Höhe von . . . . 32 000 RM,

die Hochschule für Lehrerinnenbildung
in Höhe . . . . 25 000 ",
die Bergakademie in Clausthal . . . . . . 3 900 ",
der Evangel.Kirche sind Beihilfen von insges. 150 100 ",
der Kathol.Kirche von . . . . 69 000 "
gewährt.

ABKÜRZUNGEN

AG	Arbeitsgruppe
ao.	außerordentlicher
AP	Außerordentlicher/Außerplanmäßiger Professor
Ass.	Assistent
ATIB	Archiv der TIB
BA	Bundesarchiv
BDC	Berlin Document Center
D	Dozent
DAF	Deutsche Arbeitsfront
DDP	Deutsche Demokratische Partei
DDR	Deutsche Demokratische Republik
DNVP	Deutschnationale Volkspartei
DRP	Deutsches Reichspatent
DVP	Deutsche Volkspartei
EKD	Evangelische Kirche in Deutschland
GB/BHE	Gesamtdeutscher Block/Bund der Heimatvertriebenen und Entrechteten
Gestapo	Geheime Staatspolizei
GStA	Geheimes Staatsarchiv Preußischer Kulturbesitz
HP	Honorarprofessor
i. E.	im Erscheinen
IHK	Industrie- und Handelskammer
KdF	Kraft durch Freude
KZ	Konzentrationslager
LB	Lehrbeauftragter
ME	Ministerialerlass
MIT	Massachusetts Institute of Technology
Napola	Nationalpolitische Lehranstalt
NLA	Niedersächsisches Landesarchiv
NPEA	Nationalpolitische Erziehungsanstalt
NS	Nationalsozialismus, nationalsozialistisch
NSBDT	NS-Bund Deutscher Techniker / NS-Bund Deutscher Technik (ab 1936)
NSBO	Nationalsozialistische Betriebszellenorganisation
NSDAP	Nationalsozialistische Deutsche Arbeiterpartei
NSDDB	Nationalsozialistischer Deutscher Dozentenbund
NSDStB	Nationalsozialistischer Deutscher Studentenbund

NSFK	Nationalsozialistisches Fliegerkorps
NSKK	Nationalsozialistisches Kraftfahrkorps
NSLB	Nationalsozialistischer Lehrerbund
NSV	Nationalsozialistische Volkswohlfahrt
o.	ordentlicher
OA	Oberassistent
P	Politische Gründe
PD	Privatdozent
Pg.	Parteigenosse
R	Rassistische Gründe
RDB	Reichsbund der Deutschen Beamten
REM	Reichsminister(ium) für Wissenschaft, Erziehung und Volksbildung
RKB	Reichskolonialbund
RLB	Reichsluftschutzbund
RM	Reichsmark
RSHA	Reichssicherheitshauptamt
RuSHA	Rasse- und Siedlungshauptamt
Rz	Randziffer
S	Sonstige Gründe
SA	Sturmabteilung der NSDAP
SD	Sicherheitsdienst des Reichsführers-SS
SHD	Sicherheits- und Hilfsdienst im Luftschutz
SKH	Nationalsozialistische Studentenkampfhilfe
SPD	Sozialdemokratische Partei Deutschlands
SS	Schutzstaffel der NSDAP
St	Stigmatisierung
StA	Staatsarchiv
StGB	Strafgesetzbuch
TH	Technische Hochschule
TIB	Technische Informationsbibliothek
TiHo	Tierärztliche Hochschule
TU	Technische Universität
UN	Vereinte Nationen
UniA	Universitätsarchiv
VO	Verordnung
WA	Wissenschaftlicher Assistent

QUELLEN UND LITERATUR

I. QUELLEN

A. Archive

Archiv der TIB/Universitätsarchiv Hannover (ATIB/UniA Hannover)
Best. 5	Personalakten
Best. 9	Matrikelbücher 1831–1911
Hann. 146 A, Acc. 62/81	Verwaltungsakten bis 1937
Hann. 146 A, Acc. 63/81	Verwaltungsakten bis 1937
Hann. 146 A, Acc. 64/81	Verwaltungsakten bis 1937
Hann. 146 A, Acc. 88/81	Personalakten bis 1945
Hann. 146 A, Acc. 134/81	Studentenakten bis 1945
Hann. 146 A, Acc. 125/84	Institut für Werkzeugmaschinen
Hann. 146 A, Acc. 4/85	Personalakten bis 1960
Hann. 146 A, Acc. 10/85	Verwaltungsakten 1935–1945
Nds. 423, Acc. 11/85	Verwaltungsakten 1945–1960

Niedersächsisches Landesarchiv, Standort Hannover (NLA Hannover)
Hann. 122 a	Oberpräsident Hannover
Hann. 173	Oberlandesgericht Celle
Hann. 180	Regierungspräsident Hannover
Hann. 320 IV	Studentenschaft und NSDStB TH Hannover
Nds. 50	Staatskanzlei
Nds. 171 Hannover	Entnazifizierung
Nds. 401	Ministerium für Wissenschaft und Kultur

Archiv der Klosterkammer Hannover
Sig. 0-STF2, 10	Albrecht Stalmann: Zum 125jährigen Bestehen der Klosterkammer, 1943

Standesamt Hannover
Standesamt Hannover I, Nr. 350/1960
Standesamt Hannover II, Nr. 37/1963

Bundesarchiv (BA), Berlin-Lichterfelde und Koblenz
BA Berlin, BDC, personenbezogener Bestand
BA Berlin, BDC, NSDAP-Kartei
BA Koblenz, B1a-Co/S-248

Staatsarchiv Hamburg
LA 2918

Historisches Archiv Krupp, Essen
WA 131/241

B. Gedruckte Quellen und zeitgenössische Literatur

1. Amtliche Veröffentlichungen

Amtsblatt des Kontrollrats in Deutschland 1945–1946

Deutsche Wissenschaft, Erziehung und Volksbildung. Amtsblatt des Reichsministeriums für Wissenschaft, Erziehung und Volksbildung und der Unterrichtsverwaltungen der Länder 1937–1942

Deutscher Reichsanzeiger und Preußischer Staatsanzeiger 1939

Handbuch für das Deutsche Reich 1936–1942

Handbuch über den Preußischen Staat 1927–1935

Personal- und Vorlesungsverzeichnis der Technischen Hochschule Hannover 1933–1942

Reichsgesetzblatt 1933–1937

Statistisches Jahrbuch für das Deutsche Reich 1933, Berlin 1934

Zentralblatt der Bauverwaltung 1928

Zentralblatt für die gesamte Unterrichtsverwaltung in Preußen 1933

2. Nachschlagewerke

Hermann Degener (Hg.): Wer ist's, 10. erweiterte Aufl., Berlin 1935

Das Deutsche Führerlexikon 1934/35, Berlin 1934

Deutsches Studentenwerk e. V. (Hg.): Der Deutsche Hochschulführer 1930. Lebens- und Studienverhältnisse an den deutschen Hochschulen, Berlin und Leipzig o. J.

Heinrich Doehle: Die Auszeichnungen des Großdeutschen Reichs. Orden, Ehrenzeichen, Abzeichen, 4. Aufl., Berlin 1943 (Nachdruck Wolfenbüttel 2008)

Kürschners Deutscher Gelehrtenkalender 1940/1941, Bd. 2, Berlin 1941

Reichshandbuch der deutschen Gesellschaft. Das Handbuch der Persönlichkeiten in Wort und Bild, 2 Bde., Berlin 1930/1931

Paul C. W. Schmidt (Hg.): Wer leitet? Männer der Wirtschaft und der einschlägigen Verwaltung 1940, Berlin 1940, und 1941/42, Berlin 1942

3. Zeitgenössische Literatur

[Anselm?] Bock: Wasserbaudirektor Karl Müller tritt in den Ruhestand, in: Die Weser 16/1937, S. 33f.

Roberto Farinacci: Die Faschistische Revolution, 3 Bde., München 1939–1941

[Johann] Innecken: Wasserbaudirektor Müller, Hannover, 60 Jahre, in: Die Weser 10/1931, S. 306f.

Hermann Mewes: Der lutherische Kirchenbau Niedersachsens unter besonderer Berücksichtigung der Baumeister des Konsistoriums zu Hannover, Diss. TH Hannover 1943

N. N.: Trauerfeier für Otto Franzius, in: Hannoverscher Kurier vom 2. April 1936

N. N.: Wasserbaudirektor Müller 40 Jahre im Staatsdienst, in: Die Weser 14/1935, S. 10

Revista Nacional. Literatura, Arte, Ciencia 5/1942

II. LITERATUR

Shlomo Aronson: Reinhard Heydrich und die Frühgeschichte von Gestapo und SD, Stuttgart 1971

Carina Baganz: Diskriminierung, Ausgrenzung, Vertreibung. Die Technische Hochschule Berlin während des Nationalsozialismus, Berlin 2013

Mario Coppeleti: Nuestros Ingineuros, Montevideo 1949

Simone Derix: Die Thyssens. Familie und Vermögen, Paderborn 2015

Erwin Dickhoff: Essener Köpfe. Wer war was, Essen 1985

C[urt] Dietz: Georg Frebold zum Gedenken, in: Walter Pieper (Hg.): 99. bis 101. Jahresbericht der Naturhistorischen Gesellschaft zu Hannover für die Jahre 1947/48 bis 1949/50, Hannover 1950, S. 5–8

Noyan Dinckal/Christof Dipper/Detlev Mares (Hg.): Selbstmobilisierung der Wissenschaft. Technische Hochschulen im „Dritten Reich", Darmstadt 2010

Entscheidungen des Bundesgerichtshofes in Zivilsachen, Bd. 3, Detmold u. a. 1951

Entscheidungen des Bundesverfassungsgerichts, Bd. 23, Tübingen 1968

Entscheidungen des Bundesverfassungsgerichts, Bd. 95, Tübingen 1997

Rainer Ertel: Die Träger der Karmarsch-Denkmünze 1925 bis 2011. Ein Streifzug durch die deutsche Wissenschafts- und Wirtschaftsgeschichte, Hannover 2011

Walter Eversheim/Tilo Pfeifer/Manfred Weck (Hg.): 100 Jahre Produktionstechnik. Werkzeugmaschinenlabor WZL der RWTH Aachen von 1906 bis 2006, Berlin/Heidelberg 2006

Rüdiger Fleiter: Stadtverwaltung im Dritten Reich. Verfolgungspolitik auf kommunaler Ebene am Beispiel Hannovers, 2. korrigierte Aufl., Hannover 2007

Henrich Focke: Mein Lebensweg, Köln 1977

Ernst Fraenkel: Der Doppelstaat, Frankfurt am Main 1974

QUELLEN UND LITERATUR

Horst Gerken (Hg.): Catalogus Professorum 1831–2006. Festschrift zum 175-jährigen Bestehen der Universität Hannover, Bd. 2, Hildesheim/Zürich/New York 2006

Christoph Graf: Politische Polizei zwischen Demokratie und Diktatur. Die Entwicklung der preußischen Politischen Polizei vom Staatsschutzorgan der Weimarer Republik zum Geheimen Staatspolizeiamt des Dritten Reiches, Berlin 1983

Klaus Habetha (Hg.): Wissenschaft zwischen technischer und gesellschaftlicher Herausforderung. Die Rheinisch-Westfälische Technische Hochschule Aachen 1970 bis 1995, Aachen 1995

Melanie Hanel: Normalität unter Ausnahmebedingungen. Die TH Darmstadt im Nationalsozialismus, Darmstadt 2014

Stefanie Harrecker: Degradierte Doktoren. Die Aberkennung der Doktorwürde an der Ludwig-Maximilians-Universität München während der Zeit des Nationalsozialismus, München 2007

Michael Jung: Als „rein deutsche Hochschule erhalten". „Säuberungen" nach 1933, in: Rita Seidel (Hg.): Universität Hannover 1831–2006. Festschrift zum 175-jährigen Bestehen der Universität Hannover, Bd. 1, Hildesheim/Zürich/New York 2006, S. 210f.

Michael Jung: „Voll Begeisterung schlagen unsere Herzen zum Führer". Die Technische Hochschule Hannover und ihre Professoren im Nationalsozialismus, Norderstedt 2013

Michael Jung: Die Rektoratsübergabe am 19. Juni 1933 an der Technischen Hochschule Hannover, in: Hannoversche Geschichtsblätter 67/2013, S. 91–100

Michael Jung: Verdrängte Vergangenheit: Nachkriegsrektoren der Technischen Hochschule Hannover in der NS-Zeit, in: Hannoversche Geschichtsblätter 70/2016 (i. E.)

Ulrich Kalkmann: Die Technische Hochschule Aachen im Dritten Reich (1933–1945), Aachen 2003

Kai Kranich: Anpassung im Nationalsozialismus. Die Universität Breslau und die Aberkennung von Doktortiteln, Breslau 2012

Gerhard Krienitz: 100 Jahre Deutsche Maschinentechnische Gesellschaft 1881–1981, in: Zeitschrift für Eisenbahnwesen und Verkehrstechnik/Glasers Annalen 105/1981, S. 65–72

Albert Lefèvre: 100 Jahre Industrie- und Handelskammer zu Hannover. Auftrag und Erfüllung, Wiesbaden 1966

Friedrich Lindau: Planen und Bauen der fünfziger Jahre in Hannover, Hannover 1998

Gerhard Lindemann: „Typisch jüdisch". Die Stellung der Ev.-luth. Landeskirche Hannovers zu Antijudaismus, Judenfeindschaft und Antisemitismus 1919–1949, Berlin 1998

Hans-Wilhelm Marquart: Quincke, Friedrich Peter Hermann, in: Neue Deutsche Biographie, Bd. 21: Pütter–Rohlfs, Berlin 2003, S. 49

Rainer Marwedel: Theodor Lessing 1872–1933. Eine Biographie, Darmstadt 1987

Alexander Matting: Richard Seifert †, in: Physikalische Blätter 25/1969, S. 179

Victor Herrero Mediavilla/Lolita Rosa Aguayo Nayle: Indice Biográfico de Espagna, Portugal e Iberoamérica, 4 Bde., München 1990

Bernd Mertens/Margareta Feketitsch-Weber: Die Aberkennung von Doktorgraden an der Juristischen Fakultät der Universität Erlangen im Nationalsozialismus, Erlangen 2010

Juliane Mikoletzky: „Von jeher ein Hort starker nationaler Gesinnung". Die Technische Hochschule in Wien und der Nationalsozialismus, Wien 2003

Klaus Mlynek: Haltenhoff, (1) Henricus, in: ders. u. a. (Hg.): Stadtlexikon Hannover. Von den Anfängen bis in die Gegenwart, Hannover 2009, S. 250f.

Hans Mommsen: Die verspielte Freiheit. Der Weg der Republik von Weimar in den Untergang, Berlin 1989

Herbert Mundhenke (Bearb.): Die Matrikel der Höheren Gewerbeschule, der Polytechnischen Schule und der Technischen Hochschule zu Hannover, 3 Bde., Hildesheim 1988/Hannover 1991/1992

Joachim Perels: Die Umdeutung des Nazi-Regimes zu Lasten eines Verfolgten. Anmerkungen zum Urteil des Verwaltungsgerichts Potsdam vom 4. Dezember 2008, in: Kritische Justiz 42/2009, S. 417–426

[Gustav?] Poppe: Präsident i. R. Karl Müller †, in: Die Wasserwirtschaft 48/1957–58, S. 275

[Gustav?] Poppe: Präsident i. R. Karl Müller †, in: Die Bautechnik 35/1958, S. 296

Manfred Rasch: Pier, Matthias, in: Neue Deutsche Biographie, Bd. 20: Pagenstecher–Püterich, Berlin 2001, S. 428f.

Cornelia Regin: Die „Achse Hannover-Cremona". Eine vergessene Städtefreundschaft und ihre Kunstausstellungen: der Premio Cremona in Hannover und „Mensch und Landschaft in Niedersachsen" in Cremona, in: Quellen und Forschungen aus italienischen Archiven und Bibliotheken 90/2010, S. 373–414

Waldemar R. Röhrbein: Hecker, Ewald, in: Klaus Mlynek u. a. (Hg.): Stadtlexikon Hannover. Von den Anfängen bis in die Gegenwart, Hannover 2009, S. 277

Hermann-Josef Rupieper/Alexander Sperk (Hg.): Die Lageberichte der Geheimen Staatspolizei zur Provinz Sachsen 1933 bis 1936, Bd. 1: Regierungsbezirk Magdeburg, Halle 2003

Reinhard Rürup (Hg.): Wissenschaft und Gesellschaft. Beiträge zur Geschichte der Technischen Universität Berlin 1879–1979, 2 Bde., Berlin/Heidelberg/New York 1979

Michael Schimanski: Die Tierärztliche Hochschule Hannover im Nationalsozialismus, Hannover 1997

J[ohannes] Schlums: Bericht über das Rektoratsjahr vom 1. Juli 1956 bis zum 30. Juni 1957, in: Jahrbuch der Technischen Hochschule Hannover 1955/1958, Braunschweig o. J., S. 80–87

Anette Schröder: Vom Nationalismus zum Nationalsozialismus. Die Studenten der Technischen Hochschule Hannover von 1925 bis 1938, Hannover 2003

Anette Schröder: „Aushändigung des Zeugnisses kommt nicht in Frage", in: Alumni-Campus. Ehemaligenmagazin der Leibniz Universität Hannover, Nr. 9, Dezember 2012, S. 46f.

Heinrich Schwendemann: Bomben für den Aufbau, in: SPIEGEL special 1/2003, S. 110–114

Hellmut Seier, Der Rektor als Führer. Zur Hochschulpolitik des Reichserziehungsministeriums 1934–1945, in: Vierteljahrshefte für Zeitgeschichte 12/1964, S. 105–146

Rüdiger Soldt: Geschichte eines Ehrensenators, in: Frankfurter Allgemeine Zeitung vom 29. Dezember 2012, S. 2

Alexander Sperk: Die Staatspolizei(leit)stelle Magdeburg, ihre Leiter und die Zerschlagung der KPD, in: Polizei & Geschichte 1/2009, S. 4–23

Günter Spur: Adolf Wallichs – Begründer des Werkzeugmaschinenlabors der RWTH-Aachen, in: Zeitschrift für wirtschaftlichen Fabrikbetrieb 101/2006, S. 166f.

Albrecht Stalmann: Die Klosterkammer und der Hannoversche Klosterfonds unter der Herrschaft der NSDAP. Der zwölfjährige Kampf um das Bestehen der Klosterkammer, in: Tradition. Zeitschrift für Firmengeschichte und Unternehmerbiographie 7/1962, S. 257–280

Frauke Steffens: „Innerlich gesund an der Schwelle einer neuen Zeit". Die Technische Hochschule Hannover 1945–1956, Stuttgart 2011

Friedemann Stengel (Hg.): Ausgeschlossen. Zum Gedenken an die 1933–1945 entlassenen Hochschullehrer der Martin-Luther-Universität Halle-Wittenberg, Halle 2013

Roland Stimpel: Architekten in Auschwitz. Tiefpunkt der Architekturgeschichte, http://dabonline.de/2011/12/01/tiefpunkt-der-architekturgeschichte/ (abgerufen: 20.7.2016)

Nikolai Stula: Ludwig Vierthaler (1875–1967). Leben und Werk, Diss. Bonn 1998

Aniko Szabo: Vertreibung, Rückkehr, Wiedergutmachung. In der Zeit des Nationalsozialismus verfolgte Hochschullehrer. Die Universität Göttingen als Fallbeispiel, Göttingen 2000

Kerstin Thieler: „... des Tragens eines deutschen akademischen Grades unwürdig". Die Entziehung von Doktortiteln an der Georg-August-Universität im „Dritten Reich", 2. erweiterte Aufl., Göttingen 2006

Werner Thieme: Deutsches Hochschulrecht. Das Recht der Universitäten sowie der künstlerischen und Fachhochschulen in der Bundesrepublik Deutschland, 3. Aufl., Köln u. a. 2004

Gina Thomas: Tyrannei des Biedersinns, in: Frankfurter Allgemeine Zeitung vom 16. Januar 2016

Wilhelm Treue: Die Geschichte der Ilseder Hütte, Peine 1960

Ralph Uhlig: Vertriebene Wissenschaftler der Christian-Albrecht-Universität zu Kiel (CAU) nach 1933. Zur Geschichte der CAU im Nationalsozialismus. Eine Dokumentation, Frankfurt am Main u. a. 1991

Universität Würzburg (Hg.): Die geraubte Würde. Die Aberkennung des Doktorgrads an der Universität Würzburg 1933–1945, Würzburg 2011

Verena Veit-Bachmann: Lutz, Friedrich August, in: Neue Deutsche Biographie, Bd. 15: Locherer–Maltza(h)n, Berlin 1987, S. 565–567

Reinhard Vogelsang: Der Freundeskreis Himmler, Göttingen 1972

Christian-Alexander Wäldner: Die Technische Hochschule Hannover und der Entzug akademischer Titel in der NS-Zeit. Ergebnisse hannöverscher Vorgänge unter der Berücksichtigung des Falles Walter Dux, Berlin 2012

Klaus Wallbaum: Der Überläufer: Rudolf Diels (1900–1957). Der erste Gestapo-Chef des Hitler-Regimes, Frankfurt am Main 2010

Hans-Peter Weingand: Die Technische Hochschule Graz im Dritten Reich. Vorgeschichte, Geschichte und Nachgeschichte des Nationalsozialismus an einer Institution, 2. Aufl., Graz 1995

Martin Weinmann (Hg.), Das nationalsozialistische Lagersystem, Frankfurt am Main 1990

Daniel Weßelhöft: Von fleißigen Mitmachern, Aktivisten und Tätern. Die Technische Hochschule Braunschweig im Nationalsozialismus, Hildesheim 2012

Michael Wettern/Daniel Weßelhöft: Opfer nationalsozialistischer Verfolgung an der Technischen Hochschule Braunschweig 1930–1945, Hildesheim 2010

Renate Wittern/Andreas Frewer: Aberkennung der Doktorwürde im „Dritten Reich". Depromotionen an der Medizinischen Fakultät der Friedrich-Alexander-Universität Erlangen, Erlangen 2008

N. N.: Georg Frebold zum Gedenken, in: Gabriele Schwarz (Hg.): Hannover und Niedersachsen. Beiträge zur Landes- und Wirtschaftskunde. Festschrift zur Feier des 75jährigen Bestehens der Geographischen Gesellschaft zu Hannover. Jahrbuch der Geographischen Gesellschaft zu Hannover für das Jahr 1953, Hannover 1953, S. 20

N. N.: Wasserbaudirektor i. R. Karl Müller 80 Jahre, in: Die Wasserwirtschaft 42/1951–52, S. 248f.

PERSONENREGISTER

Adorno, Theodor W. | 133
Albers, Henry | 89, 110f.
Albrecht, Wilhelm | 116
Arend, Walter | 89, 110f.
Assbroicher, Heinz | 89, 118, 134f.
Banse, Ewald | 89, 110f.
Barbie, Klaus | 45
Barke, Erich | 10, 42, 90
Barricelli, Michele | 7, 40f.
Bartels, Hans | 89, 98–100, 104–106, 109
Beckmann, Ernst | 138
Behrens, Henry | 108
Benz, Wolfgang | 7
Bergmann, Werner | 138f.
Bertram, Bruno | 116
Bieligk, Otto | 89, 110–112
Biernath, Rudolf | 38, 52, 57
Birmann, Gert | 38, 52
Bodenstein, Max | 59f.
Bohrer, Karl Heinz | 132
Braunbeck, Werner | 109
Brauns, Ernst | 126
Brauns, Wolf | 38, 52, 57
Bruckhaus, Wilhelm | 89, 99, 110, 112
Bull, Hans Peter | 7
Butenschön, Holger | 7, 40f.
Carsten, Albert | 38, 60
Cranz, Hermann | 136
Delden, Hendrik van | 135
Denecke, Ludwig | 116
Dernedde, Wolfgang | 38, 51
Diels, Rudolf | 89, 92, 118–122
Dirscherl, Wilhelm | 38

Dolezalek, Carl | 62
Dorner, Alexander | 38, 50
Dorpmüller, Julius | 139
Dux, Marga (geb. Sichel) | 59
Dux, Walter | 10, 23, 38, 58–60
Ehrhardt, Hermann | 56
Eichengrün, Arthur | 38, 60
Elsässer, Erich | 116
Epping, Volker | 11
Eucken, Walter | 63
Farinacci, Roberto | 89, 118f.
Finsterwalder, Richard | 97, 104
Fischer, Friedrich Wilhelm | 52
Fischer, Werner | 104
Flachsbart, Otto | 38, 50, 101–103, 107
Florian, Friedrich Karl | 100
Focke, Henrich | 89, 134
Fouché, Joseph | 120
Fouquet, Erika | 89, 116f.
Fraenkel, Ernst | 47
Fraenkel, Stefan | 38, 52
Franzius, Ludwig | 62
Franzius, Otto | 28, 46, 51, 62, 89, 98, 100, 141f., 144
Frebold, Georg | 89, 98–100
Freyer, Arnold | 58, 60, 139f.
Friedburg, Helmut | 38, 52
Fröhlich, Klaus | 10, 38, 52, 55–57, 65f.
Frölich, Friedrich | 126f.
Fues, Erwin | 106, 109
Führer, Otto | 38, 52, 63
Fun(c)k, Friedrich | 110
Gaede, Kurt | 107
Gantes, Juan | 122f., 125

PERSONENREGISTER

Geissler, Otto | 38, 50, 103, 107
Ginsberg, Max | 38, 52, 55
Gläser, Hanns-Heinz | 110
Goedhart, Leonhard | 122–124
Göring, Hermann | 114, 119f.
Grastorf, Ernst Robert | 89, 135f.
Grastorf, Robert | 135
Graubner, Gerhard | 89, 98, 100
Graumann, Karl-Heinz | 89, 91, 110, 112, 143
Gutschow, Konstanty | 146
Haeussler, Herbert | 89, 110, 113
Haltenhoff, Henricus | 89, 118, 120f.
Hase, Rudolf | 89, 98, 101, 104
Hecker, Ewald | 89, 118, 121
Heisenberg, Werner | 109
Hellmann, Richard | 126f.
Heydrich, Reinhard | 58, 119
Hillebrecht, Rudolf | 146
Himmler, Heinrich | 104, 119, 121
Hindenburg, Paul von | 121
Hitler, Adolf | 14, 23, 47f., 119, 121, 137f.
Hochhuth, Rolf | 44
Hoefer, Karl | 89, 116f.
Hoeltge, Albert | 97, 104
Hoffmann, Friedrich | 38, 52, 55, 57
Hölscher, Uvo | 104
Hüneberg, Karl | 116
Ibrügger, Heinrich | 143
Jung, Michael | 7, 14, 23, 41, 90
Kapp, Wolfgang | 56
Karmarsch, Karl | 62, 129
Kehr, Dietrich | 89, 98f., 101, 104–107
Kempf, Johannes | 38, 52, 63
Keppler, Wilhelm | 121
Kirchhof, Franz | 38, 52, 63
Klarsfeld, Beate | 45
Klee, Gustav | 126–128
Klein, Ludwig | 51, 142
Klüsener, Otto | 38, 50

Knoche, Carl | 89, 136
Kohlrausch, Wilhelm | 126, 128
Körner, Burchard | 89, 98, 101, 107
Körting, Johannes | 126, 128
Krone, Max | 38, 60f., 65, 140
Kröning, Willy Karl | 38, 52, 63
Kroupa, Jaroslav | 39, 52, 55, 57f.
Krug, Willi | 39, 51, 62, 104
Kühne, Jörg-Detlef | 7, 40f.
Kulka, Hugo | 10, 39, 50f., 102f.
Kummer, Alfred | 89, 99, 110, 113
Lamsbach, Wilhelm | 116
Laue, Max von | 109
Leibniz, Gottfried Wilhelm | 61
Lenard, Philipp | 109
Lessing, Rudolf | 39, 52
Lessing, Theodor | 39, 50
Levi, Fritz | 39, 52
Levi, Hans Werner | 39, 52
Lilienfeld, Erich | 39, 52
Lilienfeld, Werner | 39, 52, 63
Limbach, Jutta | 44
Lindemann, Gerhard | 140
Lutz, Friedrich | 39, 51, 62f.
Massón Row, Salvador | 122, 124f.
Matting, Alexander | 28, 60, 89, 97–99, 101, 104, 117, 136, 142
Mautner, Kurt | 39, 52
Mei(y)er, Oskar | 89, 116f.
Menge, Arthur | 120
Mewes, Hermann | 39, 51f., 57, 66
Meyer, Konrad | 143, 146
Meyeren, Wilhelm von | 89, 110, 113
Michaelis, Hermann | 39, 52
Mie, Gustav | 109
Mittasch, Alwin | 124
Mittelhäuser, Käthe | 110
Mölbert, Friedrich | 104
Müller, Conrad | 28
Müller, Karl | 126, 128f.
Münter, Friedrich | 89, 110, 113

PERSONENREGISTER

Mussolini, Benito | 118
Mustad, Ole | 126, 129
Nebelung, Lars | 7, 41, 90
Neumann, Kurt | 96
Nezval, Ladislav | 39, 52, 63
Nipper, Heinrich | 108
Nörrenberg-Sudhaus, Walter | 39, 52, 54f.
Noske, Gustav | 39, 60f., 65, 120, 141
Oesterlen, Friedrich | 96
Osenberg, Werner | 89, 98, 102, 104f., 107f., 143
Ostermeyer, Günter | 39, 52, 63
Otto, Kurt | 39, 52, 57f., 140
Papen, Franz von | 121
Paschen, Paul | 110
Passarge, Georg | 39, 52, 57
Perels, Joachim | 7, 40f., 90
Pfannmüller, Helmut | 28, 89, 98, 102, 134f., 137, 142
Pier, Matthias | 122, 124
Pillewizer, Wolfgang | 89, 110, 113
Plaut, Helene | 39, 52, 55
Potthoff, Hermann | 96
Prange, Georg | 56
Quincke, Friedrich | 126, 129
Radbruch, Gustav | 21, 92f., 132
Ramsauer, Carl | 109
Richter, Ingeborg | 110
Röder, Karl | 96
Roeder, Wolfgang | 39, 52, 63
Rohr, Joachim | 39, 52
Röntgen, Wilhelm Conrad | 137
Rosemann, Walter | 89, 98, 102
Rubensohn, Erich | 143
Rubo, Ernst | 39, 52, 63
Sachs, Hans | 44
Samuel, Erich | 39, 52, 55f.
Sanden, Horst von | 28, 89, 98f., 102, 142
Sander, Helmut | 39, 53, 63
Sauckel, Fritz | 106
Sauter, Fritz | 109
Schäfer, Heinz | 39
Scharlibbe, Otto | 39, 53, 63
Scher(r)er, Robert | 89, 110, 114
Schiemann, Günther | 39, 51f., 102f., 111
Schimanski, Michael | 23
Schleicher, Ferdinand | 50, 89, 98, 102, 107
Schlomka, Teodor | 89, 97f., 102–106, 109
Schmitt, Carl | 48
Schöning, Alfred | 143
Schröder, Anette | 14, 23
Schulte-Drüggelte, Friedrich August | 122, 124
Schulz, Wilhelm | 89, 98, 103
Schwarzer, Alfred | 39, 53, 57
Schweigmann, Paul | 89, 98, 103
Schwerd, Friedrich | 108
Schwitters, Kurt | 59
Seifert, Richard | 89, 136f.
Seitz, Urte | 39, 53
Siegel, Kurt | 143
Siemens, Werner von | 62
Siepmann, Harald | 39, 53, 63
Simons, Hanns | 28, 50, 52, 89, 98, 103, 107, 115, 131, 142
Slawinski, Friedrich | 39, 53, 57
Sommerfeld, Arnold | 109
Spangenthal, Hans-Friedrich | 39, 53, 63
Speer, Albert | 114, 146
Stalmann, Albrecht | 126, 129–131, 149
Stalmann, Karl | 130
Stark, Johannes | 109
Staskiewicz, Alfred | 39, 53, 57
Steffens, Frauke | 14, 23
Steiner, Julius | 143

Stier, Erich | 89, 118, 122
Stosberg, Hans | 146
Stückelberg-von Breidenbach, Ernst | 109
Teusch, Heinz | 39, 53, 55
Thiele, Paul | 64f.
Thyssen, August junior | 137
Thyssen-Bornemisza, Heinrich von | 137
Thyssen-Bornemisza, Stefan von | 89, 137
Vierling, Albert | 89, 97–99, 103f.
Vierling, Oskar | 89, 98f., 104
Vierthaler, Ludwig | 39, 50
Wäldner, Christian Alexander | 7, 15, 23, 40f., 90
Wallichs, Adolf | 140f.
Weil, Ulrich | 39, 53, 55
Weinschel, Bruno | 64
Weiß, Herbert | 39, 53
Weißmann, Harry | 89, 98, 104
Wenckenbach, Herbert | 143
Wessel, Walter | 109
Wichert, Ulrich | 39, 53, 55
Wickop, Walter | 89, 98, 104
Winter, Erich | 89, 110, 114
Wohlwill, Andreas | 39, 53, 55
Woldt, Richard | 39, 51
Wolters, Rudolf | 146

INSTITUTIONENREGISTER

Die „Technische Hochschule Hannover" und die „Universität Hannover" sowie deren Fakultäten, Institute, sonstige Einrichtungen und Gremien sind wegen der Häufigkeit der Nennung in diesem Register nicht aufgeführt.

Alliierter Kontrollrat | 93f., 99, 148
Archiv der Klosterkammer Hannover | 130
Archiv der TIB/Universitätsarchiv Hannover | 7, 24, 41, 53f., 91, 140, 146
Berlin Document Center | 24
Bezirksregierung Arnsberg | 122
Bezirksregierung Hannover | 119f., 122
Bezirksregierung Kassel | 122
Bezirksregierung Köln | 119
Bezirksregierung Magdeburg | 122
Bremer Senat | 135
Britische Militärregierung | 49, 87, 93f., 97–99, 104f., 110, 112, 114, 116f., 122, 138, 143, 148
Bundesarchiv | 24, 122
Bundesgerichtshof | 44
Bundesregierung | 43, 45
Bundessozialgericht | 122
Bundestag | 44
Bundesverfassungsgericht | 44
Bundesverwaltungsgericht | 48
Chilenisches Unterrichtsministerium | 123
Deutsche Akademie der Naturforscher Leopoldina | 124
Deutsche Arbeitsfront (DAF) | 103, 106, 112, 117, 136

Deutsche Demokratische Partei (DDP) | 119
Deutsche Evangelische Kirche | 140
Deutsche Kolonialhochschule Witzenhausen | 25
Deutsche Maschinentechnische Gesellschaft | 139
Deutsche Reichsbahn | 138f.
Deutsche Studentenschaft | 19, 23f., 27f., 51, 57f., 64, 94, 143
Deutsche Volkspartei (DVP) | 121, 127
Deutsches Historisches Museum | 44
Deutsches Röntgen-Museum Remscheid | 137
Deutschnationale Volkspartei (DNVP) | 120, 136
Dozentenschaft | 27f., 52, 94, 101, 104
Evangelische Kirche in Deutschland (EKD) | 140
Evangelisch-lutherische Landeskirche Hannovers | 140
Fachgruppe Zentralheizungs- und Lüftungsbau | 128
Freundeskreis der Leibniz Universität Hannover | 145
Geheime Staatspolizei (Gestapo) | 92, 94, 107, 119f., 122
Gesamtdeutscher Block/Bund der Heimatvertriebenen und Entrechteten (GB/BHE) | 121

Gesellschaft der Freunde und Förderer des Deutschen Röntgen-Museums Remscheid | 136f.
Großer Faschistischer Rat (Italien) | 118
Gymnasium Andreanum Hildesheim | 59
Hafenbauamt Pillau | 128
Hannoversche Hochschulgemeinschaft | 22, 62, 121, 126–128, 135, 142
Hannoversches Konsistorium | 130
Hanns-Simons-Stiftung | 115, 131, 142
Hochschule für Gartenbau und Landeskultur Hannover | 9
Hochschule für Lehrerinnenbildung Hannover | 22
Industrie- und Handelskammer Hannover (IHK) | 121
Internationaler Gerichtshof Den Haag | 45
Kanalbauamt Ostercappeln | 128
Kanalbaudirektion Essen | 128
Klosterkammer Hannover | 130, 149
Kraft durch Freude (KdF) | 117
Kriegsmarine | 101
Kulturfondsverwaltung Hannover | 130, 149
Landgericht Hannover | 139
Landgericht Kiel | 64
Langemarck-Studium | 22, 103, 112, 114–116, 131, 142, 148f.
Lehrerinnenbildungsanstalt Hannover | 22
Leibniz Universitätsgesellschaft Hannover | 62, 142
Massachusetts Institute of Technology | 56, 65
Nationale Faschistische Partei (Italien) | 118
Nationalpolitische Erziehungsanstalt Berlin-Spandau | 112

Nationalsozialistische Betriebszellenorganisation (NSBO) | 102
Nationalsozialistische Deutsche Arbeiterpartei (NSDAP) | 8, 24, 58, 93–96, 99–104, 106–117, 119–122, 127f., 135, 136f., 140f., 143
Nationalsozialistische Opfergemeinschaft | 104
Nationalsozialistische Studentenkampfhilfe (SKH) | 101, 106
Nationalsozialistische Volkswohlfahrt (NSV) | 100–102, 104, 106, 109, 112, 117, 128, 136
Nationalsozialistischer Altherrenbund | 101, 106
Nationalsozialistischer Bund Deutscher Techniker / Nationalsozialistischer Bund Deutscher Technik (NSBDT) | 100f., 103f., 106, 127, 129, 136
Nationalsozialistischer Deutscher Dozentenbund (NSDDB) | 27, 94, 96, 98–104, 106–113, 141
Nationalsozialistischer Deutscher Studentenbund (NSDStB) | 24, 27, 64, 94, 103, 116
Nationalsozialistischer Lehrerbund (NSLB) | 112, 141
Nationalsozialistisches Fliegerkorps (NSFK) | 101f., 112
Nationalsozialistisches Kraftfahrkorps (NSKK) | 97, 117
Niedersächsischer Landtag | 121
Niedersächsisches Kultusministerium | 49, 66
Niedersächsisches Landesarchiv | 24, 64, 122, 130, 139
Oberpräsident der Provinz Hannover | 24, 61, 122, 130
Oberversicherungsamt Münster | 122
Ordnungspolizei | 117
Ostbahn | 106

Pädagogische Hochschule Hannover | 9
Physikalisch-Technische Reichsanstalt | 128
Preußisches Ministerium für Wissenschaft, Kunst und Volksbildung | 25, 28, 53f., 58, 96, 130
Rasse- und Siedlungshauptamt (RuSHA) | 113
Reichsamt für Wirtschaftsausbau | 27
Reichsarbeitsdienst | 54, 56
Reichsbund der Deutschen Beamten (RDB) | 128
Reichsdisziplinarkammer Hannover | 140
Reichsforschungsrat | 101, 108
Reichsgruppe Industrie | 121
Reichskolonialbund (RKB) | 101, 136
Reichsluftschutzbund (RLB) | 101f., 106, 109, 112
Reichsministerium der Justiz | 140
Reichsministerium für Rüstung und Kriegsproduktion | 146
Reichsministerium für Verkehr | 139
Reichsministerium für Volksaufklärung und Propaganda | 111
Reichsministerium für Wissenschaft, Erziehung und Volksbildung (REM) | 24f., 28, 54, 57f., 60, 62f., 65, 96, 106, 108, 111, 114–116, 119, 129, 137, 141f., 148f.
Reichssicherheitshauptamt (RSHA) | 107
Reichsstudentenführung | 116, 142, 148
Reichswirtschaftskammer | 121
Richard-Hellmann-Stiftung / Richard Hellmann Foundation | 127
Schutzstaffel der NSDAP (SS) | 94, 97, 103f., 107f., 113, 119–121, 137
Sicherheits- und Hilfsdienst im Luftschutz (SHD) | 117
Sicherheitsdienst des Reichsführers-SS (SD) | 94, 107f.
Siemens-Ring-Stiftung | 62
Sozialdemokratische Partei Deutschlands (SPD) | 106f.
Sozialgericht Münster | 122
Stadtrat Duisburg | 136
Stadtrat Frankenthal | 103
Stadtrat Gehrden | 101
Stadtrat Hannover | 100, 121
Stefan Baron von Thyssen-Bornemisza-Stiftung | 137
Stiftung „Erinnerung, Verantwortung und Zukunft" | 43
Studentenwerk | 22, 115f., 149
Sturmabteilung der NSDAP (SA) | 28, 54, 57, 97, 102f., 106, 109, 112–114, 117
Technische Hochschule Aachen | 22, 25, 129, 138, 140f.
Technische Hochschule Berlin | 22, 25, 56, 128, 140
Technische Hochschule Braunschweig | 22, 25, 111f.
Technische Hochschule Breslau | 25, 59
Technische Hochschule Danzig | 25, 108f., 111
Technische Hochschule Darmstadt | 22, 25, 59
Technische Hochschule Dresden | 25
Technische Hochschule Graz | 22, 25
Technische Hochschule Karlsruhe | 25, 140
Technische Hochschule München | 25, 64, 138
Technische Hochschule Stuttgart | 25
Technische Hochschule Wien | 22, 25
Technische Informationsbibliothek (TIB) | 7, 24, 41, 53f., 91, 140, 146
Technische Universität München | 64

Tierärztliche Hochschule Hannover | 21, 23, 129
Universität Berlin | 24
Universität Bonn | 129
Universität Gießen | 25
Universität Göttingen | 130
Universität Greifswald | 122
Universität Harvard | 56, 65f.
Universität Heidelberg | 124, 129
Universität Jena | 124
Universität Kassel | 25
Universität Mainz | 111
Universität Münster | 137
Universität Prag | 109, 113
Universität Princeton | 63
Universität Rostock | 25
Universität Würzburg | 128
Universität Zürich | 63

Verband der Centralheizungsindustrie | 128
Verband Deutscher Elektrotechniker | 128
Verein Deutscher Chemiker | 129
Verein Deutscher Ingenieure | 126, 128, 141
Verein Deutscher Maschinenbau-Anstalten | 126f.
Verein zur Überwachung der Kraftwirtschaft der Ruhr-Zechen | 124
Vereinte Nationen (UN) | 44
Wasserstraßendirektion Hannover | 128
Wehrmacht | 48, 115, 121
Zentrale Stelle der Landesjustizverwaltungen zur Aufklärung nationalsozialistischer Verbrechen | 44